RICERCHE DELL'ISTITUTO STORICO GERMANICO DI ROMA

16

Francesco Tacchi

# La Curia romana e la Germania durante la crisi modernista

## L'*Integralismusstreit* tedesco (1900-1914)

viella

Prima edizione: luglio 2022
ISBN 979-12-5469-092-5

TACCHI, Francesco
La Curia romana e la Germania durante la crisi modernista : l'Integralismusstreit tedesco (1900-1914) / Francesco Tacchi. - Roma : Viella, 2022. - 223 p. : c. geogr. ; 23 cm. - (Ricerche dell'Istituto storico germanico di Roma ; 16)
Bibliografia: p. [203]-219
Indice dei nomi: p. [221]-223
ISBN 979-12-5469-092-5
1. Cattolicesimo - Rapporti [con il] Modernismo - Germania - 1900-1914
273.943 (DDC 23.ed) Scheda bibliografica: Biblioteca Fondazione Bruno Kessler

**viella**
*libreria editrice*
via delle Alpi, 32
I-00198 ROMA
tel. 06 84 17 758
fax 06 85 35 39 60
www.viella.it

# Indice

# Sigle e abbreviazioni

| | |
|---|---|
| AA.EE.SS. | Affari Ecclesiastici Straordinari |
| AAV | Archivio Apostolico Vaticano |
| ACDF | Archivio della Congregazione per la Dottrina della Fede |
| ADPSJ | Archiv der deutschen Provinz der Gesellschaft Jesu |
| ANM | Archivio della Nunziatura Apostolica in Monaco di Baviera |
| Arch. part. Pio X | Archivio particolare di Pio X (Segretariola) |
| ARSI | Archivum Romanum Societatis Iesu |
| ASRS | Archivio Storico della Segreteria di Stato – Sezione per i rapporti con gli Stati |
| b. | busta |
| BAV | Biblioteca Apostolica Vaticana |
| Cong. Concist. | Congregazione Concistoriale |
| Ep. ad Princ. | Epistolae ad Principes |
| Ep. Lat. | Epistolae Latinae |
| f./ff. | foglio/i |
| fasc./fascc. | fascicolo/i |
| KAB | Bundesverband der Katholischen Arbeitnehmer-Bewegung Deutschlands |
| rubr. | rubricella |
| s.d. | senza data |
| Segr. Stato | Segreteria di Stato |

*Ringraziamenti*

Le ricerche alla base di questo volume sono state condotte nell'ambito del progetto internazionale *Die römische Kurie und der deutsche 'Integralismusstreit' im europäischen Kontext (1900-1914)* finanziato dalla *Deutsche Forschungsgemeinschaft* (DFG) nel triennio 2018-2020. A Claus Arnold e Giovanni Vian, responsabili scientifici di tale iniziativa, va in primo luogo il mio più sincero ringraziamento per la fiducia accordatami e il supporto manifestatomi durante le varie fasi dell'attività di ricerca e la stesura del manoscritto. Poter discutere con loro della crisi modernista è stato per me un privilegio per il quale sono grato. Voglio ringraziare inoltre il personale degli archivi e delle biblioteche dove ho potuto lavorare serenamente fra Italia e Germania, e in particolare Alejandro Mario Dieguez dell'Archivio Apostolico Vaticano, i cui suggerimenti si sono rivelati un contributo prezioso. La mia riconoscenza va poi a Daniele Menozzi, che anni fa mi ha iniziato allo studio della storia del cattolicesimo in età contemporanea, e al 'gruppo' veneziano con il quale spesso ho avuto la possibilità di confrontarmi e di scambiare idee e impressioni: Enrico Baruzzo, Valentina Ciciliot, Patrizia Luciani, Saretta Marotta, Daiana Menti, Ivan Portelli e Carlo Urbani. Non posso infine non ricordare il direttore dell'Istituto Storico Germanico Martin Baumeister, che ha accolto il mio lavoro nella collana «Ricerche dell'Istituto Storico Germanico di Roma», e Andreas Rehberg, responsabile della collana stessa, che ha pazientemente riveduto il manoscritto. La stesura di quest'ultimo ha avuto luogo principalmente fra l'estate e l'autunno del 2020: mesi segnati dalla pandemia che ha condizionato l'esistenza di tutti noi e che difficilmente potremo dimenticare. Mesi certo non facili, che però ho avuto la fortuna di condividere con Sara: questo libro è dedicato a lei e alla vita che stiamo costruendo assieme.

# Introduzione

## 1. Modernismo e integralismo cattolico

Nel 1881 l'economista belga Charles Périn (1815-1905), professore all'università cattolica di Lovanio, diede alle stampe un saggio intitolato «Le modernisme dans l'église d'après des lettres inédites de La Mennais». In una nota posta in apertura del contributo, l'autore ammetteva che il termine modernismo poteva a buon diritto essere definito un neologismo, in quanto esso «n'a pas été employé jusqu'ici avec la signification que je lui donne».[1] E qual era questo significato? Ispirato direttamente dalle idee della Rivoluzione francese, il modernismo avrebbe coinciso con la pretesa di eliminare Dio dalla vita pubblica, risultando dunque antitetico al tradizionale ordine sociale cristiano.[2] Per certi versi più pericoloso di questo modernismo radicale era però, a detta di Périn, «le modernisme mitigé des opportunistes», ossia dei cosiddetti cattolici liberali:[3] la loro ricerca di una conciliazione fra cattolicesimo e modernità politica, fra religione e Stato liberale, oltre che essere irrealizzabile avrebbe fatto il gioco dei nemici della fede, accelerando l'avvento di una società interamente secolarizzata.[4]

Le considerazioni di Périn risentivano in modo decisivo dell'influenza del magistero pontificio. Nel corso del XIX secolo la Santa Sede aveva a più riprese esplicitato la propria condanna delle innovazioni politiche, sociali e culturali seguite alla rottura epocale del 1789: testimonianza più evidente di questo atteggiamento è senza dubbio il «Sillabo» promulgato da papa Pio IX (1846-1878) nel dicembre 1864, il cui ultimo articolo censurava la tesi che «il pontefice romano può e deve riconciliarsi e farsi amico con il progresso, il li-

1. Périn, *Le modernisme dans l'église*, p. 5 (nota 1).
2. «L'essence du modernisme, c'est la prétention d'éliminer Dieu de toute vie sociale». Ibid.
3. Ibid., p. 41.
4. In proposito cfr. Menozzi, *Antimodernismo*, pp. 63-64.

beralismo e la civiltà moderna».[5] Si trattava di un rifiuto convinto della modernità, riconosciuta come essenzialmente anticristiana e come il prodotto di una concatenazione di errori teorici e pratici accumulatisi a partire dall'Umanesimo e dalla Riforma protestante. Ad essa la Chiesa cattolica contrapponeva la prospettiva del ritorno a un'idealizzata *societas christiana* medievale, dove l'elemento religioso costituisse il fondamento della vita pubblica e privata e dove l'autorità ecclesiastica detenesse di conseguenza il supremo potere direttivo.[6] Tale impostazione ierocratica non poteva ammettere una sostanziale autonomia del profano dal sacro: la condanna della secolarizzazione, intesa proprio come autonomizzazione del singolo e della società dalla guida ecclesiastica, era anzi il fondamento su cui essa poggiava.

Il saggio di Périn divenne oggetto di un articolo pubblicato due anni più tardi dal gesuita Matteo Liberatore (1810-1892) su «La Civiltà Cattolica», l'organo della Compagnia di Gesù in Italia,[7] con il titolo «Il modernismo ossia la Rivoluzione».[8] Se quest'ultimo termine rimandava al complessivo processo di deviazione dall'ordine sociale cristiano,[9] «modernismo» voleva indicare invece lo spirito del processo stesso, che consisteva «nella così detta autonomia dell'uomo, nella emancipazione della sua volontà da ogni legge positiva o naturale divina, nella sostituzione dell'uomo a Dio nel governo della società umana».[10] Al pari di Périn, anche Liberatore parlava del cattolicesimo liberale come di una forma di modernismo, «nemico mascherato e nascosto», e quindi più pericoloso del modernismo apertamente anticristiano.[11] Il gesuita italiano respingeva inoltre «la distinzione tra cittadino e cattolico» nel campo dell'agire pratico,[12] che sarebbe stata propria dell'errore del liberalismo (e dunque anche del modernismo) e che avrebbe indotto a separare la vita civile e politica dalla dimensione morale e religiosa.

Nei primi anni Ottanta del XIX secolo, riassumendo, il termine «modernismo» era associato a quelli di «liberalismo» e «rivoluzione» per indicare u-

5. Pio IX, *Sillabo* (8 dicembre 1864), in Lora, Simionati (a cura di), *Enchiridion delle Encicliche*, vol. 2, pp. 520-545, qui p. 545. Sulla genesi e i contenuti di questo documento si veda Sandoni (a cura di), *Il Sillabo*.
6. Al riguardo cfr. soprattutto Menozzi, *La Chiesa cattolica*; Miccoli, *Fra mito della cristianità e secolarizzazione*.
7. In merito a questa importante rivista vedasi almeno Dante, *Storia della "Civiltà Cattolica"*; De Rosa (a cura di), *Civiltà Cattolica*; Martina, *Storia della Compagnia di Gesù*, pp. 89-113 e 165-180.
8. [Liberatore], *Il modernismo ossia la Rivoluzione*. A questo contributo ne sarebbero seguiti altri due dedicati sempre al «modernismo»: [Id.], *Il modernismo a rispetto della libertà*; [Id.], *Il modernismo rispetto alla Chiesa*.
9. Cfr. in proposito Camaiani, *Il diavolo, Roma e la rivoluzione*.
10. [Liberatore], *Il modernismo ossia la Rivoluzione*, p. 537.
11. Ibid., p. 540.
12. Ibid., p. 546.

na traiettoria antitetica all'ordine sociale cristiano, in quanto finalizzata a bandire l'influsso della religione dalla scena pubblica: ma veniva usato anche per rinviare ai tentativi di conciliazione fra cattolicesimo e modernità promossi in forma più o meno strisciante all'interno della stessa Chiesa cattolica. Dopo due decenni di ricorso piuttosto saltuario, all'inizio del nuovo secolo il lemma «modernismo» avrebbe trovato largo impiego in questa seconda accezione presso la gerarchia ecclesiastica, senza che al contempo venisse meno, tuttavia, l'idea secondo cui i 'modernisti' miravano in ultima istanza alla separazione fra sacro e profano ed erano perciò fautori della secolarizzazione, se non addirittura dell'ateismo – su questo punto si tornerà fra poco.

Gli anni finali dell'Ottocento videro la Santa Sede alle prese con il cosiddetto 'americanismo': una corrente riformista sorta negli Stati Uniti che aspirava ad adeguare il cattolicesimo ai caratteri della dinamica società americana, caldeggiando fra l'altro la separazione tra Stato e Chiesa. In proposito Roma intervenne una prima volta con l'enciclica «Longiqua Oceani» del gennaio 1895 e poi di nuovo quattro anni più tardi con la lettera apostolica «Testem benevolentiae», che decretò la condanna dell'americanismo teologico.[13] Con quest'ultimo documento papa Leone XIII (1878-1903) censurò apertamente l'idea che la dottrina cattolica potesse adattarsi alla cultura contemporanea.[14]

La vicenda dell'americanismo è da ricomprendere nella fase prodromica della crisi modernista, al pari dell'enciclica «Providentissimus Deus» (1893) con cui sempre Leone XIII si espresse, a proposito degli studi biblici, contro la corrente esegetica di orientamento critico che allora andava sviluppandosi.[15] A sancire l'inizio della crisi vera e propria fu di fatto la condanna all'Indice de «L'Évangile et l'Église» e di altre quattro opere del teologo ed esegeta francese Alfred Loisy (1857-1940) nel dicembre 1903, a pochi mesi dall'elezione di Pio X (1903-1914) al soglio pontificio.[16] Il nuovo papa, al secolo Giuseppe Sarto (1835-1914), palesò fin da subito un chiaro orientamento antimoderni-

13. Sull'americanismo cfr. McAvoy, *The Americanist Heresy*; Portier, *Divided Friends*; Schultenover, *A View from Rome*.
14. «Il fondamento dunque delle nuove opinioni accennate a questo si può ridurre: perché coloro che dissentono possano più facilmente essere condotti alla dottrina cattolica, la Chiesa deve avvicinarsi maggiormente alla civiltà del mondo progredito, e, allentata l'antica severità, deve accondiscendere alle recenti teorie e alle esigenze dei popoli. E molti pensano che ciò debba intendersi, non solo della disciplina del vivere, ma anche delle dottrine che costituiscono il 'deposito della fede'. [...] Per dimostrare con quale riprovevole intenzione ciò sia stato immaginato, non c'è bisogno di un lungo discorso; basta non dimenticare la natura e l'origine della dottrina, che la Chiesa insegna». Leone XIII, *Testem benevolentiae* (22 gennaio 1899), in Lora, Simionati (a cura di), *Enchiridion delle Encicliche*, vol. 3, pp. 1802-1823, qui p. 1805.
15. Cfr. Leone XIII, *Providentissimus Deus* (18 novembre 1893), ibid., pp. 804-861.
16. Sulla condanna all'Indice di Loisy cfr. Arnold, Losito, *La censure d'Alfred Loisy*.

sta, il quale avrebbe caratterizzato il governo della Chiesa romana per tutta la durata del pontificato e si sarebbe accentuato ulteriormente a partire dal 1907, anno della promulgazione dell'enciclica «Pascendi dominici gregis».[17] Pio X si oppose risolutamente ai tentativi di riformare il cattolicesimo dall'interno dell'istituzione ecclesiastica, in particolare in ambito teologico-filosofico: un atteggiamento che, a ben vedere, è da riferire a un quadro più esteso di quello del singolo pontificato. In un fortunato volume della fine degli anni Settanta, Thomas Michael Loome ha infatti sostenuto che Sarto volesse fare i conti con tutta una tradizione di dialogo fra cattolicesimo e modernità risalente già al cattolicesimo liberale ottocentesco.[18] Più di recente, Claus Arnold e Giovanni Vian hanno opportunamente evidenziato come sul lungo periodo la crisi modernista rappresentasse

> «la fase più acuta del confronto plurisecolare del cristianesimo con il moderno, inteso dalla Chiesa cattolica soprattutto come istanza di autonoma determinazione dell'uomo nella vita individuale e collettiva; come emancipazione da ogni prospettiva e sistema di valori compiuto e di carattere assolutistico; e anche come affermazione delle scienze legate alle metodologie sperimentali e al vaglio della critica».[19]

La crisi modernista che tanto interessò il governo di papa Pio X, insomma, ebbe al centro la questione del rapporto della Chiesa con la cultura moderna, con la modernità secolarizzata: una modernità verso la quale Sarto manifestò un rifiuto di fondo contrapponendole la tradizionale prospettiva del ritorno all'ordine sociale cristiano, additata fin dal motto del pontificato («Instaurare omnia in Christo»).[20]

L'anno che segnò uno spartiacque nella repressione del modernismo fu, come detto, il 1907. Durante un concistoro tenuto in aprile, il pontefice pro-

17. Per una panoramica di lungo periodo sulla storiografia relativa alla figura di papa Sarto si veda Pagano, *Introduzione*, pp. XIII-XVI.
18. Cfr. Loome, *Liberal Catholicism*.
19. Arnold, Vian, *Introduzione*, p. 7.
20. Sui caratteri del pontificato piano, le cui istanze riformatrici risultarono subordinate a un più generale fine restaurativo, cfr. in particolare Vian, *La riforma della Chiesa*. La ricerca storiografica sul modernismo, sviluppatasi a partire dagli anni Sessanta del secolo scorso, ha conosciuto un rinnovato slancio negli ultimi due decenni. Fra le opere più significative al riguardo segnalo Arnold, *Kleine Geschichte*; Arnold, Vian (a cura di), *La condanna del modernismo*; Aubert, *La crisi modernista*; Botti, Cerrato (a cura di), *Il modernismo tra cristianità e secolarizzazione*; Daly, *Transcendence and Immanence*; Guasco, *Modernismo*; Jodock (a cura di), *Catholicism Contending with Modernity*; Loome, *Liberal Catholicism*; Neuner, *Der Streit um den katholischen Modernismus*; Nicoletti, Weiss (a cura di), *Il modernismo in Italia e in Germania*; Poulat, *Histoire*; Schatz, *Die Modernismus-Krise*; Verucci, *L'eresia del Novecento*; Vian, *Il modernismo*; Id., *Il modernismo. Un itinerario*; Wolf (a cura di), *Antimodernismus und Modernismus*; Wolf, Schepers (a cura di), *„In wilder zügelloser Jagd nach Neuem"*.

nunciò un'allocuzione «contra neo-reformismum religiosum»[21] che racchiudeva un'embrionale descrizione dell'errore modernista.[22] La prima seria misura curiale contro di esso coincise tuttavia con il decreto «Lamentabili sane exitu» approvato il 3 luglio dopo quasi quattro anni di gestazione. Il documento condannava come eretiche una serie di proposizioni tratte soprattutto dalle opere di Loisy, ma ancora non definiva compiutamente i caratteri dell'‘eresia' modernista.[23] Quest'ultimo compito sarebbe stato espletato due mesi più tardi dall'enciclica «Pascendi dominici gregis», che sancì la condanna solenne e inappellabile del modernismo teologico-filosofico da parte della Curia romana. Influenzata dalle riflessioni del domenicano tedesco Albert Maria Weiss (1844-1925),[24] l'enciclica denunciava l'esistenza di «fautori dell'errore» in seno alla stessa Chiesa cattolica, «tanto più perniciosi quanto meno sono in vista».[25] Questi «modernisti»,[26] presenti tanto nel laicato quanto nel clero, avrebbero costituito appunto una minaccia più temibile di quella rappresentata dai nemici dichiarati della fede. I pilastri del loro pensiero erano individuati nell'agnosticismo, nell'immanentismo e nell'evoluzionismo, da cui discendevano la negazione della conoscenza razionale del soprannaturale, la riduzione della religione a un prodotto della soggettività umana, l'equiparazione delle

21. *Allocutio quam Pius PP. X habuit ad noviter creatos Cardinales die 17 Aprilis 1907, contra neo-reformismum religiosum*, in *Acta Sanctae Sedis* 40 (1907), pp. 266-269, qui p. 266.
22. Così Pio X: «E ribelli pur troppo sono quelli, che professano e diffondono sotto forme subdole gli errori mostruosi sulla evoluzione del dogma, sul ritorno al Vangelo puro, vale a dire sfrondato, com'essi dicono, dalle spiegazioni della teologia, dalle definizioni dei Concili, dalle massime dell'ascetica, – sulla emancipazione dalla Chiesa, però in modo nuovo senza ribellarsi per non essere tagliati fuori, ma nemmeno assoggettarsi per non mancare alle proprie convinzioni, e finalmente sull'adattamento ai tempi in tutto, nel parlare, nello scrivere e nel predicare una carità senza fede, tenera assai pei miscredenti, che apre a tutti purtroppo la via all'eterna rovina. Voi ben vedete, o Venerabili Fratelli, se Noi, che dobbiamo difendere con tutte le forze il deposito che Ci venne affidato, non abbiamo ragione di essere in angustie di fronte a quest'attacco, che non è un'eresia, ma il compendio e il veleno di tutte le eresie, che tende a scalzare i fondamenti della fede ed annientare il cristianesimo». Ibid., pp. 267-268.
23. Cfr. Suprema Congregatio Sacrae Romanae et Universalis Inquisitionis, *Lamentabili sane exitu* (3 luglio 1907), in Lora, Simionati (a cura di), *Enchiridion delle Encicliche*, vol. 4, pp. 772-787. Al riguardo vedasi Arnold, *"Lamentabili sane exitu"*; Arnold, Losito, *"Lamentabili sane exitu"*.
24. Per una biografia di Weiss, consacrato sacerdote nel 1867, professore presso l'università cattolica di Fribourg in Svizzera dal 1890 al 1919, cfr. Landersdorfer, *Albert Maria Weiss*; Weiss, *Modernismus und Antimodernismus*, pp. 133-203. In merito al processo redazionale della «Pascendi» si veda invece Arnold, *Absage an die Moderne?*; Id., *Antimodernismo e magistero romano*; soprattutto, infine, il più recente lavoro di Arnold, Vian, *La redazione dell'enciclica Pascendi*.
25. Pio X, *Pascendi dominici gregis* (8 settembre 1907), in Lora, Simionati (a cura di), *Enchiridion delle Encicliche*, vol. 4, pp. 206-309, qui p. 207.
26. Ibid., p. 211.

diverse religioni (poiché tutte originate da un sentimento insito nell'uomo) e la pretesa di aprire il cattolicesimo al confronto con la storia, in quanto «dogma [...], chiesa, culto, libri sacri, anzi la fede stessa, se non devono essere cose morte, devono sottostare alle leggi dell'evoluzione».[27] La «Pascendi» ascriveva al modernismo il proposito di distruggere dalle fondamenta non solo la Chiesa, ma la stessa religione cattolica: più che l'appellativo di eresia, esso si meritava perciò quello di «sintesi di tutte le eresie»,[28] e doveva incontrare la ferma riprovazione dei veri credenti.

L'enciclica del settembre 1907 descriveva un coerente sistema teologico-filosofico, il modernismo appunto, che però non aveva un corrispettivo nella realtà: si trattava di un «theologiegeschichtliches Novum»[29] che la «Pascendi» 'inventava' e che portava all'attenzione dei cattolici di tutto il mondo. Personalità come il già citato Loisy, George Tyrrell (1861-1909), Maurice Blondel (1861-1949), Friedrich von Hügel (1852-1925) ed Ernesto Buonaiuti (1881-1946) – per citare alcuni dei 'modernisti' più noti – sostenevano ognuno alcune delle posizioni esposte nel documento pontificio, ma nessuno di loro poteva riconoscersi nell'insieme compatto affrescato da Pio X. Ciononostante, la campagna di repressione del modernismo avrebbe dimostrato come bastasse essere colpevole – o presunto tale – di una sola delle tesi menzionate dall'enciclica, per essere bollato come modernista *tout court*. La lotta contro la nuova 'eresia' passò non da ultimo da una decisa sottolineatura dell'autorità gerarchica, a partire da quella papale: nell'obbedienza senza riserve alla Santa Sede fu individuato un chiaro segno di ortodossia e dunque una prova del rifiuto del modernismo. Dall'episcopato, inoltre, Roma pretese una piena collaborazione nel combattere l'errore: la stessa «Pascendi», nella sua parte dispositiva, prevedeva che ciascun vescovo istituisse un consiglio di vigilanza nella propria diocesi e riferisse alla Curia già nel 1908, e quindi ogni tre anni, circa l'eventuale diffusione di dottrine moderniste fra il clero, nei seminari e negli altri istituti cattolici locali.[30] A queste misure si sarebbe aggiunto, con il motuproprio «Sacrorum antistitum» dell'estate 1910, l'obbligo per i chierici di prestare solennemente un giuramento antimodernista.[31]

All'identificazione delle diverse manifestazioni di modernismo e alla loro denuncia si dedicarono alacremente i cosiddetti cattolici 'integrali', certi, in

27. Ibid., pp. 249-251.
28. Ibid., p. 277.
29. Arnold, *Kleine Geschichte*, p. 106.
30. Lo studio fondamentale sulle relazioni a norma «Pascendi» è quello di Arnold, Vian (a cura di), *The Reception and Application*.
31. Cfr. Pio X, *Sacrorum antistitum* (1° settembre 1910), in Lora, Simionati (a cura di), *Enchiridion delle Encicliche*, vol. 4, pp. 874-921. In proposito vedasi specialmente Schepers, *Tra fede e obbedienza*.

ciò, di godere del plauso incondizionato del pontefice. Fra questi è da menzionare in primo luogo monsignor Umberto Benigni (1862-1934), entrato a far parte della burocrazia vaticana nel maggio 1906 come sottosegretario della Congregazione degli Affari Ecclesiastici Straordinari e divenuto, dopo la riforma della Curia romana del 1908, la quinta figura per rango all'interno della Segreteria di Stato. È a lui che si deve la nascita del *Sodalitium Pianum*, la rete segreta di spionaggio e delazione allestita durante il pontificato di Pio X proprio al fine di combattere il modernismo, il tutto con l'assenso – e il sostegno economico – del papa medesimo.[32] Quello che nell'autunno del 1906 sorse come un semplice 'servizio informazioni' allestito in Vaticano dal sacerdote perugino, divenne in poco tempo un organismo più complesso e ramificato a livello internazionale, una vera e propria ragnatela d'informatori e contatti facenti tutti capo a Benigni, assiduo nel riferire a personalità di spicco della Curia – a cominciare dal segretario di Stato Rafael Merry del Val (1865-1930)[33] e dal segretario della Congregazione concistoriale Gaetano De Lai (1853-1928)[34] –, oltre che ovviamente allo stesso Pio X, le notizie ottenute in questo modo circa i modernisti veri o presunti. La data di fondazione ufficiale del *Sodalitium Pianum* resta incerta, viste le contrastanti versioni fornite in proposito da Benigni: l'ipotesi più accreditata la colloca comunque nel 1909.[35]

Lo spirito che animava questa organizzazione segreta emerge chiaramente dal suo programma. I membri del *Sodalitium* aderivano al «Cattolicismo Romano integrale» giurando totale obbedienza alla Santa Sede e professandosi orgogliosamente clericali, papalini, antimodernisti, antiliberali, anti-settari.[36] Essi si consideravano come soldati in campo nella «lotta secolare e cosmopolita fra le due grandi forze organiche: da un lato l'unica Chiesa di Dio, Cattolica-Romana integrale; dall'altro i suoi nemici interni ed esterni».[37] Se i nemici esterni coincidevano con «le sette giudeo-massoniche ed i loro alleati diretti», fra quelli interni spiccavano invece i «modernisti» e

32. Su Benigni e il suo *Sodalitium Pianum* si veda Götz, *„Charlotte im Tannenwald"*; Poulat, *Catholicisme*; Id., *Intégrisme*; Unterburger, *Für Familie*; Valbousquet, *Catholique et antisémite*.
33. Per la biografia di Merry del Val, nominato segretario di Stato da Pio X nel novembre 1903, cfr. Cenci, *Il cardinale*, nonché la relativa voce in Wolf (a cura di), *Prosopographie*, vol. L-Z, pp. 995-998.
34. Sulla figura di De Lai cfr. Vian, *Gaetano De Lai*, e la relativa voce in Wolf (a cura di), *Prosopographie*, vol. A-K, pp. 419-421.
35. Cfr. Pagano, *Documenti sul modernismo romano*, pp. 234-235; Poulat, *Intégrisme*, pp. 64-65.
36. Cito da una copia manoscritta del *Programma delle Conferenze di S. Pietro e del Sodalitium Pianum* conservata in AAV, Segr. Stato, Spoglio Pio X, b. 4, fasc. 17 (senza numerazione dei fogli). Il documento è con ogni probabilità antecedente alla versione del Programma riportata da Poulat – in lingua francese – nel suo *Intégrisme*, pp. 119-123.
37. Ibid.

i «demoliberali».[38] Esplicita era la preferenza per la confessionalità delle organizzazioni cattoliche così come, d'altro canto, la presa di posizione «contro l'interconfessionalismo, il neutralismo e il minimismo religioso», «contro il sindacalismo apertamente o implicitamente 'areligioso', neutro, amorale» e, in ultima istanza, «contro tutto quanto è opposto alla dottrina, alla tradizione, alla disciplina, al sentimento del Cattolicismo Romano integrale».[39]

Il termine «integrale» possedeva di per sé una natura divisiva: veicolava infatti l'idea che esistessero cattolici 'non integrali', ossia non perfettamente cattolici, non schiettamente 'romani'. Si trattava di un atto d'accusa rivolto non soltanto all'indirizzo dei modernisti, ma più in generale di tutti coloro che apparivano inclini ad ammettere la possibilità di compromessi con la cultura moderna. Opponendosi alla laicizzazione della vita civile e prefiggendosi il ritorno alla *societas christiana*, il *Sodalitium Pianum* risultava in chiara sintonia con l'orientamento del pontificato di Pio X: esso attingeva direttamente al dettato del «Sillabo», oltre che allo spirito dell'ultramontanismo[40] e dell'intransigentismo cattolico della seconda metà dell'Ottocento.[41] La storiografia italiana e quella di lingua francese hanno teso tradizionalmente a parlare di «integrismo» per riferirsi alla linea incarnata da Benigni e dai suoi sodali: un termine che originariamente servì a indicare un partito politico spagnolo nato attorno al 1890 e che poi, poco prima del 1914, cominciò a circolare in ambienti cattolici francesi con connotazione polemica e peggiorativa. Dal canto mio intendo discostarmi da questa tendenza e optare invece, nel presente volume, per l'impiego del termine «integralismo», ossia per ricorrere al lessico adottato dagli stessi «Cattolici Romani integrali» piuttosto che a quello coniato da altri per denunciarne gli eccessi. Mi pare che

38. Ibid.
39. Ibid.
40. Con «ultramontanismo» si intendeva in origine, in relazione alle regioni non italiane (e dunque *ultra montes*, al di là delle Alpi), la tendenza a obbedire fedelmente al papa anche a dispetto dell'interesse della patria, ossia a porre la fedeltà religiosa prima della fedeltà nazionale. Nel corso del XIX secolo il termine assunse una connotazione peggiorativa, andando a indicare quanti difendevano le libertà della Chiesa cattolica di fronte all'affermazione dello Stato liberale.
41. Il termine «intransigentismo» rimanda alla corrente maggioritaria nel cattolicesimo italiano della seconda metà del XIX secolo. Gli intransigenti identificavano nel compimento dell'Unità nazionale un ulteriore atto della *rivoluzione* anticristiana: di qui il rifiuto di ogni compromesso con il nuovo Stato, a differenza dei cattolici liberali. Più in generale, tuttavia, l'intransigentismo è da considerare come sinonimo di ferma condanna della modernità e di chiusura nei confronti della cultura laica. In proposito cfr. Confessore, *Transigenti e intransigenti*. Al rapporto fra intransigentismo e integralismo guarda un documento del 1922 intitolato *Note sull'integralismo cattolico*, in AAV, Fondo Benigni, b. 37, ff. 110r-113r (probabilmente opera di Benigni stesso).

tale scelta risulti più corretta sia dal punto di vista filologico che da quello propriamente storico.

Struttura profonda della mentalità integralista era il giudizio negativo sul moderno a confronto con la tradizione. Essa non accettava la differenziazione tra ambiti introdotta dal processo di secolarizzazione, e dunque la separazione fra religione e politica, religione e cultura, religione ed economia ecc. Il tempo presente era guardato pessimisticamente rispetto a un passato idealizzato, e netta risultava la discrepanza, nella testa degli integralisti, fra la loro idea di società e la realtà in cui si trovavano a operare. Solo la fede cattolica poteva costituire il perno della vita civile: da questa visione derivava logicamente la convinzione che ogni campo dell'agire umano dovesse sottostare al giudizio della Chiesa e quindi, in definitiva, del romano pontefice. Contro l'autonomia del profano, gli integralisti riproponevano in forma più o meno esplicita la dottrina della *potestas directa* dell'autorità ecclesiastica, al contempo esaltando – se non esasperando – il principio dell'obbedienza al papa. Nella loro concezione ecclesiocentrica, essi identificavano il volere di Dio con quello della Chiesa quale istituzione gerarchica: di qui la loro certezza di essere nel giusto, di possedere l'unica verità possibile, l'unica idea legittima di società. Date queste premesse, l'interesse dei 'modernisti' a dialogare con la cultura del loro tempo non poteva che apparire erroneo e incomprensibile, giacché non era ammessa una visione alternativa della realtà. I vari propositi di riforma erano ritenuti stigmatizzabili non solo nel contenuto, ma anche nel metodo, visto che eventuali novità nella Chiesa avrebbero potuto essere introdotte solo dall'alto, ossia per iniziativa della Curia romana, e non attraverso spinte dal basso.[42]

Dopo la promulgazione della «Pascendi» il pericolo ravvisato nel modernismo teologico-filosofico sembrò venir meno, e tuttavia gli ambienti integralisti presero a denunciare con crescente insistenza la comparsa del 'virus' modernista su altri terreni: quello politico, sociale, culturale, e persino artistico. Si sarebbe trattato cioè di un modernismo 'pratico' anziché teorico, verso cui s'indirizzò sempre più anche l'attenzione di Pio X.[43] Del resto il testo dell'enciclica del 1907 offriva ragioni per additare come modernisti i tentativi di rimuovere l'influenza dell'autorità ecclesiastica dalla sfera pubblica, riecheggiando in un passaggio considerazioni che erano state proprie già di padre Liberatore nel 1883. La «Pascendi», infatti, respingeva la tesi secondo cui

42. Per un approfondimento sui caratteri dell'integralismo cattolico all'epoca di Pio X cfr. Metzger, *Die „Schildwache"* (in particolare pp. 37-91); Poulat, *Intégrisme*; Id., *L'integrismo*; Stegmann, *Integralismus*; Tagliaferri, *L'Unità Cattolica*.

43. Cfr. Aubert, *La crisi modernista*, p. 569.

«lo stato e la chiesa sono l'uno all'altra estranei per il fine a cui tendono, temporale per lo stato, spirituale per la chiesa. Fu d'altre età il sottomettere il temporale allo spirituale; il parlarsi di questioni *miste*, nelle quali la chiesa interveniva quasi signora e regina, perché la chiesa si stimava istituita immediatamente da Dio, come autore dell'ordine soprannaturale. Ma la filosofia e la storia non ammettono più tali credenze. Dunque lo stato deve separarsi dalla chiesa e per egual ragione il cattolico dal cittadino. Di qui deriva che il cattolico, perché insieme cittadino, ha diritto e dovere, non curandosi dell'autorità della chiesa, dei suoi desideri, consigli e comandi, sprezzate altresì le sue riprensioni, di far quello che giudicherà utile al bene della patria. Voler imporre al cittadino una linea di condotta sotto qualsiasi pretesto è un vero abuso di potere ecclesiastico da respingersi con ogni sforzo».[44]

In quanto luoghi di speciale diffusione del modernismo 'pratico', Benigni concentrò le proprie attenzioni sull'Italia della democrazia cristiana autonomista di Romolo Murri (1870-1944),[45] sulla Francia del *Sillon* di Marc Sangnier (1873-1950)[46] e soprattutto – lo si vedrà a breve – sulla Germania della *Köln-Gladbacher Richtung*. Da Roma il prelato integralista costruì una rete di contatti estesa a varie parti d'Europa e del mondo, ma ciò non toglie che il numero dei membri effettivi del *Sodalitium Pianum* rimanesse sempre molto ristretto, anche per garantire la segretezza delle sue operazioni.[47]

Strumento privilegiato da Benigni nella crociata contro il modernismo fu la stampa periodica. Già nel maggio 1907 vide la luce la «Corrispondenza romana», che nell'autunno del 1909 avrebbe cambiato nome in «La Correspondance de Rome» e che dall'inizio del 1912 sarebbe stata affiancata dalle pubblicazioni dell'Agenzia Internazionale «Roma» (A.I.R.), finalizzata a fornire notizie riservate ai giornali vicini al *Sodalitium*. Negli anni a ridosso della prima guerra mondiale, infatti, il panorama della stampa integralista arrivò a essere piuttosto variegato nel contesto europeo. Tre settimanali costituivano una diretta emanazione dell'organismo creato da Benigni: «La Vigie» di Parigi e la «Correspondance catholique» di Gand, entrambe fondate nel dicembre del 1912, oltre alla «Mysl Katolicka» di Częstochowa, redatta in lingua polacca e risalente al 1908. Fra le principali pubblicazioni indipendenti vicine al *Sodalitium*, quindi, vi erano in Italia «L'Unità Cattolica» di Firenze e «La Liguria del Popolo» di Genova; in Francia «La Critique du Libéralisme» dell'ex gesuita Emmanuel Barbier (1851-1924); in Germania la berlinese «Klarheit und Wahrheit» del conte Hans Georg von Oppersdorff (1866-1948), i «Petrus-Blätter» di Treviri, la «Cölner

44. Pio X, *Pascendi dominici gregis* (come nota 25), pp. 245-247. Corsivo nel testo.
45. Sull'argomento vedasi almeno Bedeschi, *I pionieri della D.C.*; Cecchini, *La prima democrazia cristiana*; Gambasin, *Il movimento sociale*; Scoppola, *Dal neoguelfismo*; Zambarbieri, *La prima dc e il modernismo*; Zoppi, *Romolo Murri*.
46. Al riguardo cfr. Barthélemy-Madaule, *Marc Sangnier*; Caron, *Le Sillon*; Petit, *L'église*.
47. Cfr. Poulat, *Intégrisme*, pp. 582-584.

Correspondenz» di Francoforte e la «Stände-Ordnung» di Coblenza; in Olanda «De Maasbode» di Rotterdam e in Austria il viennese «Österreichs katholisches Sonntagsblatt» del sacerdote Anton Mauss (1868-1917).[48] Per lo più coordinate fra loro grazie all'azione instancabile di Benigni e connotate da toni virulenti, queste testate si configurarono come un potente strumento di denuncia e di critica all'interno del mondo cattolico, destando continue polemiche. Di ciò risulta particolarmente emblematico il caso tedesco.

## 2. Questione modernista e polemiche intra-cattoliche nella Germania guglielmina

> «Anche se i miei lavori mi concedono solo poco tempo libero, seguo però con sempre più angoscia la crescita di uno spirito – mi sembra – davvero inquietante in Germania, che minaccia sia di minare la vita religiosa, sia di avvelenare l'attività politica e sociale. [...] Ovunque lo stesso spirito: unione dei cattolici e dei protestanti su base 'puramente cristiana', esclusione del 'confessionalismo' (come se la Chiesa cattolica fosse solo una confessione come il protestantesimo), concezione 'puramente economica' e 'puramente politica' dell'attività sociale e politica e dunque esclusione dell'autorità ecclesiastica da tutti questi ambiti».

A scrivere così nel settembre 1908 era il già citato Albert Maria Weiss, in una lettera indirizzata all'economista cattolico italiano Giuseppe Toniolo (1845-1918).[49] Il domenicano portava all'attenzione dell'interlocutore alcune tendenze da lui ravvisate nel cattolicesimo tedesco dell'epoca: quella a porre in secondo piano le differenze confessionali fra cattolici e protestanti e quella a separare la dimensione dell'economia e della politica dalla religione, cosa che avrebbe rinviato al tentativo di scindere fra loro naturale (*das Natürliche*) e soprannaturale (*das Übernatürliche*). Proprio qui stava, nell'ottica di Weiss, la quintessenza dell'errore modernista.

48. Si noti come il direttore de «La Vigie» Henri Merlier (1869-1952), quello della «Correspondance catholique» Alfons Jonckx (1872-1953), quello della «Liguria del Popolo» Giovanni Boccardo (1877-1956), Oppersdorff e Mauss fossero tutti affiliati al *Sodalitium Pianum*.
49. Weiss a Toniolo, 30 settembre 1908, in BAV, Carteggi Toniolo, n. 5385. Originale tedesco: «Obwohl mir meine Arbeiten nur wenig Zeit gönnen, so verfolge ich doch mit steigender Angst das Wachsen eines, wie mir scheint, recht bedenklichen Geistes in Deutschland, der sowohl das religiöse Leben zu untergraben, als die politische und soziale Thätigkeit zu vergiften droht. [...] Überall derselbe Geist: Einigung der Katholiken und der Protestanten auf ‚rein christlicher' Basis, Ausschließung des ‚Konfessionalismus' (als ob die katholische Kirche nur eine Konfession wäre wie der Protestantismus), Auffassung der sozialen und der politischen Thätigkeit ‚rein wirtschaftlich' und ‚rein politisch', und demzufolge Ausschluß der kirchlichen Autorität von allen diesen Gebieten».

Per lungo tempo la storiografia internazionale ha teso a sottostimare o addirittura a negare l'esistenza di un modernismo in Germania. Questo giudizio, oggi non più condiviso, ha tratto origine da un'operazione compiuta dallo stesso episcopato tedesco, autore, nel dicembre del 1907, di una lettera pastorale collettiva in cui si additava espressamente l'assenza di modernismo all'interno del *Kaiserreich*.[50] I vescovi della Conferenza di Fulda,[51] nello specifico, ridussero il modernismo al solo ambito teologico-filosofico lasciando da parte il modernismo 'pratico' e altre istanze riformistiche presenti nel cattolicesimo tedesco, così da affermare che il sistema descritto dalla «Pascendi» non trovava rappresentanti nelle loro diocesi.[52] A seguito di una richiesta sottoposta al pontefice, inoltre, essi ottennero di poter attuare in forma mitigata le misure disciplinari previste dall'enciclica[53] – lo stesso sarebbe accaduto all'indomani del «Sacrorum antistitum», quando Roma avrebbe dispensato i professori di teologia delle università statali dall'obbligo del giuramento antimodernista. In territorio tedesco, così, la repressione della «sintesi di tutte le eresie» non raggiunse lo stesso livello di asprezza che ebbe in altre parti d'Europa.

In realtà, come ben evidenziato da Otto Weiss, anche la Germania conobbe il suo modernismo: un modernismo dotato di una propria fisionomia nazionale e caratterizzato dall'assenza di figure paragonabili a un Loisy, ma soprattutto scomponibile in esperienze qualitativamente diverse fra loro. Prima del delinearsi di un modernismo teologico – per la verità non molto originale nei contenuti – il cattolicesimo tedesco fu infatti attraversato da una serie d'istanze di riforma dall'orientamento fortemente pratico, note sotto l'etichetta di *Reformkatholizismus* e collocabili grossomodo nel decennio anteriore al 1907.[54]

La vicenda del *Reformkatholizismus* si legò alla cosiddetta *Inferioritätsdebatte* («discussione sull'inferiorità») che coinvolse i ceti colti della Germania cattolica a partire dagli anni finali dell'Ottocento. All'epoca l'appartenenza religiosa era ancora il principale fattore capace di definire l'identità sociale dei singoli: si trattava di una conseguenza della temperie del

50. Cfr. Weiss, *Il modernismo in Germania*, pp. 311-313.
51. Fin dal 1867 la Conferenza episcopale di Fulda radunò i vescovi delle diocesi prussiane, cui si aggiunsero nel corso degli anni i vescovi di Magonza, Rottenburg, Strasburgo, Metz e il vicario apostolico della Sassonia. L'episcopato di Baviera formava invece una Conferenza a parte, quella di Frisinga. Sui primi incontri della Conferenza di Fulda cfr. Lill, *Die ersten deutschen Bischofskonferenzen*.
52. Cfr. Arnold, *Kleine Geschichte*, p. 15.
53. Si veda al riguardo Arnold, *The Reception* (in particolare pp. 76-78).
54. Cfr. Weiss, *Der Modernismus in Deutschland* (in particolare pp. 110-119); Id., *Il modernismo in Germania*, pp. 313-315. Nell'ambito della ricerca sul modernismo in Germania, i contributi appena citati sono stati precorsi soprattutto da Loome, *Liberal Catholicism*; Trippen, *Theologie und Lehramt*; Weinzierl (a cura di), *Der Modernismus*.

*Kulturkampf*,[55] ma anche di una più generale recrudescenza dell'antagonismo confessionale fra cattolici e protestanti occorsa durante il XIX secolo.[56] Ciò, assieme all'impronta luterana del *Kaiserreich* fondato nel 1871, contribuì a determinare una condizione d'inferiorità socio-economica e culturale della minoranza cattolica rispetto alla popolazione di fede protestante.[57] Tale minoranza – corrispondente a circa un terzo degli abitanti della Germania, concentrato per lo più nel sud e nell'ovest del paese – si trovava per giunta a dover patire una sorta di discriminazione informale nell'accesso agli impieghi pubblici e alla carriera accademica, cosa che penalizzava soprattutto il ceto medio.[58]

Nell'ultimo decennio del secolo la questione dell'inferiorità cattolica venne finalmente tematizzata e discussa: nel settembre del 1896 Georg von Hertling (1843-1919), in qualità di presidente della *Görres-Gesellschaft*, tenne a Costanza un discorso sul ritardo dei cattolici nel campo delle scienze, inaugurando di fatto l'*Inferioritätsdebatte*.[59] In parallelo andarono moltiplicandosi i tentativi di superare la 'ghettizzazione' prodotta dal *Kulturkampf* e di giungere a una parità effettiva con i protestanti nella vita nazionale, nonché gli appelli per un più aperto confronto con la cultura moderna. Tali sviluppi non risparmiarono neppure la dimensione religiosa ed ecclesiale, come testimoniato dall'esperienza del *Reformkatholizismus*. Il termine, lo si è già notato, rinvia a un corpo non omogeneo d'istanze di riforma che si collocarono nella prima metà della crisi modernista, e a cui sono da associare soprattutto i nomi di Herman Schell (1850-1906), Franz Xaver Kraus (1840-1901), Albert Ehrhard (1862-1940) e Josef Müller (1855-1942).[60] Fra

55. Il termine *Kulturkampf*, com'è noto, rimanda al conflitto fra il neonato *Kaiserreich* guidato dal cancelliere Otto von Bismarck (1815-1898) e la Chiesa cattolica, che fu resa oggetto di numerosi provvedimenti restrittivi. Apertosi nel 1871, il *Kulturkampf* poté dirsi concluso a seguito delle cosiddette *Friedensgesetze* del biennio 1886-1887. In proposito cfr. almeno Borutta, *Antikatholizismus*; Clark, Kaiser (a cura di), *Culture Wars*; Gross, *The War against Catholicism*; Lill, Traniello (a cura di), *Il "Kulturkampf"*.
56. Olaf Blaschke ha parlato in proposito di uno «zweites konfessionelles Zeitalter» («seconda età confessionale», dopo la prima coincidente con Riforma e Controriforma): cfr. Blaschke, *Der „Dämon des Konfessionalismus"*.
57. Klaus Schatz è ricorso all'efficace espressione di «Untermieter-Status» («condizione di sublocatari») per definire la posizione dei cattolici tedeschi nel *Kaiserreich*: cfr. Schatz, *Zwischen Säkularisation*, p. 181.
58. Fondamentale a questo riguardo è lo studio di Baumeister, *Parität*.
59. Sulla figura di Hertling si veda in particolare Arnold, *Georg von Hertling*.
60. Il termine *Reformkatholizismus* fu coniato proprio da Josef Müller nel suo libro «Der Reformkatholizismus, die Religion der Zukunft» (Würzburg 1899). Circa tale 'movimento' vedasi in particolare Arnold, *Katholizismus als Kulturmacht*; Id., *Kleine Geschichte*, pp. 23-49; Becker, *Modernismus und Modernisierung*; Hausberger, *Herman Schell*; Schwaiger (a cura di), *Aufbruch ins 20. Jahrhundert*.

gli obiettivi di questi intellettuali vi erano quelli di una più accentuata sinodalità nel governo della Chiesa, di un maggior peso del laicato cattolico, di uno svecchiamento degli studi del clero e di una riforma dell'Indice, ma al contempo sussisteva pure il desiderio di una religiosità più interiorizzata e il proposito di dialogare con il mondo protestante e con il pensiero scientifico moderno. Per Herman Schell, autore nel 1897 del volume «Der Katholicismus als Princip des Fortschritts»,[61] 'moderno' non aveva necessariamente un'accezione negativa, cosa in decisa controtendenza rispetto alla cultura cattolica dell'epoca. A conti fatti il *Reformkatholizismus* – che mise radici soprattutto nella Germania meridionale – puntò a dimostrare la capacità di aggiornamento dei cattolici tedeschi in modo da favorire la loro inclusione nella società guglielmina attraverso un parziale adeguamento della Chiesa alla cultura del tempo. Si capisce dunque il perché delle censure cui esso andò incontro da parte dell'autorità ecclesiastica,[62] e dell'accusa di modernismo 'pratico' rivoltagli dagli ambienti integralisti. Come evidenziato in precedenza, tuttavia, è opportuno distinguere fra le rivendicazioni concrete del *Reformkatholizismus* e un vero e proprio modernismo teologico che in Germania si radunò soprattutto attorno al periodico «Das Zwanzigste Jahrhundert» – ribattezzato nel 1909 «Das Neue Jahrhundert»[63] – e che ebbe le proprie figure di riferimento in Joseph Schnitzer (1859-1939), Philipp Funk (1884-1937) e Hugo Koch (1869-1940).

La questione del superamento dell'inferiorità della minoranza cattolica (nonché della sua piena integrazione nello Stato nazionale) e della concretizzazione di alcune istanze del *Reformkatholizismus* non fu affatto estranea, tra la fine del XIX secolo e l'inizio della Grande Guerra, a tre distinte controversie che agitarono in profondità il cattolicesimo tedesco. *Literaturstreit* («controversia letteraria»), *Zentrumsstreit* («controversia sul Centro») e *Gewerkschaftsstreit* («controversia sindacale») riguardarono ciascuno un diverso ambito dell'agire dei cattolici sulla scena pubblica, ma tutti furono accomunati dal tentativo di mettere in discussione la tradizionale 'tutela' esercitata dalla gerarchia ecclesiastica sulle iniziative del laicato, e quindi di garantire a quest'ultimo degli spazi di autonomia.[64] Per ragioni di chiarezza espositiva converrà guardare separatamente alle tematiche che furono al centro di ognuna di queste vicende.

61. Cfr. Schell, *Der Katholicismus*.
62. Al riguardo cfr. *infra*, pp. 43-44 e 51-53.
63. Cfr. Haustein, *Liberal-katholische Publizistik*. Nel corso del 1909 il periodico recò il sottotitolo «Organ der deutschen Modernisten».
64. Si tratta di un punto opportunamente messo in evidenza da Busemann, *Katholische Laienemanzipation*.

## a) *Literaturstreit*[65]

«La narrativa cattolica è al passo coi tempi?»: l'interrogativo compariva nel titolo di un opuscolo firmato «Veremundus» e stampato a Magonza nel 1898,[66] il quale s'inseriva nel dibattito sull'inferiorità dei cattolici tedeschi andando a considerare il campo della letteratura. Dietro lo pseudonimo impiegato vi era in realtà Carl Muth (1867-1944), all'epoca caporedattore della rivista «Alte und Neue Welt» di Einsiedeln. Muth era convinto che la narrativa cattolica non dovesse piegarsi a finalità apologetiche o educative, ma mirare prima di tutto a essere un prodotto artistico, informato ai criteri del bello e aperto al confronto con le acquisizioni della letteratura contemporanea. La cultura artistica tedesca era allora dominata da autori di fede protestante, con il mondo cattolico che nutriva un atteggiamento di diffidenza, se non di rifiuto, verso di essa. Aspirazione di fondo di Muth era superare tale situazione, modernizzando la narrativa cattolica nella forma e nei contenuti così da renderla appetibile anche a un pubblico di diversa confessione: in questo modo, peraltro, si sarebbe contribuito all'integrazione della minoranza cattolica nella società guglielmina.

Il principale fattore alla base dell'inferiorità della letteratura cattolica era ravvisato da Muth nel controllo (*Bevormundung*) cui erano sottoposti gli scrittori laici da parte del corpo ecclesiastico, controllo che egli denunciava apertamente. Tale 'protesta' non passò inosservata: fra le reazioni che essa suscitò vi fu quella del gesuita Wilhelm Kreiten (1847-1902), autore di un saggio pubblicato sempre nel 1898 sulle «Stimmen aus Maria Laach», la rivista dei gesuiti tedeschi.[67] Kreiten assunse una posizione nettamente critica verso lo scritto di Veremundus, respingendo l'accusa lanciata da quest'ultimo all'indirizzo del clero. Nel far ciò, egli rivelò una concezione di letteratura molto distante da quella di Muth: stando al gesuita, infatti, un'arte che voleva dirsi cristiana (ossia cattolica) non poteva essere slegata dalla considerazione del destino soprannaturale dell'uomo, e anzi doveva aiutare gli individui a raggiungere la salvezza eterna. La produzione artistica, in questa prospettiva, si configurava soprattutto come una forma d'espressione del culto della divinità.[68] Il control-

65. In merito al *Literaturstreit* sono da menzionare fondamentalmente gli studi di Busemann, *Katholische Laienemanzipation*, pp. 29-116; Id., „*Haec pugna verum ipsam religionem tangit*"; Doppler, *Katholische Literatur*; Hanisch, *Der katholische Literaturstreit*; Hausberger, „*Dolorosissimamente agitata nel mio cuore cattolico*"; Weiss, *Der Modernismus in Deutschland*, pp. 457-473; Id., *Kulturkatholizismus*, pp. 42-68; Weitlauff, „*Modernismus litterarius*".
66. Veremundus, *Steht die katholische Belletristik auf der Höhe der Zeit?*
67. Sulla storia di questo periodico vedasi soprattutto il recente lavoro di Männer, *Stimmen*.
68. «Es versteht sich von selbst, dass die Kunst die Ehre Gottes fördern soll nach ihrer Natur und Wesenheit». Kreiten, *Die katholische Kritik*, p. 510.

lo ecclesiastico sull'attività degli scrittori cattolici appariva perciò pienamente giustificato.

Al fine di attuare il proprio programma letterario, nell'autunno del 1903 Muth fondò a Monaco di Baviera il mensile «Hochland». La rivista si proponeva di far uscire la narrativa cattolica dal proprio auto-isolamento, ospitando anche i contributi di autori protestanti. Prima della guerra essa avrebbe raggiunto una tiratura di 10 mila copie all'interno dell'area germanofona.[69] Ben presto alcuni suoi interventi le attirarono le critiche di certi ambienti cattolici, destando al contempo preoccupazione nell'autorità ecclesiastica. Fu in particolare la pubblicazione di tre romanzi a puntate a far finire «Hochland» nell'occhio del ciclone: «Jesse und Maria» della scrittrice austriaca Enrica von Handel-Mazzetti (1871-1955), uscito fra il 1904 e il 1905; la traduzione tedesca de «Il Santo» di Antonio Fogazzaro (1842-1911), sospesa dopo la condanna all'Indice dell'opera nell'aprile del 1906; e infine il romanzo «Die Armsünderin» di Nanny Lambrecht (1868-1942), pubblicato a cavallo fra il 1908 e il 1909. L'opposizione alla rivista di Muth divenne particolarmente forte in campo integralista, condensandosi attorno a due poli. Il primo coincideva con «Der Gral», periodico edito a Vienna dall'ottobre 1906 quale organo del *Gralbund*, un'associazione di scrittori cattolici animata dall'aristocratico Richard von Kralik (1852-1934) e da Franz Eichert (1857-1926). Kralik respingeva la tesi dell'inferiorità della narrativa cattolica e perseguiva l'obiettivo di una letteratura orgogliosamente confessionale. La contrapposizione fra «Hochland» e «Der Gral» risentiva, evidentemente, anche della diversità di contesto culturale che sussisteva fra Germania e Austria, ossia fra un paese a maggioranza protestante e uno quasi interamente cattolico. Nell'offensiva contro il periodico di Muth, il *Gralbund* fu affiancato dalle già citate «Stimmen aus Maria Laach», almeno fino al 1910. A prendere il testimone del padre Kreiten dopo la sua morte fu Alexander Baumgartner (1841-1910), esperto di critica letteraria e sostenitore di un chiaro orientamento integralista.[70] Il *Literaturstreit* conobbe la propria fase più acuta fra l'estate del 1909 e il 1911, anno che vide la condanna all'Indice della rivista di Monaco di Baviera su cui da tempo, ormai, era fatto aleggiare con insistenza lo spettro del modernismo.[71]

69. Fra gli studi dedicati alla rivista di Muth segnalo soprattutto Becker, *Karl Muth und das „Hochland"*; Dirsch, *Das „Hochland"*; Giacomin, *Zwischen katholischen Milieu und Nation*; Hürten, *Karl Muths „Hochland" in der Vorkriegszeit*; Merlio, *Carl Muth et la revue Hochland*; Unterburger, *Das Verhältnis der Zeitschrift „Hochland"*.

70. Cfr. Baumgartner, *Die katholische Belletristik*; Id., *Literarische Gegensätze*; Id., *Die katholische Kirche*.

71. Cfr. *infra*, pp. 90-94.

## b) *Gewerkschaftsstreit*[72]

Al centro del *Gewerkschaftsstreit* vi fu fondamentalmente la questione della liceità, per gli operai di fede cattolica, di perseguire i propri interessi di categoria all'interno di associazioni sindacali comprendenti anche operai protestanti e non direttamente soggette all'autorità del clero. La controversia verteva insomma sul problema dell'emancipazione dei lavoratori dalla tutela ecclesiastica, ma al contempo andava a toccare anche altri temi: quello della collaborazione con i protestanti sul terreno economico, della natura della questione sociale – che il magistero leoniano aveva definito come questione principalmente morale e religiosa –, dell'estensione sugli affari temporali dell'influenza della Chiesa, e in definitiva del rapporto di quest'ultima con la modernità.

A partire dagli anni Ottanta del XIX secolo, in Germania si diffusero ampiamente gli *Arbeitervereine*, associazioni pensate per assicurare agli operai cattolici di sesso maschile una solida istruzione religiosa e convenienti opportunità di svago. Ben presto divenne chiaro, però, come questi sodalizi non fossero adatti a tutelare gli interessi materiali dei lavoratori, e come di conseguenza esistesse il rischio concreto che essi si rivolgessero in massa ai sindacati socialdemocratici, le cosiddette *freie Gewerkschaften* («sindacati liberi»). Nel 1894 videro perciò la luce i primi sindacati cristiani (*christliche Gewerkschaften*), connotati da una chiara impronta antisocialista e aperti alla partecipazione dei protestanti. La scelta del carattere interconfessionale non costituiva un *unicum*, giacché da tempo anche altre categorie professionali si erano organizzate senza tener conto delle differenze religiose. Tale scelta rispondeva a motivazioni essenzialmente pratiche, ossia garantire una base quanto più ampia possibile alle rivendicazioni degli operai e in parallelo tener testa ai sindacati socialdemocratici. Per tutto il periodo anteriore alla Grande Guerra, ad ogni modo, le *christliche Gewerkschaften* videro sempre una bassa partecipazione dei protestanti, che in media rappresentarono circa il 10-15% dei loro membri.[73]

Nel maggio 1899 queste organizzazioni tennero il loro primo congresso nazionale a Magonza, occasione in cui furono discussi e fissati i principi guida del movimento sindacale cristiano – i cosiddetti *Mainzer Leitsätze*. Stando ad essi, le *christliche Gewerkschaften* dovevano «essere interconfessionali, cioè

72. Riguardo a questa controversia sono da menzionare i lavori di Brack, *Deutscher Episkopat*; Busemann, *Katholische Laienemanzipation*, pp. 117-292; Deuerlein, *Der Gewerkschaftsstreit*; Heitzer, *Georg Kardinal Kopp*; Loth, *Bischof Karl Joseph Schulte*; Nell-Breuning, *Der deutsche Gewerkschaftsstreit*; Ritter, *Il movimento cattolico-sociale*, pp. 561-617; Rivinius, *Der Streit um die christlichen Gewerkschaften*; Schneider, *Die christlichen Gewerkschaften*, pp. 172-211; Tacchi, *Curia romana e Gewerkschaftsstreit*.
73. Cfr. Schneider, *Evangelische Christen*, p. 82.

accogliere membri di entrambe le confessioni cristiane, ma poggiare sul terreno del cristianesimo».[74] Era sancito il loro carattere apartitico e ammesso il ricorso allo sciopero come *extrema ratio*. Lo scopo principale dei sindacati era individuato nell'«elevazione della condizione materiale e intellettuale dei lavoratori associati»,[75] da ottenere attendendo a compiti di natura economica e lasciando quindi ad altre associazioni, in primis agli *Arbeitervereine* confessionali, la cura degli aspetti religioso-morali. Per questa ragione, oltre che per la presenza di protestanti al proprio interno, i sindacati cristiani si consideravano indipendenti dall'autorità ecclesiastica.

Qualche tempo prima del congresso magontino fu dato alle stampe uno scritto scaturito dagli ambienti del *Volksverein* – l'organizzazione di massa del cattolicesimo tedesco con sede a Mönchengladbach[76] –, il quale intendeva sostenere la causa delle *christliche Gewerkschaften* e chiarire i loro principi cardine. Esso additava nel diritto naturale (*Naturrecht*) il riferimento per l'azione dei sindacati: sarebbe stato sufficiente che questi ultimi ammettessero la fede in Dio e la necessità di un ordine naturale per potersi dire «cristiani» ed essere approvati tanto dai cattolici quanto dai protestanti.[77] Con ciò si voleva rimarcare la diversità ontologica delle *christliche Gewerkschaften* rispetto ai sindacati socialdemocratici, visti come una seria minaccia per la tranquillità del consorzio civile e come alfieri dell'ateismo. Evidenziare l'esistenza di un fondo comune alle due confessioni cristiane doveva servire appunto a facilitare la creazione di un fronte unito contro il pericolo del socialismo materialista, oltre che favorire l'integrazione dei cattolici tedeschi in una società a maggioranza protestante.[78]

Non tutti, nella Germania cattolica, accolsero positivamente lo sviluppo dei sindacati cristiani. Ad esprimersi criticamente nei loro confronti fu in particolare l'aristocratico berlinese Franz von Savigny (1859-1917), autore nel 1899 di una serie di contributi poi raccolti in un libello anonimo intitolato «Arbeitervereine und Gewerkschaftsorganisationen im Lichte der Encyclica

74. Originale tedesco: «Die Gewerkschaften sollen interkonfessionell sein, d. h. Mitglieder beider christlichen Konfessionen umfassen, aber auf dem Boden des Christentums stehen». Citato in Schneider, *Die christlichen Gewerkschaften*, p. 123.
75. Originale tedesco: «Die Hebung der leiblichen und geistigen Lage der Berufsgenossen». Ibid.
76. Costituito ufficialmente nell'autunno del 1890, il *Volksverein* si sarebbe configurato come la più grande organizzazione del cattolicesimo europeo alla vigilia della prima guerra mondiale. In proposito cfr. Heitzer, *Der Volksverein*; Klein, *Der Volksverein*.
77. «Es genügt hierzu, dass sie [die Organisation] jene Grundsätze anerkennt und auszuführen sucht, welche auf dem Naturrechte fußen. Diese wären hauptsächlich die, dass jede wirtschaftliche Organisation den Glauben an Gott und die Notwendigkeit einer natürlichen Ordnung zugibt». [Giesberts, Müller, Pieper], *Christliche Gewerkvereine*, p. 14.
78. Al riguardo si vedano le considerazioni in Tacchi, *Antisocialismo cattolico*, pp. 257-288.

“Rerum novarum”».[79] Savigny, uno dei più ostinati avversari del movimento sindacale cristiano durante tutto il *Gewerkschaftsstreit*, si richiamava esplicitamente all’enciclica del 1891 in cui Leone XIII aveva sottolineato il carattere morale della questione sociale. La sua era una posizione schiettamente paternalista, che vedeva nell’assunzione di una condotta virtuosa da parte degli operai la via maestra per il miglioramento della loro condizione materiale e che sosteneva la necessità di un rapporto pacifico fra capitale e lavoro. Tali riflessioni trovarono una sponda ricettiva nel cardinale Georg Kopp (1837-1914), vescovo di Breslavia e presidente della Conferenza episcopale di Fulda.[80]

Nel giugno 1900, durante il secondo congresso nazionale dei sindacati cristiani tenuto a Francoforte, venne discussa la possibilità di costituire in futuro sindacati paritetici (*paritätische Gewerkschaften*), ovvero organizzazioni aperte a tutti i lavoratori a prescindere dal loro credo politico e religioso, capaci potenzialmente di dare una forza inedita alle rivendicazioni della classe operaia. Turbato da questi sviluppi e influenzato dallo scritto di Savigny, Kopp decise di porre la questione sindacale all’ordine del giorno della Conferenza episcopale in programma per agosto, quando in precedenza l’autorità ecclesiastica non aveva ritenuto di doversi occupare dell’argomento. Il principale risultato dell’incontro fu l’approvazione di una lettera pastorale collettiva (poi nota come *Fuldaer Pastorale*) che, in sintonia con il magistero leoniano, evidenziava il carattere morale della questione sociale e la necessità che la religione cattolica permeasse appieno la vita dell’uomo e delle sue organizzazioni, incluse quelle sindacali. Era errato sostenere «che le aspirazioni di tipo economico, ad esempio a un miglioramento del salario e delle condizioni di lavoro, non [avevano] nulla a che fare con la religione»,[81] in quanto ciò rappresentava «una fatale connivenza con il dogma fondamentale del socialismo materialista, la religione dell’aldiquà».[82] Respinta era pure l’idea che gli interessi economici dei lavoratori potessero essere perseguiti sulla base di principi dedotti dal diritto naturale anziché di

79. [Savigny], *Arbeitervereine und Gewerkschaftsorganisationen.*
80. Kopp, originario della diocesi di Hildesheim, aveva acquistato prestigio nell’episcopato tedesco e presso la Curia di Leone XIII grazie alla sua azione diplomatica funzionale a ricomporre il *Kulturkampf*, tanto da essere nominato principe-vescovo (*Fürstbischof*) di Breslavia nel 1887 e cardinale nel 1893. La diocesi slesiana era la più estesa della Germania e una delle più grandi del mondo: sotto la giurisdizione del suo ordinario rientrava anche la città di Berlino. Sulla figura di Kopp cfr. Aschoff, *Kirchenfürst*; Heitzer, *Georg Kardinal Kopp*; Morsey, *Georg Kardinal Kopp*.
81. Originale tedesco: «[...] dass wirtschaftliche Bestrebungen, z. B. die Besserung der Lohn- und Arbeitsverhältnisse, mit der Religion nichts zu tun haben». *Fuldaer Pastorale* (22 agosto 1900), in KAB (a cura di), *Texte zur katholischen Soziallehre*, pp. 71-80, qui p. 75.
82. Originale tedesco: «[...] eine verhängnisvolle Konnivenz gegenüber dem Hauptdogma des materialistischen Sozialismus, die Religion des Diesseits». Ibid.

quelli della religione cattolica. In conclusione, quindi, la pastorale accennava alla costituzione di sezioni professionali (*Fachabteilungen*) con funzioni sindacali all'interno degli *Arbeitervereine* a guida ecclesiastica. I vescovi dicevano di approvare questi organismi, i quali avrebbero dimostrato come «non vi [fosse] bisogno di nuove creazioni religiosamente neutre per difendere e promuovere gli interessi materiali degli operai cristiani».[83]

Il documento dell'estate del 1900[84] non menzionava mai le *christliche Gewerkschaften*, così che la maggioranza dei partecipanti alla Conferenza episcopale poté intenderlo come una semplice presa di posizione contro l'ipotesi dei sindacati paritetici discussa a Francoforte.[85] Al contempo, tuttavia, il testo si prestava a essere interpretato come un attacco indiretto ai sindacati interconfessionali, cosa che in effetti voleva essere nelle intenzioni di Kopp. A Fulda il vescovo di Breslavia presentò non a caso una relazione molto critica verso i fondamenti delle *christliche Gewerkschaften*. A suo avviso la trattazione delle questioni economiche non poteva essere disgiunta dalla morale e dalla religione – da intendersi ovviamente come religione cattolica –: non era accettabile, di conseguenza, che organizzazioni sindacali composte anche da operai cattolici si basassero sul solo diritto naturale, né che assumessero una veste religiosamente neutra. Nella seconda parte del proprio intervento, inoltre, Kopp manifestò preoccupazione per l'eventualità dei sindacati paritetici e caldeggiò la formazione di *Fachabteilungen* all'interno degli *Arbeitervereine* confessionali.[86] Per il cardinale la questione della confessionalità delle organizzazioni sindacali si legava a doppio filo con quella della loro dipendenza dall'autorità ecclesiastica. Dalla Conferenza episcopale Kopp fece approvare, infine, cinque tesi da lui stesso proposte. Queste affermavano fra l'altro che dalle attività per migliorare la condizione dei lavoratori cattolici non potesse escludersi la religione (tesi I); che le organizzazioni operaie non dovessero presentare un carattere meramente economico (tesi II), né basarsi su «un cosiddetto cristianesimo interconfessionale» (tesi III).[87] A riassumere al meglio il punto di vista del prelato era poi l'ultima tesi, secondo la quale l'organizza-

83. Originale tedesco: «[...] es keiner religiös-neutralen Neuschöpfungen bedarf, um die materiellen Interessen der christlichen Arbeiterschaft zu verteidigen und zu fördern». Ibid., p. 78.
84. Autore della bozza del *Fuldaer Pastorale* fu Adolf Franz (1842-1916), stretto collaboratore di Kopp a Breslavia. Cfr. Brack, *Deutscher Episkopat*, p. 30; Heitzer, *Georg Kardinal Kopp*, p. 51.
85. Ipotesi che fu ancora sostenuta al congresso sindacale di Krefeld nel maggio 1901, ma che venne archiviata dopo l'estate del 1902, quando il congresso delle *freie Gewerkschaften* tenuto a Stoccarda si espresse inequivocabilmente contro la separazione fra queste organizzazioni sindacali e il partito socialdemocratico. Cfr. Heitzer, *Georg Kardinal Kopp*, p. 48.
86. Cfr. [Georg Kopp], *Christliche Gewerkvereine*, in Gatz (a cura di), *Akten*, pp. 11-19.
87. Originale tedesco: «Man kann die Arbeiterorganisation nicht auf ein sogenanntes interkonfessionelles Christentum stellen». Ibid., p. 19.

zione sindacale degli operai cattolici «d[oveva] essere cattolica e sottostare alla guida dell'autorità ecclesiastica».[88]

Con la pastorale collettiva del 1900 il *Gewerkschaftsstreit* poteva dirsi di fatto avviato. Ben presto divenne chiara l'esistenza di due fronti contrapposti all'interno della Germania cattolica: da un lato i sostenitori di uno stretto confessionalismo e dunque delle *Fachabteilungen* quali mezzi più adatti per rispondere ai bisogni dei lavoratori, dall'altro quanti invece sposavano la linea del movimento sindacale cristiano. Al primo gruppo appartenevano soprattutto Kopp, il vescovo di Treviri Michael Felix Korum (1840-1921) e la federazione regionale che riuniva gli *Arbeitervereine* del nord e dell'est della Germania, la quale assunse nel 1903 la denominazione di *Verband katholischer Arbeitervereine (Sitz Berlin)* – la sede centrale era infatti nella capitale tedesca.[89] La loro posizione venne etichettata di conseguenza come *Berliner Richtung* («corrente berlinese»). I sindacati cristiani potevano contare al contrario sul deciso sostegno del *Volksverein*, delle federazioni degli *Arbeitervereine* del sud e dell'ovest[90] e della «Kölnische Volkszeitung» di Colonia, il principale giornale cattolico del paese. Di qui il ricorso all'espressione *Kölner Richtung* o anche *Köln-Gladbacher Richtung*. Benché dichiaratamente cattolico, il *Volksverein* non costituiva a tutti gli effetti un'organizzazione ecclesiastica, non sottostando a un diretto controllo gerarchico ma solo alla sorveglianza del vescovo di Colonia, diocesi in cui era ricompreso il suo quartier generale di Mönchengladbach.[91] Fin dagli ultimi anni del XIX secolo esso si attivò energicamente a favore dei sindacati cristiani, tanto da scontrarsi nel 1902 con il cardinale Kopp, che da allora si adoperò per porre l'organizzazione sotto un più stretto controllo episcopale. La posizione del vescovo di Breslavia risultava ad ogni modo minoritaria all'interno della Conferenza di Fulda: la grande maggioranza dei suoi membri, a partire dal cardinale arcivescovo di Colonia Anton Fischer (1840-1912),[92] accordava il proprio sostegno alle

88. Originale tedesco: «Die gewerkschaftliche Organisation katholischer Arbeiter muss katholisch sein und der Leitung der kirchlichen Autorität unterstehen». Ibid.
89. La nascita di questo *Verband* risaliva al 1897. Inizialmente esso abbracciò il territorio delle diocesi di Breslavia, Kulm, Ermland, Treviri e la parte orientale della diocesi di Paderborn, ma con il tempo guadagnò consensi anche nelle diocesi di Magonza, Metz e nel vicariato apostolico di Sassonia. Da una sua scissione interna nacque nel 1910 il *Verband katholischer Arbeitervereine Ostdeutschlands*, favorevole ai sindacati cristiani. Cfr. Sander, *Katholische Arbeitervereine*.
90. Il *Verband süddeutscher katholischer Arbeitervereine* fu costituito nel 1893, il *Verband katholischer Arbeiter- und Knappenvereine Westdeutschlands* nel 1904. A quest'ultimo aderirono gli *Arbeitervereine* delle diocesi di Colonia, Münster, Paderborn, Fulda, Limburgo, Hildesheim, Osnabrück e, in un secondo momento, Magonza.
91. Su questo punto vedasi Brack, *Deutscher Episkopat*, p. 54.
92. Sulla figura di Fischer cfr. Spiertz, *Kardinal Antonius Fischer*.

*christliche Gewerkschaften*, talora in modo convinto, talora riconoscendo in questi sindacati un male necessario per scongiurare un'emorragia di lavoratori cattolici verso il socialismo. La contrapposizione fra *Berliner* e *Kölner Richtung* connotò il *Gewerkschaftsstreit* fino al deflagrare della Grande Guerra: neppure l'enciclica «Singulari quadam» del settembre 1912, con cui Pio X volle pronunciarsi autoritativamente sulla controversia arrivando a tollerare i sindacati cristiani, fu in grado di mettervi fine.[93]

### c) *Zentrumsstreit*[94]

Nel marzo del 1906 gli «Historisch-politische Blätter» di Monaco di Baviera ospitarono un breve contributo di Julius Bachem (1845-1918), caporedattore della «Kölnische Volkszeitung». L'intervento, dal titolo «Wir müssen aus dem Turm heraus!» («Dobbiamo uscire dalla torre!»), evidenziava la necessità che il Zentrum, da oltre tre decenni partito politico di riferimento per l'elettorato cattolico tedesco nonché 'torre' capace di resistere vittoriosamente agli assalti del *Kulturkampf*, si aprisse a un maggiore apporto dei protestanti, in modo da togliere ogni pretesto a quanti nell'ambito della polemica politica lo accusavano di confessionalismo e di subordinazione al papa. Bachem notava come fin dai suoi esordi il Zentrum non si fosse mai considerato un partito confessionale, e per dare concretezza al proprio ragionamento proponeva che venissero candidate personalità di fede protestante in alcuni seggi a popolazione prevalentemente cattolica, così da favorirne l'elezione.[95] Con ogni probabilità l'articolo – noto poi come «Turmartikel» – intendeva avvicinare il Zentrum allo schieramento dei conservatori protestanti, ma il suo effetto più immediato fu quello di suscitare vive polemiche in campo cattolico, cui Bachem sentì il bisogno di replicare subito.[96] A contestare l'ipotesi di enfatizzare il carattere interconfessionale del partito per garantirgli una base più ampia fu tra gli altri Heinrich Krueckemeyer (1870-?), caporedattore di un giornale di Saarbrücken, località non distante da Treviri. Pur ammettendo la non confessionalità del Zentrum, Krueckemeyer respingeva i propositi di Bachem riconoscendovi una via allo snaturamento del partito. Egli riteneva che la *Weltanschauung* cattolica costituisse il riferimento imprescindibile per l'azione del Zentrum nonché l'unico collante capace di tenere assieme il suo elettorato: essa era «il legame comune, unificante, non lacerabile» che non poteva essere

93. Cfr. *infra*, pp. 118-132.
94. Su questa vicenda, senz'altro la meno studiata fra quelle qui considerate, cfr. Anderson, *Interdenominationalism*; Ead., *Windthorsts Erben*; Bachem, *Vorgeschichte*, vol. 7, pp. 156-285; Busemann, *Katholische Laienemanzipation*, pp. 293-362; Deuerlein, *Verlauf und Ergebnis*; Evans, *The German Center Party*, pp. 178-202; Ross, *Beleaguered Tower*.
95. Cfr. Bachem, *Wir müssen aus dem Turm heraus!*
96. Cfr. Bachem, *Nochmals*.

barattato con qualcos'altro.[97] A conti fatti il Zentrum veniva affrescato come un'organizzazione *dei* cattolici e *per* i cattolici, ma aperta a quei protestanti disposti ad accettarne il programma. Cominciava così a delinearsi la contrapposizione fra due diverse concezioni del partito nato nel 1870, la quale avrebbe tenuto banco fino all'inizio della guerra.

Una riunione di dieci persone, religiose e laiche, svoltasi a Colonia nell'aprile del 1909, finì per costituire un momento decisivo nella controversia sulla natura del Zentrum. Promosso dal giovane cappellano Edmund Schopen (1882-1961),[98] l'incontro si propose di discutere informalmente – e segretamente – di alcuni sviluppi ritenuti pericolosi per il cattolicesimo tedesco. Fra i presenti, oltre allo stesso Schopen, vi erano Krueckemeyer, il direttore delle «Stimmen aus Maria Laach» Karl Frick (1856-1931), i sacerdoti Karl Maria Kaufmann (1869-1948) e Andreas Müller (1862-1938) – il primo direttore della rivista «Apologetische Rundschau»,[99] il secondo insegnante di religione nell'*Oberrealschule* di Colonia[100] –, nonché i deputati del Zentrum Hermann Roeren (1844-1920) e Franz Bitter (1865-1924). Passata alla storia come *Osterdienstagskonferenz* («Conferenza del martedì di Pasqua»), l'assemblea si confrontò sulla diffusione di una «corrente cattolica liberale» («liberal katholisch[e] Richtung») la cui essenza era identificata nell'intento «di liberare la vita pubblica della Germania cattolica dall'influsso dell'episcopato e dell'ortodossia, e di saldare il popolo cattolico con i protestanti in un grande blocco cristiano-sociale in tutti i campi della vita pubblica e dell'attività intellettuale».[101] Nel mirino dei partecipanti vi era la linea incarnata da Julius Bachem: non è un caso che il dibattito vertesse in particolare su una possibile definizione del Zentrum che allontanasse lo spettro di una più accentuata interconfessionalità del partito. La posizione del caporedattore della «Kölnische Volkszeitung» fu associata addirittura al modernismo condannato dalla «Pa-

97. Originale tedesco: «Das gemeinsame, einigende, unzerreißbare Band». Krueckemeyer, *Müssen wir aus dem Turm heraus?*, p. 690.
98. All'epoca Schopen, consacrato sacerdote nel 1906, operava come cappellano a Oberhausen, località nella diocesi di Colonia. Per la sua biografia vedasi Schlossmacher, *Edmund Schopen*.
99. Oltre che del periodico citato, Kaufmann era direttore del bollettino «Zentral-Auskunftsstelle für die katholische Presse». Nella primavera del 1911 sarebbe stato espulso dalla diocesi di Colonia per via dei suoi contrasti con il cardinale Fischer. Trasferitosi a Francoforte, vi avrebbe fondato il giornale integralista «Cölner Correspondenz».
100. Sulla figura di Müller cfr. Tacchi, *Contributo alla storia del cattolicesimo 'integrale'*.
101. Originale tedesco: «[…] das öffentliche Leben des katholischen Deutschlands zu befreien vom Einfluss des Episkopates und der Orthodoxie und das katholische Volk mit den Protestanten zu einem großen, christlich-sozialen Block auf allen Gebieten des öffentlichen Lebens und der geistigen Bethätigung zusammen zu schweißen». *Protokoll der Osterdienstags-Konferenz, Köln, 13. April 1909*, in ADPSJ, Abt. 47, Nr. 508 (senza numerazione dei fogli).

scendi», giacché ritenuta foriera di uno sgretolamento dell'identità cattolica a tutto vantaggio dei protestanti.[102]

L'*Osterdienstagskonferenz* non voleva essere un evento circoscritto destinato a non ripetersi, ma il punto d'avvio di un movimento finalizzato a sensibilizzare l'opinione pubblica cattolica. A circa un mese dalla sua conclusione, Roeren e Bitter inviarono una circolare ai vescovi della Germania per illustrarne lo spirito e i deliberati.[103] Essi vi denunciarono il tentativo «di diffondere fra il popolo cattolico l'idea che le questioni economiche, sociali e politiche [fossero] da trattare in modo separato dai principi della *Weltanschauung* cattolica»,[104] e lo stagliarsi di una corrente di pensiero che avrebbe puntato a mettere da parte le differenze fra cattolici e protestanti. I risultati dell'*Osterdienstagskonferenz* furono condensati in due punti: il primo evidenziava la necessità di un controllo più stretto dell'episcopato sul *Volksverein*, l'altro invece definiva il Zentrum come un partito politico volto a rappresentare gli interessi di tutto il popolo tedesco in sintonia («im Einklang») con i principi della religione cattolica.[105] Le successive polemiche dello *Zentrumsstreit* sarebbero ruotate proprio attorno a questa definizione. Se i partecipanti all'*Osterdienstagskonferenz* riconoscevano in teoria la non confessionalità del Zentrum, il loro caldeggiare un'azione politica conforme ai dettami del cattolicesimo equivaleva d'altronde a gettare serie ombre sull'indipendenza del partito rispetto all'autorità ecclesiastica. Era ovviamente competenza di quest'ultima, infatti, esprimersi su tale conformità: nella prospettiva di Roeren e compagni, così, le questioni politiche finivano per configurarsi come un oggetto sottoposto al diretto giudizio della Chiesa. E in un contesto complicato come quello tedesco, anche la sola apparenza di un'effettiva subordinazione del Zentrum alla gerarchia rischiava di avere serie ripercussioni sull'attività parlamentare del partito.[106]

Benché il protocollo della conferenza di aprile fosse stato concepito per restare segreto, nel mese di giugno esso giunse alla stampa a seguito di un'indiscrezione: da quel momento, perciò, i membri dell'*Osterdienstagskonferenz* si

102. «Der Modernismus hat in Deutschland seine Quelle. Die Protestantisierung der katholischen Kirche ist seine innerste Idee. Das ist auch die vielleicht unbewußte Tendenz der Bachem'schen Bewegung». Così Andreas Müller all'*Osterdienstagskonferenz* (ibid.).
103. Copia di questo documento si trova in ARSI, Prov. Germaniae, 1013, fasc. 23, n. 1.
104. Originale tedesco: «[...] in dem katholischen Volke die Anschauung zu verbreiten, dass wirtschaftliche, soziale und politische Fragen losgelöst von den Grundsätzen der katholischen Weltanschauung zu behandeln sind». Ibid.
105. Così la formulazione di questo punto nell'originale versione tedesca: «Das Zentrum ist eine politische Partei, die sich als Aufgabe gestellt hat, die Interessen des gesamten Volkes auf allen Gebieten des öffentlichen Lebens im Einklang mit den Grundsätzen der katholischen Weltanschauung zu vertreten». Ibid.
106. Al riguardo cfr. Bachem, *Vorgeschichte*, vol. 7, p. 231; Loth, *Katholiken im Kaiserreich*, p. 161.

trovarono a dover difendere pubblicamente il proprio punto di vista. Fu Roeren a cimentarsi più di tutti in questo compito, fin dagli ultimi mesi del 1909.[107] Un'attenzione particolare merita una sua opera dell'estate del 1913, la quale diede luogo a una diretta risposta da parte di Bachem.[108] Roeren vi identificava il proprio avversario nella *Kölner Richtung*, definita come «la tendenza a eliminare il fondamento cattolico delle più importanti organizzazioni dei cattolici tedeschi e a sostituirlo con una base cosiddetta genericamente cristiana».[109] Tale tendenza sarebbe stata riconoscibile nel *Literaturstreit*, nel *Gewerkschaftsstreit* e appunto nello *Zentrumsstreit*. Ciò che l'autore riteneva inammissibile non era la collaborazione pratica con i protestanti, ma il ricercarla a costo di un annacquamento dei principi, di un abbandono di quello che costituiva lo specifico del cattolicesimo. Quanto al Zentrum, di conseguenza, occorreva contrastare in ogni modo il tentativo di collocarlo su un'artificiosa base interconfessionale. Per Roeren questo non equivaleva a sostenere la confessionalità del partito: a suo dire un'organizzazione politica era da considerare confessionale solo qualora avesse scelto di rappresentare gli interessi di una particolare comunità religiosa e non di tutto il popolo tedesco, cadendo così in contraddizione con il dettato costituzionale.[110] Stando a questo criterio formale, il Zentrum sarebbe risultato un partito politico non confessionale anche stabilendo di agire in sintonia con la *Weltanschauung* cattolica, secondo quanto auspicato dall'*Osterdienstagskonferenz*. Ciò peraltro non avrebbe impedito ai protestanti di abbracciarne la causa: bastava che essi si convincessero «che una politica condotta in sintonia con i principi della *Weltanschauung* cattolica [fosse] quella relativamente migliore» (!).[111] L'orizzonte culturale del deputato centrista era ancora quello del *Kulturkampf*: l'apertura alla componente protestante appariva ingiustificata, anzi pericolosa; la via per garantire il benessere dei cattolici nella società guglielmina era intravista piuttosto nella valorizzazione della loro specifica diversità.

Roeren reputava Julius Bachem un innovatore, ma in un'accezione negativa del termine. La proposta di ampliare la base del partito era da lui interpretata come un allontanamento dall'antica tradizione del Zentrum, rispetto alla quale il deputato rivendicava invece la propria continuità. Anche Bachem, ad ogni modo, riteneva di non discostarsi da questa tradizione, considerata però

107. Cfr. [Hermann Roeren], *Zur Klarstellung*, copia in AAV, ANM, b. 260, fasc. 5, ff. 29r-33v.
108. Cfr. Roeren, *Zentrum und Kölner Richtung*.
109. Originale tedesco: «Die Tendenz, die katholische Grundlage der wichtigsten Organisationen deutscher Katholiken zu beseitigen und durch eine sogenannte allgemein-christliche Basis zu ersetzen». Ibid., p. 3.
110. L'articolo 29 della Costituzione tedesca prevedeva espressamente che i singoli deputati fossero rappresentanti di *tutto* il popolo.
111. Originale tedesco: «[...] dass eine im Einklang mit den Grundsätzen der katholischen Weltanschauung geübte Politik die relativ beste ist». Roeren, *Zentrum und Kölner Richtung*, p. 40.

da un'altra angolatura. In uno scritto uscito all'inizio dell'autunno 1913 – intitolato «Das Zentrum, wie es war, ist und bleibt» – egli sottolineò come il Zentrum non fosse nato quale organizzazione confessionale, e come i suoi dirigenti avessero sempre cercato di evitare che esso apparisse tale all'esterno.[112] Con l'articolo del 1906, insomma, il caporedattore della «Kölnische Volkszeitung» non aveva indicato un obiettivo nuovo, ma percorso un sentiero già tracciato. La definizione di *Kölner Richtung* data da Roeren era respinta come falsa, al pari dell'accusa di voler promuovere una *Weltanschauung* interconfessionale che annullasse le differenze fra cattolici e protestanti.[113] Soprattutto, poi, Bachem additava un grave pericolo nell'eventuale adozione della definizione di Zentrum messa a punto dall'*Osterdienstagskonferenz*: a prescindere dalle intenzioni dei suoi estensori, infatti, essa avrebbe recato con sé l'immagine inequivocabile di un partito confessionale, isolando l'organizzazione ed esponendola agli attacchi dei suoi avversari. L'autore del «Turmartikel» mostrava di tener conto dei concreti rapporti politici esistenti in Germania e delle difficoltà che sarebbero derivate per i cattolici da un'accentuazione dei contrasti confessionali, rimproverando a Roeren di non fare altrettanto. La gerarchia delle priorità, evidentemente, non era la medesima per i due schieramenti contrapposti nel cattolicesimo tedesco.

## 3. *Integralismusstreit*: un neologismo storiografico

Dal biennio 1909-1910 l'attenzione di Benigni e del *Sodalitium Pianum* andò in primo luogo alla Germania, quando in precedenza si era rivolta più che altro ai contesti di Francia e Italia. A determinare questo cambiamento fu da un lato la condanna della democrazia cristiana murriana e del *Sillon* da parte di Pio X,[114] dall'altro l'acuirsi del *Literaturstreit* e poi, soprattutto, della controversia sindacale. Nel quadro della 'caccia' ai modernisti legittimata dalla «Pascendi», gli ambienti integralisti cominciarono a elaborare narrazioni allarmanti circa il 'bachemismo' e il 'gladbachismo', termini usati come sinonimi di *Kölner*

112. «Obwohl ausschließlich von Katholiken [...] zur Verteidigung der kirchlichen Freiheit gegründet, ist das Zentrum doch nicht als katholisch-konfessionelles Gebilde ins Leben gerufen, sondern von vornherein sorgfältig auch der Schein vermieden worden, dass es ein solches sein sollte». Bachem, *Das Zentrum*, p. 15.
113. «Religionsmengerei will niemand, weder in der sogenannten ‚Kölner Richtung', noch in der Zentrumspartei, noch in der Zentrumspresse treiben». Ibid., p. 40.
114. Con l'enciclica «Pieni l'animo» del luglio 1906 il papa condannò la *Lega democratica nazionale* fondata l'anno prima da Murri come partito cattolico non subordinato alla gerarchia ecclesiastica: nell'aprile del 1907, quindi, lo stesso Murri fu sospeso *a divinis*. La condanna del *Sillon* ebbe luogo invece nell'estate del 1910, per mezzo della lettera apostolica «Notre charge apostolique» (al riguardo cfr. *infra*, p. 75).

*Richtung* per rimandare alla diffusione del modernismo 'pratico' in area germanofona. Grazie alla personale mediazione di Benigni, queste narrazioni pervennero direttamente a Pio X e a figure autorevoli della Curia romana negli anni a ridosso della Grande Guerra. La Germania cattolica sarebbe stata vittima della «coalizione di Colonia» composta dalla «Kölnische Volkszeitung», dal *Volksverein*, dalle *christliche Gewerkschaften* e dalla maggioranza del Zentrum e della sua stampa.[115] La città renana, sede di una delle più importanti diocesi tedesche, venne dipinta come «il centro dell'antiromanesimo liberal-modernista per la Germania», corrente che avrebbe mirato a separare il cattolicesimo tedesco da Roma e ad allargare la propria influenza anche ad altri paesi europei.[116] Di questo processo si sarebbe resa complice persino una parte dell'episcopato e del clero di Germania,[117] così che solo l'intervento del vertice della Chiesa cattolica avrebbe potuto sanare la situazione venutasi a creare.

La galassia integralista opposta alla *Kölner Richtung* non era limitata all'organizzazione di Benigni e ai suoi satelliti: nel *Kaiserreich* non mancavano soggetti attivamente impegnati a combattere la linea interconfessionalista pur non intrattenendo rapporti formali con il *Sodalitium Pianum*. Fra questi merita di essere citato di nuovo Andreas Müller, convinto dell'intrinseco legame fra interconfessionalismo e modernismo. Per il sacerdote, pensare di aver bisogno dell'aiuto dei protestanti significava dubitare dell'origine divina del cattolicesimo e parificare quest'ultimo al protestantesimo, che invece era una mera costruzione umana.[118] Nell'interconfessionalismo egli ravvisava un prodotto del soggettivismo di derivazione protestante: la religione rivelata da Dio, con i suoi dogmi immutabili, era sostituita da un'arbitraria concezione del sacro. E se il soggettivismo costituiva l'essenza dell'interconfessionalismo, questo, alla luce della «Pascendi», andava considerato a tutti gli effetti come modernismo.[119] Il pericolo ultimo era quello di una progressiva 'prote-

115. Cfr. *Note e documenti sulla campagna antiromana della coalizione di Colonia (Kölnische Volkszeitung, Volksverein e sindacati interconfessionali di München-Gladbach, Augustinusverein, maggioranza del Centro, con a capo Julius Bachem direttore della Kölnische Volkszeitung)*, in AAV, Fondo Benigni, b. 1, ff. 237r-245r.
116. *Colonia, il grande centro antiromano. Marzo 1911*, in AAV, Fondo Benigni, b. 6, ff. 461r-v, qui f. 461r.
117. Cfr. *Memento! Dove il bachemismo conduce la Germania cattolica*, in AAV, Fondo Benigni, b. 6, ff. 183r-186r (in particolare f. 186r).
118. «Ein solches Zusammengehen mit den Protestanten, besonders wenn wir dabei unseren Glauben verbergen, schließt verdeckt den Irrtum in sich, als ob auch unser Glaube nur eine menschliche Meinung über Christus, eine Welt-'anschauung' sei». Müller a Frühwirth, 9 luglio 1910, in AAV, ANM, b. 262, fasc. 10, ff. 25r-28v, qui f. 26r.
119. Così Müller in un'altra lettera del gennaio 1912: «Damit ist man [...] schon gar nicht mehr christlich; denn dann hat man nicht mehr Christi Wort zur Grundlage, weil dieses uns nur durch den lebendigen Mund seiner gotterleuchteten Kirche zufließt; man hat eine menschliche Meinung über die Lehre Christi zum Fundamente seines Handelns gewählt, man hat

stantizzazione' del cattolicesimo tedesco, e dunque della fine della Chiesa in Germania. Ciò avrebbe potuto essere impedito solo attraverso la difesa dell'ortodossia cattolica e l'accentuazione del dovere d'obbedienza all'autorità ecclesiastica, soprattutto da parte del laicato. Le spinte autonomistiche non potevano conciliarsi con l'ordinamento gerarchico della Chiesa cattolica.

A paventare l'eclissi del cattolicesimo in Germania a seguito di un'eventuale affermazione della *Kölner Richtung* fu pure, nell'estate del 1910, il cappellano Edmund Schopen, promotore dell'*Osterdienstagskonferenz*. All'epoca venne dato alle stampe il suo «Köln, eine innere Gefahr für den Katholizismus» («Colonia, un pericolo interno per il cattolicesimo»), riveduto personalmente da Hermann Roeren.[120] Il volume tracciava una chiara linea di continuità fra le aspirazioni del *Reformkatholizismus* e la *Kölner Richtung*: vi si denunciava il tentativo di giungere a una grande comunità culturale con i protestanti mettendo da parte i fattori di divisione fra le due confessioni cristiane e rinunciando ad affermare il punto di vista cattolico nella vita pubblica. Agli occhi di Schopen il cattolicesimo tedesco rischiava di perdere la propria identità nel processo di avvicinamento agli 'eretici', venendo contaminato dagli errori del protestantesimo.[121] A fronteggiarsi nel *Literaturstreit*, nel *Gewerkschaftsstreit* e nello *Zentrumsstreit* erano due correnti, quella integralista e quella 'liberalizzante', fondate su due concezioni essenzialmente diverse di cattolicesimo:[122] ma solo la prima, secondo l'autore, avrebbe permesso a quest'ultimo di sopravvivere, impedendo il suo adattamento alla cultura moderna col salvaguardarne le peculiarità.

Gli anni del pontificato di Pio X, e in particolare gli ultimi, assisterono così alla crociata integralista contro l'interconfessionalismo, la de-clericalizzazione (*Entklerikalisierung*) e la de-cattolicizzazione (*Entkatholisierung*) associate alla *Kölner Richtung*. Tale vicenda, da considerare a pieno titolo come parte della più ampia crisi modernista, ebbe il proprio epicentro in Germania senza però restarvi confinata: gli echi dei fermenti nel cattolicesimo tedesco

nur noch eine subjektive Meinung über Christus, die einstweilen noch inhaltlich mit der objektiven Lehre Christi übereinstimmt, die Religion ist ihres übernatürlichen Charakters entkleidet, man ist Modernist». Müller a Frühwirth, 9 gennaio 1912, in AAV, ANM, b. 262, fasc. 10, ff. 58r-61v, qui ff. 58v-59r.

120. [Schopen], *Köln, eine innere Gefahr*. Circa il coinvolgimento di Roeren cfr. Bachem, *Vorgeschichte*, vol. 7, p. 237; Poulat, *Intégrisme*, p. 198.

121. «Die Kirche steht in Deutschland [...] vor der Gefahr, dass die in unserem deutschen Vaterlande vorhandene katholische Minorität durch Eindringen des protestantischen Individualismus und des auf ihm beruhenden demokratischen Prinzips innerlich entkatholisiert wird durch die stoffliche Einschränkung ihrer unmittelbaren Interessensphäre und Umgestaltung ihrer Verfassungsprinzipien und ihres spezifischen Geistes». Ibid., p. 49.

122. «Es kann nicht bestritten werden, dass die in die Erscheinung tretenden Grundsätze der beiden gegensätzlichen Richtungen auf der Unterlage einer vollständig und wesentlich verschiedenen Auffassung des Katholizismus beruhen». Ibid., p. 57.

arrivarono ai paesi vicini, generando fra gli integralisti il timore di una diffusione internazionale del contagio 'bachemista'.[123]

Alcuni storici di lingua tedesca sono ricorsi al termine *Integralismusstreit* («controversia sull'integralismo») per alludere al dualismo al centro di *Literaturstreit*, *Gewerkschaftsstreit* e *Zentrumsstreit*.[124] Si tratta a conti fatti di un neologismo storiografico, che il presente volume intende impiegare per la prima volta in maniera sistematica, fin dal titolo. L'*Integralismusstreit* riguardò fondamentalmente il problema del rapporto della Chiesa cattolica con la secolarizzazione, ma centrale fu pure la questione dell'autorità, definita a partire da due concezioni ecclesiologiche fra loro molto distanti. È importante notare come il campo 'progressista' e quello integralista condividessero il medesimo fine ultimo, ossia la restaurazione della società cristiana, ma divergessero radicalmente sui mezzi con i quali raggiungerlo. Per i sostenitori della *Kölner Richtung*, infatti, esso non era incompatibile con un atteggiamento più dialogante con la modernità. D'altra parte occorrerebbe chiedersi se la rappresentazione della *societas christiana* fosse la stessa nei due schieramenti: in un'opera pubblicata nel 1911, il teologo Joseph Mausbach (1861-1931), considerato dagli integralisti come uno dei principali teorici della *Kölner Richtung*, sostenne che la fusione di sacro e profano tipica della cultura cristiana medievale non era più possibile nella società moderna; di conseguenza occorreva pensare a una nuova fisionomia della relazione tra le due sfere.[125]

Lo scopo del mio lavoro è di guardare all'*Integralismusstreit* dalla prospettiva della Curia romana: ciò significa soprattutto analizzare il modo in cui la Santa Sede si rapportò alle vicende tedesche, delineare il suo punto di vista al riguardo, dar conto della genesi delle sue decisioni, identificare le personalità che vi presero parte e ricostruire le reti di relazioni fra Roma e la Germania. In merito a quest'ultimo punto è ovvio che un'attenzione particolare spetti ai contatti intrattenuti dalla Curia con la Nunziatura apostolica di Monaco di Ba-

123. Quella del 'contagio' rappresenta una semantica tipica della crisi modernista: cfr. Arnold, *Apokalyptische Semantiken*.

124. Cfr. Loth, *Katholiken im Kaiserreich*, pp. 272-273; Metzger, *Die „Schildwache"*, pp. 22-23, 49, 137; Morsey, *Die deutsche Zentrumspartei*, p. 42; Id., *Die deutschen Katholiken*, p. 57. Klaus Schatz ha parlato per parte sua di «Integralismus-Kontroverse»: Schatz, *Zwischen Säkularisation*, p. 203. Si noti come in tedesco non esista il dualismo terminologico fra «integrismo» e «integralismo», presente invece nell'italiano e nel francese.

125. «In der mittelalterlichen Durchdringung des Heiligen und Irdischen, in der Weihe des Zunfts- und Genossenschaftswesens durch himmlische Patrone, kirchliche Segnungen, gemeinsame Andachten und Liebenswerke lag etwas Ideales und Erhebendes [...]. Aber diese Verschmelzung des Irdischen mit katholischem Geiste war doch nur eine Teiläußerung der ganzen kirchlich-weltlichen Kultur des Mittelalters und ist mit der veränderten Weltlage in solchem Umfang unmöglich geworden». Mausbach, *Die katholische Moral*, p. 371.

viera – unica rappresentanza diplomatica della Santa Sede nel *Kaiserreich* – e con l'episcopato tedesco.

A differenza di quanto avviene negli studi disponibili su *Literaturstreit*, *Gewerkschaftsstreit* e *Zentrumsstreit*, queste tre controversie saranno da me considerate congiuntamente, come lati, appunto, di un'unica questione più generale. Tale approccio, a dire il vero, è stato inaugurato da una recente monografia di Jan Dirk Busemann, che per prima ha chiarito il ruolo della censura libraria nella repressione delle istanze autonomistiche connesse con le vicende summenzionate.[126] Al contempo essa ha avuto il merito di fare un uso esteso delle fonti vaticane – nello specifico di quelle dell'Archivio della Congregazione per la Dottrina della Fede (ACDF) –, dopo che i lavori precedenti si erano fondati quasi sempre su materiale di provenienza esclusivamente tedesca.[127] Anche sotto questo profilo procederò lungo la strada indicata da Busemann, basando le mie considerazioni su documenti rinvenuti in massima parte presso l'Archivio Apostolico Vaticano e altri archivi romani.[128]

Uno dei propositi della presente ricerca è delineare i motivi di allarme della Santa Sede riguardo al contesto tedesco e la loro eventuale relazione con lo spettro del modernismo: le narrazioni prodotte dagli ambienti integralisti trovarono ricezione presso Pio X e i suoi più stretti collaboratori, condizionandone l'agire?[129] E d'altra parte, come si articolò il rapporto fra il vertice della Chiesa cattolica e gli avversari della *Kölner Richtung* che risiedevano a Roma? Oltre a Umberto Benigni sono da menzionare a questo proposito il domenicano tedesco Thomas Esser (1850-1926), segretario della Congregazione dell'Indice,[130] l'ex salvatoriano e membro del *Sodalitium Pianum* Gottfried Brunner (1875-1962),[131] nonché un altro domenicano, ossia il rettore del *Collegium Angelicum* Sadok Szabó (1869-1956).[132] Più nel dettaglio, l'atteggiamento del papa e di Merry del Val verso monsignor Benigni andò incontro a modificazioni nel corso del tempo, in conseguenza de-

126. Busemann, *Katholische Laienemanzipation*. Le mie ricerche devono molto a quest'opera, purtroppo postuma. Per una sua recensione in lingua italiana cfr. Tacchi, *La censura romana*.
127. Rispetto a tale tendenza fanno eccezione soprattutto Hausberger, *„Dolorosissimamente agitata nel mio cuore cattolico"*, nonché Weiss, *Modernismus und Antimodernismus*.
128. Si ricordi come per il pontificato di Pio X i documenti dell'Archivio Apostolico Vaticano (ex Archivio Segreto Vaticano) siano divenuti accessibili agli studiosi nel 1985.
129. Sergio Pagano ha a suo tempo richiamato l'attenzione sul «problema storico grave» dell'uso che il papa e i dicasteri vaticani fecero delle informazioni trasmesse da Benigni, e in definitiva dell'entità dell'influenza di Benigni e del *Sodalitium Pianum* sulla massima autorità della Chiesa cattolica. Cfr. Pagano, *Documenti sul modernismo romano*, p. 236.
130. Su Esser vedasi Weiss, *Pater Thomas Esser*; Wolf (a cura di), *Prosopographie*, vol. A-K, pp. 527-530.
131. Cfr. Poulat, *Intégrisme*, pp. 117-118.
132. Cfr. Weiss, *Modernismus und Antimodernismus*, pp. 111-116.

gli sviluppi tedeschi? Nel marzo del 1911 il sacerdote perugino lasciò l'incarico ricoperto presso la Segreteria di Stato per dedicarsi a tempo pieno alla propria organizzazione segreta: il suo posto nell'importante dicastero vaticano fu preso da un giovane Eugenio Pacelli (1876-1958), futuro papa Pio XII (1939-1958). Lo stesso Pacelli finì poi per avere un ruolo nel processo redazionale dell'enciclica «Singulari quadam», di cui tuttavia non è facile valutare con precisione la portata.[133]

Un altro problema da porsi è quello degli effetti dell'*Integralismusstreit*, e più in generale della crisi modernista, sulle relazioni diplomatiche fra Santa Sede e *Kaiserreich*. Tradizionalmente il governo di Berlino e l'opinione pubblica protestante non vedevano di buon occhio le ingerenze di Roma in area tedesca: ciò basta a spiegare perché la Curia scegliesse di non intervenire in Germania con la stessa risolutezza e inflessibilità ravvisabile negli stessi anni a proposito del contesto italiano e di quello francese? Oppure sono da chiamare in causa altri fattori, ad esempio l'azione dell'episcopato? Quest'ultimo aspetto risulta di fondamentale importanza: non si può prescindere dall'investigare se e come i vescovi cercassero d'influenzare le scelte curiali riguardo all'*Integralismusstreit*, né dal ricostruire la posizione di Roma verso lo stesso episcopato tedesco, in particolare quello riunito nella Conferenza di Fulda. Occorrerà guardare inoltre alla funzione di mediazione svolta dalla Nunziatura di Monaco, specie sotto la gestione del domenicano austriaco Andreas Frühwirth (1845-1933), nominato nell'autunno del 1907.[134] In quanto madrelingua tedesco, Frühwirth fu capace di decifrare gli sviluppi nella Germania cattolica assai meglio dei predecessori, ritagliandosi un ruolo di primo piano negli anni di massima intensità della crisi modernista. Infine, un'ultima problematica che vale la pena accennare è quella delle conseguenze dell'*Integralismusstreit*: conseguenze a breve termine, ma anche di medio-lungo periodo. La «controversia sull'integralismo» arrecò 'danni' tangibili al cattolicesimo tedesco? E quale impatto ebbe sulla memoria di una comunità che nel giro di pochi anni avrebbe sperimentato le atrocità della prima guerra mondiale, la *Novemberrevolution* e l'ascesa del nazionalsocialismo?

133. Cfr. *infra*, p. 128.

134. Ordinato sacerdote nel 1868, Frühwirth ricoprì la carica di Generale dell'Ordine domenicano dal 1891 al 1904. Nell'autunno del 1907 ebbe luogo la sua nomina a nunzio di Monaco e, quasi contemporaneamente, quella ad arcivescovo titolare di Eraclea. Nel 1915 sarebbe stato elevato al rango cardinalizio. Cfr. Walz, *Andreas Kardinal Frühwirth*; Wolf (a cura di), *Prosopographie*, vol. A-K, pp. 627-630.

# I. Prima della «Pascendi»

## 1. Da Leone XIII a Pio X

Il 29 settembre 1900 Georg Kopp inviò al cardinale Mariano Rampolla del Tindaro (1843-1913), segretario di Stato di Leone XIII, la traduzione italiana della pastorale collettiva approvata dalla Conferenza di Fulda in estate, la cui pubblicazione era prevista per ottobre.[1] Nella lettera accompagnatoria il vescovo di Breslavia non si profuse in particolari, limitandosi ad affermare che «il était nécessaire de trancher le liens attachés aux tendances socialistes et de révoquer les esprits aux enseignements du Saint-Père».[2] Pochi giorni più tardi Rampolla gli fece sapere che il papa aveva gradito il documento dell'episcopato tedesco «intorno alla questione sociale».[3] Perché la Santa Sede fosse destinataria di una prima segnalazione riguardo all'incipiente controversia sindacale si sarebbe dovuta attendere quindi la fine di ottobre. Allora il nunzio di Monaco Cesare Sambucetti (1838-1911) riferì alla Curia di come l'arcivescovo di Friburgo Thomas Nörber (1846-1920), nel comunicare al proprio clero la pastorale collettiva, avesse attaccato duramente i sindacati cristiani associandoli al pericolo socialista e provocando così le proteste di parte della stampa cattolica.[4] Per tutta risposta «le singole

1. Cfr. *Protokoll der Bischofskonferenz* [21-22 agosto 1900], in Gatz (a cura di), *Akten*, pp. 3-6, in particolare p. 5.
2. Kopp a Rampolla del Tindaro, 29 settembre 1900, in AAV, Segr. Stato, 1900, rubr. 283, fasc. 3, ff. 55r-v, qui f. 55r. La traduzione italiana della pastorale, effettuata personalmente da Kopp, si trova ibid., ff. 47r-54v.
3. Rampolla del Tindaro a Kopp, 4 ottobre 1900 (minuta), in AAV, Segr. Stato, 1900, rubr. 283, fasc. 3, ff. 56r-v, qui f. 56r.
4. Nörber sostenne, nello specifico, «dass das Wort ‚christlich' hier nur ein leerer Schall und Aushängeschild ist und dass die Bewegung mit unausbleiblicher Konsequenz nur der Sozialdemokratie zugute kommen kann, für die sie jene Kräfte organisiert und vorbereitet, die einstweilen noch auf dem Boden der gegenwärtigen Gesellschaftsordnung bleiben wollen». Citato in Brack, *Deutscher Episkopat*, p. 39.

associazioni operaie così dette cristiane» avevano «deliberato di non seguire i vescovi su questo punto, perché male informati», mentre altre organizzazioni cattoliche avevano «vivamente biasimato sia la Lettera collettiva dei vescovi prussiani, sia, ed in modo più violento, quella dell'arcivescovo di Friburgo». Il nunzio rilevò inoltre come «l'opinione pubblica non approva[sse] sul tal punto l'azione dei vescovi e molti preti [...] si [fossero] espressi in questo senso».[5] Sambucetti affrescò insomma una situazione di forte attrito fra gerarchia e laicato, e addirittura fra episcopato e clero, a proposito dei sindacati cristiani: Rampolla tuttavia mostrò di non dare troppo peso alla cosa, ringraziando il nunzio per le informazioni ricevute e chiedendo di essere aggiornato sugli eventuali sviluppi.[6]

A metà novembre l'uditore della Nunziatura Sebastiano Nicotra (1855-1929), dietro ordine di Sambucetti, si preoccupò di fornire alla Santa Sede un quadro più dettagliato circa la questione «se mai le Unioni professionali o meglio sindacati operai (qui detti *Gewerkschaften*) d[ovessero] o no avere un carattere religioso».[7] All'attenzione di Roma venne portato così il problema della confessionalità delle organizzazioni sindacali. Nicotra chiariva la diversità tipologica fra *Arbeitervereine* e *Gewerkschaften* e dava conto dello sviluppo del movimento sindacale in Germania, denotando una buona conoscenza del contesto tedesco. Le recenti agitazioni erano da lui ricondotte all'impressione suscitata dalla pastorale collettiva approvata in agosto e ancor più alle esternazioni dell'arcivescovo di Friburgo: il risultato era che tanto la galassia dell'associazionismo quanto quella della stampa cattolica apparivano divise al proprio interno. La Santa sede non reagì al lungo rapporto di Nicotra: forse perché tranquillizzata da un altro dispaccio dell'uditore, in cui era ventilata la possibilità di una prossima fine delle polemiche,[8] o più probabilmente perché il cattolicesimo sociale tedesco, in quel frangente, non rientrava fra le principali preoccupazioni di Leone XIII. Ciò che è da rilevare, ad ogni modo, è come alla fine del 1900 il *Gewerkschaftsstreit* bussasse per la prima volta alle porte del Vaticano.[9]

5. Sambucetti a Rampolla del Tindaro, 26 ottobre 1900, in ASRS, AA.EE.SS., *Germania*, pos. 1510, fasc. 797, ff. 68r-69v, qui ff. 68v-69r.
6. Cfr. Rampolla del Tindaro a Sambucetti, 31 ottobre 1900, in AAV, ANM, b. 197, pos. XIa (senza numerazione dei fogli) .
7. Nicotra a Rampolla del Tindaro, 15 novembre 1900, in ASRS, AA.EE.SS., *Germania*, pos. 1510, fasc. 797, ff. 79r-86r, qui f. 79r. Si noti l'impiego del termine «Unioni professionali», con il quale all'epoca venivano abitualmente designate le prime organizzazioni cattoliche di tipo sindacale in Italia.
8. Cfr. Nicotra a Rampolla del Tindaro, 16 novembre 1900, in ASRS, AA.EE.SS., *Germania*, pos. 1510, fasc. 797, ff. 89r-90r.
9. In questo precorrendo il *Literaturstreit*: fra le carte vaticane non ho trovato alcuna segnalazione o commento circa lo scritto di Muth apparso nel 1898 e le successive polemiche.

Se all'epoca la Germania occupava i pensieri del papa, lo faceva piuttosto per un altro motivo, ossia per il *Reformkatholizismus*. Già alla fine del 1898 Leone XIII aveva approvato la condanna all'Indice di alcuni scritti di Schell, cui seguì nel giugno 1901 quella dell'opera «Der Reformkatholizismus, die Religion der Zukunft» di Josef Müller.[10] Nell'estate del 1902, quindi, Roma diede impulso a un'ulteriore iniziativa contro le tendenze riformistiche individuabili nel cattolicesimo tedesco. Allora il Generale della Compagnia di Gesù Luis Martín (1846-1906)[11] suggerì al segretario di Stato di accennare a Kopp, in vista dell'imminente Conferenza di Fulda, la possibilità che i vescovi di Germania redigessero un documento collettivo «intorno ad alcuni punti del liberalismo cattolico e dell'antiromanesimo».[12] Oggetto di un riferimento esplicito da parte del gesuita era l'episcopato inglese, che su sollecitazione di Leone XIII aveva emanato nel dicembre del 1900 una lettera pastorale dal titolo «The Church and Liberal Catholicism», fra l'altro con la collaborazione dello stesso Martín. Quest'ultimo, a distanza di mesi, mirava con ogni evidenza a replicare l'esperimento in Germania. Il 2 agosto Rampolla scrisse a Kopp invitandolo a proporre agli altri vescovi «di emettere qualche atto collettivo per condannare le accennate e pericolose tendenze»:[13] il papa in persona – si diceva – avrebbe confidato nell'opera del vescovo di Breslavia per porre un argine al problema. Kopp rispose dal canto suo di aver precorso il desiderio della Curia romana e di aver già inviato all'episcopato prussiano la bozza di una pastorale dove «le catholicisme libéral» veniva censurato.[14] La successiva Conferenza di Fulda approvò in effetti un documento collettivo, di cui tuttavia non è possibile verificare la congruenza con la bozza del cardinale. Tale documento[15] intese celebrare i venticinque anni di pontificato di Leone XIII tratteggiandone i contenuti, ma nel farlo espresse alcune considerazioni chiaramente riferibili alle turbolenze intellettuali che connotavano la Germania cattolica. Nella prima parte della pastorale, infatti, i vescovi osservavano come il papa si fosse sempre mostrato contrario a pericolose innovazioni nel campo degli studi teologici e filosofici, additando un

10. Cfr. Weiss, *Der Modernismus in Deutschland*, p. 183.
11. Sulla figura di Martín cfr. Schatz, *Geschichte der deutschen Jesuiten*, vol. 5, p. 275; Schultenover, *Luis Martín Garcia*.
12. Martín a Rampolla del Tindaro, s.d., in AAV, Segr. Stato, 1902, rubr. 255, fasc. 2, f. 139r.
13. Rampolla del Tindaro a Kopp, 2 agosto 1902 (minuta), in AAV, Segr. Stato, 1902, rubr. 255, fasc. 2, ff. 140r-v, qui f. 140v.
14. Kopp a Rampolla del Tindaro, 6 agosto 1902, in AAV, Segr. Stato, 1902, rubr. 255, fasc. 2, f. 137r.
15. *Die am Grabe des heiligen Bonifatius zu Fulda versammelten Erzbischöfe und Bischöfe entbieten dem ehrwürdigen Klerus und den Gläubigen ihrer Diöcesen Gruß und Segen im Herrn* (20 agosto 1902). Una copia a stampa di questo documento è conservata in AAV, Segr. Stato, 1902, rubr. 255, fasc. 2 (rilegata come f. 158r, 29 pp.).

riferimento imprescindibile nel neotomismo;[16] ricordare le linee tracciate dal pontefice assumeva una particolare importanza nel momento presente, visto che alcuni figli della Chiesa erano presi dal desiderio di novità, specie fra gli strati più colti.[17] Il monito era a non abbandonare i canoni fissati per la teologia cattolica: «Non è necessario ricercare sempre nuove strade, inventare nuovi metodi, escogitare nuove espressioni del pensiero e inusuali definizioni di concetti».[18] La lettera pastorale del 1902 non poteva certo dirsi un testo finalizzato a condannare direttamente ed inequivocabilmente il *Reformkatholizismus*, e con ogni probabilità non corrispose alle aspettative di Martín e della Curia romana: d'altra parte, essa rappresentò una prima presa di posizione sull'argomento da parte della Conferenza di Fulda.

Un pronunciamento più esplicito si sarebbe avuto verso la fine dell'anno, per opera del vescovo di Rottenburg Paul Wilhelm von Keppler (1852-1926). In un discorso tenuto di fronte al clero della sua diocesi, Keppler attaccò duramente gli esponenti del *Reformkatholizismus*, etichettandoli fra l'altro come «boriosi farisei» e come «lupi travestiti da pecora».[19] L'intervento fu salutato con soddisfazione dalla Santa Sede, che tramite Rampolla inviò al prelato una lettera d'encomio. È possibile che Roma vedesse nelle iniziative condotte dall'episcopato il modo più opportuno per contrastare la diffusione delle tendenze riformistiche, ben sapendo che una sua diretta ingerenza in Germania avrebbe rischiato di provocare attriti con le autorità politiche del *Kaiserreich*.

Nell'estate del 1903 il pontificato di Leone XIII giunse al termine: quale suo successore fu eletto Giuseppe Sarto, che fin dall'enciclica «E supremi

16. È noto come con l'enciclica «Aeterni Patris» del 1879 Leone XIII imponesse la filosofia di Tommaso d'Aquino quale fondamento dell'educazione dei chierici, proponendola inoltre come punto di riferimento per la ricerca scientifica. Circa i caratteri del neotomismo fra Otto e Novecento cfr. Aubert, *Aspects divers du néo-thomisme*; Peitz, *Die Anfänge der Neuscholastik*.
17. Così i vescovi nello specifico: «Denn wie es nicht selten den Kindern geht, denen die gute Ordnung im Vaterhause als Hemmschuh der Freiheit, das gesunde Brot nicht schmackhaft genug erscheint, so geht es auch zuweilen in dem wohlgeordneten, sicheren Hause unserer geistigen Mutter, der heiligen Kirche; es ergreift manche ihrer Kinder ein unreifes Haschen nach dem Beifall der Fremden. Für solche Regungen und Bestrebungen, die teils einem unklaren Drängen und Suchen, teils auch hochherzigem Streben nach tieferer Erkenntnis der Wahrheit zum Zwecke einer nachhaltigeren Einflußnahme auf die Geister entspringen, ist es notwendig, eine Richtschnur und einen Weg zu haben, auf dem die christliche Wissenschaft wahre Fortschritte erstreben soll, ohne in Unklarheiten und Verirrungen zu geraten, die in vielen Kreisen, namentlich der gebildeten Welt verwirrend wirken müssen». *Die am Grabe des heiligen Bonifatius* (come nota 15), p. 9.
18. Originale tedesco: «Es ist nicht nötig, immerfort nach neuen Wegen zu suchen, neue Methoden zu erfinden, neue Ausprägungen der Gedanken und ungewöhnliche Begriffsbestimmungen zu ersinnen». Ibid.
19. Cfr. *Wahre und falsche Reform*. In proposito si veda Arnold, *Kleine Geschichte*, pp. 45-49; Hausberger, *„Reformistae quoad intellectum confusi sunt, quoad mores mendaces"*.

apostolatus» promulgata a inizio ottobre esplicitò il proposito di «restaurare ogni cosa in Cristo».[20] Benché gli ultimi anni del papa della «Rerum novarum» avessero visto una parziale retromarcia rispetto ad alcune aperture precedenti, in conseguenza soprattutto dell'importanza acquisita dalla democrazia cristiana murriana in Italia, non c'è dubbio sul fatto che l'avvento di Pio X coincidesse con un momento di discontinuità caratterizzato da un maggior grado di chiusura. Il nuovo pontefice avrebbe continuato a fare i conti con il *Reformkatholizismus*, ma presto si sarebbe confrontato anche con altre questioni tedesche. Nel marzo del 1904, infatti, una delegazione del *Verband katholischer Arbeitervereine (Sitz Berlin)*, composta fra gli altri dal suo segretario generale Heinrich Fournelle (1869-1923), dal segretario degli *Arbeitervereine* di Berlino Paul Fleischer (1874-1960) e da Franz von Savigny, si recò a Roma per essere ricevuta in udienza dal papa. Fu così inaugurata una prassi che sarebbe proseguita negli anni seguenti e che avrebbe generato non poca confusione in Germania, a causa delle ricostruzioni fornite dalla stampa a proposito di questi incontri. L'arrivo dei dirigenti berlinesi era stato preannunciato alla Santa Sede da una lettera del cardinale Kopp, tradotta in italiano e inoltrata al nuovo segretario di Stato Merry del Val da Giovanni De Montel (1831-1910), decano della Rota Romana e persona di fiducia del vescovo di Breslavia.[21] La missiva in questione trattava del *Gewerkschaftsstreit*, responsabile di divisioni all'interno dello stesso episcopato tedesco. Kopp si mostrava incline a ricercare una conciliazione fra le parti, in quanto lo scontro aperto aveva effetti deleteri per il cattolicesimo. Le associazioni legate al *Verband* berlinese rappresentavano certo «l'ideale», e tuttavia i sindacati cristiani non si erano «*in praxi* allontanati dai principi cattolici», né avevano «operato perniciosamente nel movimento delle società operaie cattoliche». L'auspicio era dunque che entrambi i movimenti potessero svilupparsi parallelamente, cessando ogni polemica.[22] A tal fine Kopp pregava il papa di esortare alla pace e alla concordia la delegazione prossima a recarsi a Roma. L'udienza del marzo 1904 costituì così la prima occasione in cui Pio X venne a diretto contatto con i problemi inerenti alla controversia sindacale tedesca.[23]

All'epoca il vescovo di Breslavia pareva subordinare le proprie perplessità circa i sindacati cristiani alla salvaguardia dell'unità della Germania cattolica: ancora egli non risultava del tutto conquistato alle opinioni dei *Berliner*, i quali aspiravano a una sconfessione ecclesiastica delle *christliche*

20. Pio X, *E supremi apostolatus* (4 ottobre 1903), in Lora, Simionati (a cura di), *Enchiridion delle Encicliche*, vol. 4, pp. 18-39, qui p. 21.
21. Su De Montel cfr. Wolf (a cura di), *Prosopographie*, vol. A-K, pp. 435-436.
22. Kopp a De Montel, 2 marzo 1904 (traduzione italiana), in AAV, Segr. Stato, 1904, rubr. 284, fasc. 1, ff. 99r-101r, qui f. 100v.
23. Di questo avviso è anche Brack, *Deutscher Episkopat*, p. 81.

*Gewerkschaften.*[24] Le cose sarebbero cambiate all'inizio del 1905, a seguito dell'impegno pubblico di alcuni vescovi a favore dei sindacati interconfessionali e del tentativo di questi ultimi di espandere la propria influenza su altre organizzazioni cattoliche. Da allora Kopp andò progressivamente irrigidendo la propria posizione, con la conseguenza di accentuare la divergenza di vedute in seno all'episcopato. Prima che ciò avvenisse, ad ogni modo, la Conferenza di Fulda fu in grado di formulare un appello unitario alla concordia: nell'agosto del 1904 essa auspicò infatti «un rapporto pacifico fra le due *Richtungen* esistenti in ambito sindacale che professa[va]no i principi del cristianesimo».[25] I vescovi si attestarono così su una linea neutrale, che tuttavia non apportava alcun contributo positivo alla soluzione del *Gewerkschaftsstreit* e serviva solo a nascondere le divisioni interne.

## 2. La nota del gennaio 1906 e il 'caso' Vannutelli

Nelle prime settimane del 1906 si profilò una polemica tra la «Kölnische Volkszeitung» e il vescovo di Treviri Korum, espressione del contrasto più generale fra *Kölner* e *Berliner Richtung*. Recatosi a Roma in dicembre, Korum aveva avuto modo di parlare personalmente con il papa del *Gewerkschaftsstreit*. Constatando l'assenza di dichiarazioni pubbliche del prelato dopo il suo ritorno in Germania, il giornale di Colonia volle insinuare che Pio X non ne avesse approvato il sostegno alle *Fachabteilungen* cattoliche. Il vescovo della diocesi fra la Mosella e il Reno non lasciò tale provocazione senza risposta, e per giunta giustificò il proprio comportamento di fronte alla Santa Sede. In una lettera a Merry del Val del 18 gennaio, Korum riferì di aver fatto pervenire alla «Kölnische Volkszeitung» una dichiarazione per smentire le affermazioni del periodico.[26] Egli notò come l'appoggio alla *Berliner Richtung* non fosse una prerogativa esclusivamente sua all'interno dell'episcopato, essendo propria anche dello stesso cardinale Kopp e del vescovo di Ermland Andreas Thiel (1826-1908). Si aveva quindi un attacco diretto al giornale di Bachem, che a detta di Korum esercitava un'influenza negativa sui vescovi dell'ovest della Germania e faceva «un grand mal à l'Église, en propageant des tendances et des idées libérales».[27]

24. Cfr. Heitzer, *Georg Kardinal Kopp*, pp. 80-87.
25. Originale tedesco: «[...] ein friedliches Verhältnis zwischen den beiden bestehenden Richtungen in der fachlichen Berufsorganisation, die sich zu den Grundsätzen des Christentums bekennen». *Protokoll der Bischofskonferenz* [17-19 agosto 1904], in Gatz (a cura di), *Akten*, pp. 52-57, qui p. 56.
26. Una traduzione italiana di questa dichiarazione, apparsa sulla «Kölnische Volkszeitung» del 14 gennaio 1906, si trova in AAV, Segr. Stato, 1906, rubr. 12, fasc. 4, ff. 116r-118r.
27. Korum a Merry del Val, 18 gennaio 1906, in AAV, Segr. Stato, 1906, rubr. 12, fasc. 4, ff. 114r-115r, qui f. 114v.

Per parte sua, la «Kölnische Volkszeitung» non mancò di replicare alle osservazioni del vescovo e ai commenti della stampa berlinese.[28]

La Santa Sede decise d'intervenire per sedare la contesa. Il 24 gennaio «L'Osservatore Romano» pubblicò in prima pagina una nota che collocava il papa in una posizione di equidistanza fra i sindacati cristiani e le *Fachabteilungen*:

> «Nella stampa cattolica di Germania si è sollevata, negli ultimi giorni, una ardente polemica in ordine alla questione – quale si debba preferire fra le due diverse istituzioni che hanno per titolo: 'Unioni professionali cristiane' e 'Sezioni operaie'. Siccome poi da alcuni si è tratta in mezzo l'autorità del Santo Padre, quasi Egli avesse lodato ed incoraggiato le 'Sezioni operaie' a danno delle 'Unioni professionali cristiane', siamo autorizzati a dichiarare, che Sua Santità loda ed incoraggia con eguale benevolenza le une e le altre, sapendo benissimo come i bisogni particolari delle diverse diocesi e provincie [sic!] di Germania possano determinare la preferenza da darsi piuttosto a queste che a quelle».[29]

La nota ricalcava i contenuti della risposta data dalla Segreteria di Stato alla lettera di Korum del 18 gennaio:[30] nell'ambito del *Gewerkschaftsstreit* essa rimase l'unico intervento pubblico della Santa Sede che pareva andare incontro alle esigenze del movimento sindacale cristiano.[31] Le parole de «L'Osservatore Romano» riconobbero in pratica ai singoli vescovi il diritto di valutare e decidere quale organizzazione fosse la migliore per le loro diocesi, alla luce della peculiare situazione confessionale del panorama tedesco. La Curia ancora non lasciava intendere una specifica preoccupazione in merito alle *christliche Gewerkschaften*: ma è da considerare come a quella data le sue attenzioni andassero per lo più altrove, e in primo luogo alla Francia. Qui nel dicembre 1905 si era votata la legge di separazione fra Stato e Chiesa che aveva fatto seguito ai provvedimenti anticlericali dei governi Waldeck-Rousseau e Combes e alla rottura dei rapporti diplomatici con la Santa Sede:[32] già a febbraio Pio X promulgò l'enciclica «Vehementer Nos» per condannare l'accaduto e denunciare la condizione della Chiesa nel paese transalpino,[33] dedicando poi altri due documenti alla situazione francese, rispettivamente nell'agosto 1906 e nel gennaio 1907.[34] A conti fatti la nota de «L'Osservatore Romano»

28. Cfr. Brack, *Deutscher Episkopat*, p. 108.
29. *L'Osservatore Romano*, 24 gennaio 1906 (la nota è priva di titolo).
30. Cfr. Merry del Val a Korum, 23 gennaio 1906 (minuta), in AAV, Segr. Stato, 1906, rubr. 12, fasc. 4, ff. 120r-v.
31. Cfr. Brack, *Deutscher Episkopat*, p. 109.
32. In proposito vedasi almeno Lalouette, *La République anticléricale*; Ead., *La séparation des églises*; Larkin, *Church and State*; Mayeur, *La séparation de l'église*.
33. Cfr. Pio X, *Vehementer Nos* (11 febbraio 1906), in Lora, Simionati (a cura di), *Enchiridion delle Encicliche*, vol. 4, pp. 146-171.
34. Cfr. Pio X, *Gravissimo Officii* (10 agosto 1906), ibid., pp. 182-189; Id., *Une fois encore* (6 gennaio 1907), ibid., pp. 190-205.

non intendeva addentrarsi nei problemi posti dal *Gewerkschaftsstreit*, ma solo mettere un freno alle polemiche che turbavano la tranquillità del cattolicesimo tedesco: viene da chiedersi, ad ogni modo, se il punto di vista attribuito al papa all'inizio del 1906 non finisse in qualche misura per legare le mani alla Santa Sede negli anni successivi.

Dopo la pubblicazione della nota, alcuni dirigenti del Zentrum vollero far conoscere a Merry del Val, tramite il deputato del *Reichstag* Karl Bachem (1858-1945),[35] la propria soddisfazione per l'iniziativa di Roma. Il documento da loro inviato alla Segreteria di Stato, in verità, era soprattutto una presa di posizione contro i *Berliner* e a favore dei sindacati cristiani: i firmatari dicevano di sperare che con la nota cessasse la «funesta battaglia» di Savigny e della *Berliner Richtung* ai danni delle organizzazioni interconfessionali, e di prendere atto che la Santa Sede non intendeva vietare agli operai cattolici di coalizzarsi con i protestanti «nelle questioni meramente economiche».[36] Ogni tentativo di limitare la ricerca di migliori condizioni di vita da parte dei lavoratori, si diceva, andava a vantaggio del socialismo e dunque della miscredenza. Tuttavia, il tempo avrebbe deluso le speranze dei dirigenti centristi: all'interno del *Verband katholischer Arbeitervereine (Sitz Berlin)* la nota della Santa Sede non sarebbe mai stata interpretata come un riconoscimento della pari dignità fra sindacati e *Fachabteilungen*, bensì come un intervento dettato solo da ragioni tattiche.[37] Le parole de «L'Osservatore Romano», di conseguenza, non ebbero il potere di ristabilire la calma in Germania.

La pubblicazione dell'articolo «Wir müssen aus dem Turm heraus!» nel marzo del 1906 non indusse il nuovo nunzio di Monaco Carlo Caputo (1843-1908) a scrivere a Roma: nel corso dell'anno fu ad ogni modo la stessa Santa Sede, benché indirettamente e suo malgrado, a fornire materiale alle polemiche dell'incipiente *Zentrumsstreit*. Tutto ebbe inizio con l'accoglimento, da

35. Si tratta dello storico del Zentrum autore dell'opera *Vorgeschichte, Geschichte und Politik der deutschen Zentrumspartei*, edita in più volumi fra il 1927 e il 1932. Julius Bachem era suo cugino. Su di lui cfr. Kiefer, *Karl Bachem*.

36. Originale tedesco: «Wir hoffen zuversichtlich, dass diese Note entscheidend dazu beitragen werde, den unseligen Kampf des Assessors von Savigny und seiner ‚Berliner Richtung' gegen die christlichen Gewerkschaften zu beendigen. Jedenfalls ist jetzt völlige Klarheit geschaffen, dass der Heilige Stuhl den katholischen Arbeitern nichts verwehren will, was den katholischen Handwerkern, Bauern, Kaufleuten, Beamten usw. von allen Seiten anstandslos zugestanden wird, nämlich dass sie in rein wirtschaftlichen Dingen mit gläubigen, gesetzliebenden Protestanten sich koalieren können». Bachem e altri sette firmatari a Merry del Val, 15 febbraio 1906, in AAV, Segr. Stato, 1906, rubr. 12, fasc. 4, ff. 128r-129v, qui ff. 128r-v.

37. Cfr. al riguardo Fournelle a Kopp, 11 maggio 1909 (copia), in AAV, ANM, b. 259, fasc. 3, ff. 72r-82r.

parte del cardinale di Curia Vincenzo Vannutelli (1836-1930),[38] dell'invito dell'arcivescovo di Colonia Anton Fischer[39] a presenziare al congresso annuale dei cattolici tedeschi previsto in agosto a Essen.[40] Dei dettagli della sua partecipazione sappiamo tramite il gesuita Angelo De Santi (1847-1922), che si recò in Germania per seguire l'evento e si preoccupò di fornirne un resoconto giornaliero alla segreteria privata di Pio X.[41] Il cardinale arrivò a Essen per gli ultimi due giorni del *Katholikentag*, cui assisté in qualità d'inviato speciale del papa. Il 23 agosto lesse pubblicamente un discorso in latino contenente, nella versione poi riportata dalla stampa tedesca, il seguente passo:

> «Hac ornati prudentia spectabiles vosmet reddidistis Augusto Pontifici ob animi promptam voluntatem, qua, dicto audientes episcopis, actionem omnem, sive religiosam, sive civilem, sive socialem, eorumdem atque Apostolicae Sedis auctoritati obnoxiam esse voluistis».[42]

De Santi comprese subito le conseguenze che queste parole potevano avere nel contesto tedesco: con esse, a suo dire, Vannutelli aveva inteso lodare la

38. Sacerdote dal 1860, Vannutelli operò nelle fila della diplomazia pontificia in Olanda, Belgio, Turchia e Portogallo (nel paese lusitano fu nunzio apostolico dal 1883 al 1890). Rientrato stabilmente a Roma e nominato cardinale, svolse nel corso degli anni una pluralità di funzioni, fra cui quella di prefetto della congregazione del Concilio. Su di lui cfr. Tacchi, *Vannutelli, Vincenzo*.
39. Fischer era stato eletto alla sede episcopale di Colonia nel novembre del 1902. Quanto alla modalità di designazione dei vescovi, la Germania differiva significativamente dai paesi latini: in Baviera e in Alsazia-Lorena la scelta avveniva tramite nomina da parte dell'autorità politica, cui faceva seguito il riconoscimento della Santa Sede. In tutti gli altri Stati del *Kaiserreich*, invece, era il Capitolo del Duomo (*Domkapitel*) a eleggere il vescovo dopo aver stilato una lista di candidati e a richiedere successivamente l'approvazione del papa: nel corso di tale procedimento, sia Roma che (soprattutto) i governi interessati potevano cercare di far valere la propria influenza. Nel caso dell'elezione del 1902, Leone XIII avrebbe voluto che a prendere le redini dell'arcidiocesi di Colonia fosse o l'arcivescovo di Treviri Korum o il vescovo di Münster Hermann Jakob Dingelstad (1835-1911): l'opposizione dell'imperatore Guglielmo II fece sì che questo desiderio restasse inappagato (cfr. Kopp a Rampolla del Tindaro, 5 luglio 1902, in AAV, Segr. Stato, 1903, rubr. 255, fasc. 2, ff. 45r-v; Rampolla del Tindaro a Kopp, 10 luglio 1902 [minuta], ibid., ff. 46r-v). È certo che nel caso dell'elezione di Korum a Colonia l'intero *Integralismusstreit* avrebbe avuto uno svolgimento ben diverso da quello che in effetti ebbe.
40. Ogni anno, fin dal 1848, si tennero in Germania le assemblee generali dei cattolici tedeschi (*Generalversammlungen der Katholiken Deutschlands*), note dal 1928 con la denominazione ufficiale di *Katholikentag*. In proposito cfr. Filthaut, *Deutsche Katholikentage*; Horstmann, *Katholizismus und moderne Welt*; Kissling, *Geschichte der deutschen Katholikentage*.
41. Si tratta della documentazione conservata in AAV, Arch. part. Pio X, b. 27, ff. 26r-45v.
42. De Santi a «Monsignore» (verosimilmente Giuseppe Pescini [1875-1950], membro della segreteria privata del papa), 26 agosto 1906, in AAV, Arch. part. Pio X, b. 27, ff. 42r-43v, qui f. 42r.

Germania cattolica avendo in mente le «controversie intorno alla debita obbedienza, suscitate tra noi dai ribelli murristi e rintuzzate con forza dal S. Padre»,[43] e però vi era il concreto rischio che i protestanti traessero la conclusione che i cattolici, e in particolare il Zentrum, stessero «agli ordini del papa non solo nelle cose religiose, ma anche in tutti gli affari puramente civili e sociali, e quindi anche nelle questioni politiche e di puro interesse di Stato».[44] Sussistevano tutti i presupposti, insomma, per un riacutizzarsi del pregiudizio sulla confessionalità del Zentrum che Julius Bachem aveva voluto combattere con il suo noto articolo. Poco dopo aver tenuto il proprio discorso, Vannutelli dichiarò di avervi aggiunto una correzione, non nel manoscritto andato in stampa, bensì a voce: l'obbedienza dei cattolici nell'azione sociale e civile era richiesta solo nella misura in cui questa toccava la sfera religiosa («quatenus religionem attingit»).[45] Ciò tuttavia non fu sufficiente a impedire l'insorgere di polemiche.

Il 'caso' (*Fall*) Vannutelli avrebbe tenuto banco ancora alla fine di ottobre. All'epoca un gruppo di deputati centristi del *Reichstag* e della Camera dei deputati prussiani si rivolse a Merry del Val soffermandosi sul comportamento della stampa anticattolica e sull'accusa di totale subordinazione alla Santa Sede portata contro il Zentrum. I firmatari del documento inviato a Roma dichiaravano di aver sempre ammesso che nelle questioni politiche riguardanti la religione o i diritti della Chiesa l'ultima parola spettasse al papa, ma rivendicavano d'altro canto massima libertà in quelle che nulla avevano a che fare con tali ambiti. Ciò sarebbe stato funzionale, fra l'altro, a stornare dai deputati cattolici il rimprovero di essere dei traditori della patria, ovvero di porre la fedeltà religiosa prima di quella nazionale. In conclusione, quindi, gli autori chiesero a Pio X rassicurazioni circa il fatto che ai membri del Zentrum fosse riconosciuta piena autonomia in relazione agli affari (meramente) politici.[46]

Questo *exposé* non lasciò la Curia romana indifferente. Con data 30 ottobre il papa spedì al cardinale Fischer una lettera autografa che esaudiva la richiesta dei deputati centristi, sostenendo che la Chiesa «cuique relinquit libertatem quoad ea quae religionem non attingunt».[47] La Segreteria di Stato invitò lo stesso arcivescovo di Colonia a far pubblicare il documento, così che nessuno in Germania potesse «mettere in dubbio la libertà che la Chiesa

43. Ibid., f. 42v.
44. Ibid.
45. Ibid., f. 43r.
46. «Es wäre daher für uns gar sehr erwünscht, wenn wir versichert sein dürfen, dass Seine Heiligkeit den deutschen katholischen Abgeordneten des Centrums die volle Selbständigkeit in politischen Angelegenheiten ebenso zugesteht, wie das ja auch bekanntlich Papst Leo XIII. getan hat». Tredici deputati centristi (fra cui Karl Bachem e Georg von Hertling) a Merry del Val, 20 ottobre 1906, in AAV, Segr. Stato, 1906, rubr. 12, fasc. 10, ff. 182r-185r, qui f. 184v.
47. Pio X a Fischer, 30 ottobre 1906, in *Acta Sanctae Sedis* 39 (1906), pp. 579-580, qui p. 579.

lascia ai suoi figli nelle cose che non riguardano la religione».[48] Si tratta di un pronunciamento di cui lo stesso Pio X forse si pentì successivamente[49] e che finì per essere usato come arma contro i cattolici 'integrali', i quali non potevano ammettere l'autonomia della dimensione politica dal controllo dell'autorità ecclesiastica. Proprio il loro punto di vista avrebbe comunque acquisito forza nel periodo più acuto della crisi modernista, sia a Roma che in territorio tedesco.

## 3. La condanna del modernismo (1907)

Il 1907, come detto in precedenza, fu l'anno in cui la Santa Sede pronunciò la condanna solenne del modernismo. In pari tempo esso vide assestare alcuni colpi decisi al *Reformkatholizismus* tedesco, ormai chiaramente ricompreso da Roma all'interno della «sintesi di tutte le eresie». Il 14 giugno il papa destinò una lettera al teologo Ernst Commer (1847-1928), professore all'università di Vienna, lodandolo per la sua confutazione degli 'errori' dottrinali di Herman Schell, scomparso improvvisamente l'anno prima.[50] Si trattava di un gesto dalla grande rilevanza simbolica, giacché andava a colpire non solo l'attività intellettuale di Schell, ma per certi versi anche la sua memoria. Eminenza grigia dietro al documento fu il domenicano Thomas Esser,[51] cui si deve anche il fatto che esso fosse subito spedito a tutti i vescovi di Austria e Germania per mezzo dei relativi nunzi apostolici.[52] A pochi giorni dall'iniziativa del pontefice, il nunzio Caputo si affrettò a sottolinearne l'opportunità: in Germania erano ancora molti gli ammiratori di Schell, il cui ricordo invece «avrebbe dovuto cadere in oblio,

48. Merry del Val a Fischer, 1° novembre 1906 (minuta), in AAV, Segr. Stato, 1906, rubr. 12, fasc. 10, f. 168r.
49. Durante un'udienza del maggio 1907 Ludwig von Pastor (1854-1928), direttore dell'Istituto storico austriaco di Roma, ebbe l'impressione che il pontefice non approvasse la totale indipendenza politica pretesa dal Zentrum: «Ich merkte deutlich, dass der Papst auch mit der von dem deutschen Zentrum beanspruchten absoluten Unabhängigkeit von jeder kirchlichen Autorität nicht einverstanden ist. In der Tat wird solche politische Unabhängigkeit nur zu leicht auf das kirchliche Gebiet ausgedehnt». Pastor, *Tagebücher – Briefe – Erinnerungen*, p. 474.
50. Cfr. Pio X a Commer, 14 giugno 1907, in *Acta Sanctae Sedis* 40 (1907), pp. 392-394. Copia a stampa di questo documento si trova in AAV, ANM, b. 206, Titolo XI, fasc. H, ff. 71r-72r. L'opera con cui Commer si era rivolto contro il pensiero di Schell aveva per titolo *Hermann Schell und der fortschrittliche Katholizismus. Ein Wort zur Orientierung für gläubige Katholiken* (Wien 1907).
51. Cfr. Weiss, *Pater Thomas Esser*, p. 432.
52. Cfr. Esser a «Monsignore», 15 giugno 1907, in AAV, Segr. Stato, 1909, rubr. 160, fasc. 1, ff. 8r-9r, in particolare ff. 8v-9r; Merry del Val a Caputo, 18 giugno 1907 (minuta), ibid., ff. 12r-v.

tanto egli è stato nefasto col suo modernismo teologico e filosofico».[53] A parlare di modernismo in relazione alla figura di Schell non fu però solo il rappresentante della Santa Sede. A fine giugno lo stesso Caputo informò Merry del Val di come la lettera del papa fosse stata «poco riverentemente accolta» in Germania:[54] da tempo inoltre si era deciso di erigere un monumento funebre al defunto professore dell'università di Würzburg, e tale progetto era stato appoggiato nientemeno che dall'arcivescovo di Bamberga Friedrich von Abert (1852-1912) e da quello di Ratisbona Anton von Henle (1851-1927).[55] La situazione, a detta del nunzio, richiedeva un nuovo intervento della Santa Sede. Questo in effetti non sarebbe mancato, dal momento che Roma avrebbe ingiunto ai due vescovi in questione di chiarire pubblicamente la propria condotta:[56] prima, però, Merry del Val volle ringraziare Caputo per le notizie sulle «accoglienze irriverenti fatte dall'elemento modernista» alla lettera destinata a Commer.[57] Anche all'interno delle stanze vaticane, insomma, *Reformkatholizimus* e modernismo venivano ormai idealmente associati.

A poca distanza da questa vicenda, e cioè nei giorni immediatamente successivi alla promulgazione del decreto «Lamentabili», la neonata «Corrispondenza romana» di Umberto Benigni pubblicò alcune «rivelazioni documentate» su un'iniziativa dei 'modernisti' tedeschi.[58] Il giornale scriveva di «segretissime circolari» e di un piano per giungere all'«annichilimento almeno morale della S. Congregazione dell'Indice»:[59] riportava quindi la traduzione italiana di documenti che avrebbero dimostrato la veridicità delle sue affermazioni. Il contributo del periodico integralista fece subito scalpore in Italia e all'estero: ma da cosa traeva origine? A Münster, da qualche mese, si era riunito un gruppo di laici accomunati dall'intenzione di chiedere al papa dei cambiamenti nella censura libraria: erano per lo più intellettuali cattolici che nel controllo sulle pubblicazioni scorgevano un limite all'attività scientifica e dunque un ostacolo al raggiungimento di un'effettiva parità con i protestanti. Essi non miravano, ad ogni modo, a una scomparsa dell'Indice, ma solo a un allentamento delle misure esistenti. Il loro piano non andò a buon fine: prima che il testo della petizione da

53. Caputo a Merry del Val, 24 giugno 1907, in AAV, Segr. Stato, 1909, rubr. 160, fasc. 1, ff. 6r-7r, qui f. 6v.
54. Caputo a Merry del Val, 29 giugno 1907, in AAV, Segr. Stato, 1909, rubr. 160, fasc. 1, ff. 28r-29v, qui f. 28r.
55. Sulla vicenda del monumento a Schell cfr. Rivinius, *Integralismus und Reformkatholizismus*.
56. Cfr. *L'Arciv. di Bamberga e il Vescovo di Ratisbona e il monumento a Schell*, in *L'Osservatore Romano*, 30 luglio 1907.
57. Merry del Val a Caputo, 1° luglio 1907 (minuta), in AAV, Segr. Stato, 1909, rubr. 160, fasc. 1, ff. 30r-v, qui f. 30r.
58. *Una Lega segreta internazionale contro l'«Indice» e per la «Cultura»*, in *Corrispondenza romana*, 7 luglio 1907.
59. Ibid.

sottoporre a Pio X fosse inviato a Roma, questo giunse in qualche maniera a Benigni, che nell'opera della 'Lega di Münster' volle individuare un atto di ribellione contro un'istituzione secolare della Chiesa cattolica.[60]

Con le rivelazioni d'inizio luglio la «Corrispondenza romana» acquisì non poco credito agli occhi della Curia, che accogliendo la narrazione fornita da Benigni arrivò ad accostare la cosiddetta Lega di Münster al modernismo. Scrivendo al nunzio Caputo il giorno successivo alla segnalazione del giornale, Merry del Val parlò in effetti di un'iniziativa del «partito modernista»: la questione era grave e richiedeva la massima vigilanza da parte del rappresentante pontificio, che per orientare la propria attività avrebbe dovuto prendere cognizione di quanto riferito dalla stessa «Corrispondenza romana», «organo serio e ben informato».[61] Indicativo del punto di vista della Santa Sede è anche un intervento de «L'Osservatore Romano» pubblicato attorno alla metà del mese. Partendo dal caso della Lega di Münster, il giornale illustrò quale fosse lo «spirito informatore» del modernismo, lo stesso ravvisabile nei seguaci di Murri in Italia, in Loisy, in Schell e appunto nei promotori di una riforma dell'Indice: il modernismo era al fondo «una disposizione dell'animo», che portava a contrapporre «il concetto individualista ed il culto dell'*io* all'autorità gerarchica della Chiesa ed al suo insegnamento dottrinale e disciplinare».[62] In altre parole esso era ribellione, rifiuto della dovuta obbedienza all'istituzione ecclesiastica. E la Germania evidentemente non appariva immune dal problema.

Nel mese di settembre Roma promulgò la «Pascendi», espressione massima dell'antimodernismo curiale. La diffusione dell'enciclica in area tedesca avvenne in un momento di sedivacanza della Nunziatura apostolica di Monaco: ad agosto, infatti, Caputo aveva rassegnato le proprie dimissioni per ragioni di salute,[63] così che l'uditore Domenico Gualtieri era stato nominato incaricato d'affari *ad interim*. È proprio da Gualtieri che si apprende come l'importante documento pontificio fosse accolto dalla stampa tedesca. In un rapporto d'inizio autunno egli osservò che i giornali liberali erano stati parchi di giudizi sull'enciclica (quando non l'avevano attaccata espressamente); circa la stampa cattolica, invece, quella bavarese aveva calorosamente salutato la promulgazione della «Pascendi», mentre i giornali prussiani avevano mostrato una maggiore riserva. Gualtieri criticava in particolare l'atteggiamento della «Germania» di Berlino e

60. Sulla vicenda della Lega di Münster cfr. Busemann, *Adolf ten Hompel*; Id., *„Diese Laien aus Münster!"*.
61. Merry del Val a Caputo, 8 luglio 1907, in AAV, ANM, b. 206, Titolo XI, fasc. H, ff. 96r-97r, qui ff. 96r-v.
62. *La lega di Münster e il "modernismo"*, in *L'Osservatore Romano*, 14 luglio 1907. Corsivo nel testo.
63. Cfr. Caputo a Merry del Val, 16 agosto 1907, in AAV, Segr. Stato, 1907, rubr. 255, fasc. 2, ff. 76r-v.

della «Kölnische Volkszeitung», che a suo dire non solo si erano quasi sistematicamente «astenuti d'occuparsi dell'enciclica», ma avevano anche affermato più volte di non essere «giornali religiosi o confessionali, ma politici».[64] L'episcopato tedesco, come detto,[65] avrebbe depotenziato la «Pascendi» in relazione alla Germania: tuttavia, l'esperienza del *Reformkatholizismus* e le crescenti denunce di parte integralista riguardo ai fermenti in campo culturale, politico e sociale che caratterizzavano allora il cattolicesimo tedesco indussero Roma a non abbassare la guardia. Il proposito di contrastare la diffusione di ogni istanza di riforma fu probabilmente decisivo perché il domenicano Andreas Frühwirth fosse scelto quale nuovo nunzio di Monaco nell'ottobre del 1907.[66] In aggiunta a ciò vi erano i timori legati alla situazione politica creatasi a inizio anno, quando a seguito delle elezioni per il *Reichstag* il Zentrum era stato relegato all'opposizione dalla nascita di un blocco composto da conservatori, nazional-liberali e progressisti che sosteneva il governo del cancelliere Bernhard von Bülow (1849-1929) e che presentava chiare venature anticattoliche.[67] Per la prima volta nella storia della Nunziatura di Monaco, dunque, Roma ricorse a un nunzio germanofono per gestire gli affari tedeschi:[68] Frühwirth sarebbe entrato ufficialmente in carica a metà dicembre.

64. Gualtieri a Merry del Val, 29 settembre 1907, in AAV, Segr. Stato, 1908, rubr. 82, fasc. 2, ff. 138r-140v, qui f. 139r.
65. Cfr. *supra*, p. 20.
66. Con lui, stando a Pastor, Pio X pensò di aver «fatto il medico per la Germania»: cfr. Pastor, *Tagebücher – Briefe – Erinnerungen*, p. 482.
67. Cfr. Ross, *Beleaguered Tower*, pp. 50-52; Zeender, *The German Center Party*, pp. 99-114.
68. Si noti come nell'agosto 1907 la rivista «Allgemeine Rundschau» di Monaco di Baviera pubblicasse un articolo volto proprio a richiedere che il successore di Caputo fosse una personalità in grado di padroneggiare la lingua tedesca. Tale contributo venne inoltrato da Gualtieri a Merry del Val, che lo fece tradurre in italiano: cfr. Gualtieri a Merry del Val, 30 agosto 1907, in AAV, Segr. Stato, 1908, rubr. 12, fasc. 1, ff. 23r-26v.

# II. Fino al giuramento antimodernista

## 1. Gli sviluppi in campo sociale e politico

Giunto a Monaco, Frühwirth dovette prendere contatto con la nuova realtà. Le sue prime attenzioni andarono alla Baviera, non solo per ragioni geografiche, ma anche perché luogo di maggiore diffusione delle istanze riformistiche. Il nunzio maturò molto presto la convinzione che di fronte alle varie minacce per la fede i vescovi bavaresi fossero indifferenti e preda dell'inazione: da tempo non veniva organizzata la Conferenza di Frisinga, che a differenza di quella di Fulda non si radunava con cadenza regolare. Nel marzo del 1908, così, egli propose alla Santa Sede di spingere l'episcopato bavarese a ritrovarsi possibilmente ogni anno, in modo da «escogitare insieme i rimedi da opporre a tanti pericoli che assalgono da ogni parte i fedeli».[1] Il suggerimento fu accolto da Pio X, che al riguardo scrisse all'arcivescovo di Monaco.[2] Ovviamente il padre domenicano aveva motivi per interessarsi anche al contesto più generale del *Kaiserreich*: da un lato vi era la preoccupazione in merito alla situazione politica, che addirittura faceva parlare «di un nuovo *Kulturkampf* già cominciato»,[3] dall'altro persistevano le polemiche relative al *Gewerkschaftsstreit*.

A luglio fu il vescovo di Metz Willibrord Benzler (1853-1921) a scrivere a Merry del Val che lo scontro fra i sindacati cristiani e il *Verband* berlinese causava «un tort immense à la cause catholique en Allemagne, à tel point

1. Frühwirth a Merry del Val, 1° marzo 1908, in ASRS, AA.EE.SS., *Baviera*, pos. 8, fasc. 16, ff. 15r-16v, qui f. 16r.
2. Cfr. Merry del Val a Frühwirth, 5 marzo 1908 (minuta), in ASRS, AA.EE.SS., *Baviera*, pos. 8, fasc. 16, ff. 17r-v. A partire dal 1908 la Conferenza di Frisinga si riunì così con cadenza almeno annuale: cfr. Forstner, *Priester in Zeiten des Umbruchs*, p. 36 (nota 6).
3. Frühwirth a Merry del Val, 10 aprile 1908, in AAV, Segr. Stato, 1908, rubr. 255, fasc. 1, ff. 129r-130r, qui f. 129r.

qu'elle pourrait amener la ruine».[4] Nella propria diocesi egli aveva raccomandato le *christliche Gewerkschaften*, e però i fautori dell'opzione confessionale avevano continuato a condurvi la loro propaganda. Secondo Benzler l'episcopato tedesco non era in grado di risolvere la controversia, date le divisioni al suo interno: ma una speranza avrebbe potuto esservi qualora il papa avesse comunicato a Kopp il proprio desiderio di vedere la Conferenza di Fulda giungere a un'intesa, magari tramite la creazione di un'apposita commissione in seno all'assemblea. La Curia romana si mostrò ricettiva a questo impulso esterno: Merry del Val invitò Kopp a esaminare la questione sindacale durante la successiva riunione dei vescovi e a nominare al bisogno una commissione finalizzata a trovare una soluzione vantaggiosa per la causa cattolica.[5] Ciononostante, la proposta di Benzler avrebbe dovuto attendere degli anni prima di essere effettivamente realizzata.[6] All'indomani della Conferenza episcopale tenuta in agosto, Kopp informò la Segreteria di Stato di come la discussione sui sindacati non avesse avuto luogo, al pari della nomina di una commissione. Il vescovo di Breslavia si era consultato preventivamente con Fischer, Korum e Benzler (!), e tutti avevano ritenuto che tali misure non conducessero a un accordo, «mais aux débats très animés».[7] In quel momento non sarebbe stato possibile unire i cattolici tedeschi sul terreno sociale: «Les Évêques ne peuvent que les exhorter de marcher pacifiquement sur les lignes, lesquels chacun d'eux poursuit».[8] Al contempo occorreva però evitare che il cattolicesimo sociale tedesco fosse ulteriormente «neutralisé ou interconfessionalisé».[9] Kopp additava l'immodificabilità di fatto della situazione nel *Gewerkschaftsstreit* per giustificare la non esecuzione del comando pontificio: ma la verità era che egli intendeva eludere una discussione plenaria che l'avrebbe visto in minoranza, e che avrebbe potuto avere conseguenze negative per lo sviluppo della *Berliner Richtung* in Germania.

Contrario a un pronunciamento collettivo dei vescovi, Kopp non era favorevole neppure a un'iniziativa della Santa Sede. Nel settembre del 1908, in vi-

4. Benzler a Merry del Val, 25 luglio 1908, in AAV, Segr. Stato, 1908, rubr. 12, fasc. 5, ff. 158r-159r, qui f. 158r.
5. «Le Saint-Père me charge de Vous suggérer que, pour arriver à une entente en ce qui concerne la ligne de conduite à tenir à ce sujet par l'Épiscopat d'Allemagne, la question soit examinée à la prochaine assemblée de Fulda, une commission y étant au besoin nommée pour étudier la solution plus avantageuse pour la cause catholique». Merry del Val a Kopp, 29 luglio 1908 (minuta), in AAV, Segr. Stato, 1908, rubr. 12, fasc. 5, ff. 160r-161v, qui ff. 161r-v.
6. Cfr. *infra*, p. 89.
7. Kopp a Merry del Val, 13 agosto 1908, in AAV, Segr. Stato, 1908, rubr. 12, fasc. 5, ff. 162r-v, qui f. 162r.
8. Ibid., f. 162v.
9. Ibid.

sta dell'arrivo a Roma di una delegazione del *Verband katholischer Arbeitervereine (Sitz Berlin)* e del cardinale Fischer con un gruppo di pellegrini, egli suggerì al papa di non esprimersi a favore di nessuna delle due parti in causa: «Les principes catholiques parlent pour les Berlinois, le succès et les sympathies de la plupart des catholiques pour les syndicats chrétiens».[10] Certamente il vescovo di Breslavia voleva scongiurare il sorgere di nuove polemiche: ma allo stesso tempo la sua intima conoscenza della corte imperiale e della vita politica tedesca dovevano portarlo a temere possibili reazioni a un eventuale intervento romano. Merry del Val assicurò al cardinale che la Santa Sede avrebbe tenuto conto delle sue osservazioni:[11] e in effetti le due udienze concesse da Pio X in ottobre non furono dominate dai problemi del *Gewerkschaftsstreit*.[12] Stando a quanto riferito in seguito da Fischer, il papa manteneva la validità della nota del gennaio 1906: spettava cioè ai vescovi decidere sulle organizzazioni sindacali in base alle condizioni delle singole diocesi.

Durante il mese di novembre Kopp si recò personalmente a Roma, dove ebbe occasione di discutere con Pio X della situazione tedesca. Tornato in Germania, scrisse a Fischer di aver saputo da Heinrich Fournelle di come lo stesso arcivescovo di Colonia intendesse dichiarare che il papa desiderava l'adesione degli operai cattolici ai sindacati cristiani: di ciò Kopp aveva parlato a lungo proprio con il pontefice nel corso del suo soggiorno romano.[13] Fischer non tardò a reagire a quella che considerava una diceria: in una lettera a Fournelle del 28 novembre negò di essersi mai espresso nei termini riferitigli,[14] e allo stesso tempo indirizzò una lettera al papa per protestare «contra talem calumniam».[15] Al fine di tranquillizzare l'arcivescovo di Colonia, Pio X gli rispose di aver ribadito a Kopp che era compito dei vescovi giudicare cosa fosse meglio per le loro diocesi: nel colloquio avuto a Roma con il vescovo di Breslavia, peraltro, non si era affatto parlato del proposito attribuito a Fischer dal segretario del *Verband* berlinese (!).[16] La Santa Sede, insomma, manteneva all'esterno una posizione di equidistanza.

Nella lotta fra *Berliner* e *Kölner Richtung* non era certamente fuori luogo accordare alle parole del papa un peso decisivo. Nel caso delle udienze in Vaticano, tuttavia, non sempre si poteva essere sicuri del loro contenuto. Le ricostruzioni dei colloqui con Pio X fornite dalle personalità rientrate da Ro-

10. Kopp a Merry del Val, 22 settembre 1908, in AAV, Segr. Stato, 1908, rubr. 12, fasc. 5, ff. 170r-v, qui f. 170r.
11. Cfr. Merry del Val a Kopp, 29 settembre 1908 (minuta), in AAV, Segr. Stato, 1908, rubr. 12, fasc. 5, ff. 172r-v.
12. In proposito cfr. Brack, *Deutscher Episkopat*, pp. 124-128.
13. Cfr. Heitzer, *Georg Kardinal Kopp*, p. 105.
14. Cfr. Fischer a Fournelle, 28 novembre 1908 (copia), in AAV, ANM, b. 259, fasc. 3, f. 71r.
15. Fischer a Pio X, 28 novembre 1908, in AAV, Arch. part. Pio X, b. 55, ff. 115r-v, qui f. 115r.
16. Cfr. Pio X a Fischer, 7 dicembre 1908 (minuta), in AAV, Arch. part. Pio X, b. 55, f. 117r.

ma divennero sovente oggetto di contesa. Ciò accadde in modo particolare nell'aprile del 1909, a seguito di un'udienza privata concessa a una delegazione degli *Arbeitervereine* dell'ovest della Germania. Al riguardo, infatti, la «Kölnische Volkszeitung» attribuì al papa espressioni di piena approvazione per l'attività degli operai cattolici nei sindacati cristiani e per la loro collaborazione con i protestanti,[17] tanto da costringere «L'Osservatore Romano» a smentire pubblicamente il resoconto del giornale renano.[18] Quest'ultimo tuttavia non lasciò perdere la cosa, ma ribadì la veridicità delle proprie affermazioni: di fronte a tale caparbietà, l'organo della Santa Sede dovette intervenire in altre due circostanze.[19] La vicenda provocò irritazione sia a Roma che in Germania. Tramite De Montel il cardinale Kopp fece recapitare al segretario di Stato vaticano una lettera in cui domandava se le associazioni confessionali non godessero più del sostegno del papa, o se al contrario permanesse la validità della nota del 1906: il vescovo di Breslavia deplorava vivamente la nuova polemica, che secondo lui serviva soltanto «a sollecitare gli sforzi per favorire l'interconfessionalismo cioè la protestantizzazione del cattolicismo alemanno anche in altri campi».[20] Negli stessi giorni pure Korum si rivolse alla Santa Sede per criticare il comportamento della delegazione degli *Arbeitervereine* occidentali e per chiedere un chiarimento circa le parole pronunciate dal papa.[21] L'atteggiamento assunto fino a quel momento dalla Curia romana fu confermato dalla risposta inviata a Kopp, dove Merry del Val rassicurò sul fatto che la nota del gennaio 1906 fosse ancora valida: «Nulla perciò è stato mutato a quel riguardo da parte della Santa Sede».[22]

In merito alle polemiche di aprile volle esprimersi anche Andreas Frühwirth, intervenendo così per la seconda volta sul *Gewerkschaftsstreit* nell'ambito della corrispondenza da lui intrattenuta con la Segreteria di Stato.[23] In tale occasione il nunzio diede prova di propendere per la *Berliner*

17. Cfr. Brack, *Deutscher Episkopat*, pp. 131-132.
18. Cfr. *L'Osservatore Romano*, 23 aprile 1909 (l'articolo è privo di titolo).
19. Cfr. *L'Osservatore Romano*, 29 aprile 1909 (l'articolo è privo di titolo); *A proposito della Kölnische Volkszeitung*, ibid., 1° maggio 1909.
20. Kopp a De Montel (traduzione italiana), 17 aprile 1909, in AAV, Segr. Stato, 1909, rubr. 12, fasc. 3, ff. 16r-17r, qui f. 16v.
21. Cfr. Korum a Merry del Val, 21 aprile 1909, in AAV, Segr. Stato, 1909, rubr. 12, fasc. 3, ff. 28r-31v.
22. Merry del Val a Kopp, 29 aprile 1909 (minuta), in AAV, Segr. Stato, 1909, rubr. 12, fasc. 3, ff. 12r-13v, qui f. 13r.
23. Il primo rapporto di Frühwirth dedicato alla controversia sindacale tedesca reca la data del 28 ottobre 1908: in quell'occasione il nunzio consigliò alla Santa Sede di usare la massima circospezione onde evitare di essere trascinata nella contesa (cfr. Frühwirth a Merry del Val, 28 ottobre 1908, in AAV, Segr. Stato, 1908, rubr. 255, fasc. 2, ff. 145r-v).

*Richtung*: egli denunciò «la vera malafede» con cui i sostenitori delle *christliche Gewerkschaften* si erano recentemente presentati dal papa «per strappare un'autorevolissima parola d'approvazione»;[24] soprattutto, poi, il domenicano si lasciò andare a un'osservazione che tradiva il suo giudizio negativo sui sindacati cristiani:

> «L'episcopato fortunatamente comincia a vedere i grandi pericoli esistenti nelle associazioni cristiane specialmente a causa del contatto coi protestanti e delle asserzioni fatte da poco da alcuni dei loro capi, i quali hanno asserito che le associazioni cristiane sono solo negativamente tali, in quanto cioè combattono il socialismo; ma di fede, chiesa, obbedienza non è questione».[25]

Dopo quasi un anno e mezzo di familiarizzazione con le vicende tedesche, il nunzio risultava dunque più incline agli ambienti integralisti che a quelli del *Volksverein*, più vicino a Berlino che a Colonia: e sapeva, nel rivolgersi a Merry del Val, di trovare un interlocutore comprensivo. La sua posizione era ad ogni modo destinata a evolvere nell'arco di alcuni mesi, in conseguenza delle ulteriori esperienze maturate come rappresentante diplomatico della Santa Sede.[26]

Alle turbolenze del *Gewerkschaftsstreit* si sommarono nella tarda primavera del 1909 quelle provocate dall'*Osterdienstagskonferenz*. Di essa Frühwirth fu informato alla metà di maggio da Karl Maria Kaufmann:[27] poche settimane più tardi, quindi, il protocollo della riunione divenne di dominio pubblico. Il problema di un più stretto controllo episcopale sul *Volksverein*, sollevato dai partecipanti all'incontro, fu affrontato in estate dalla Conferenza di Fulda, che si radunò a Colonia in occasione del Congresso eucaristico internazionale ospitato dalla città renana. L'argomento stava molto a cuore a Kopp, che nell'organizzazione di Mönchengladbach vedeva un potente mezzo di promozione delle tendenze interconfessionaliste. Ripresosi da una grave malattia che lo aveva afflitto nei mesi precedenti,[28] il cardinale pose all'attenzione degli altri prelati tre punti che incontrarono la loro approvazione: con essi l'episcopato invitò il *Volksverein* a operare secondo i principi contenuti nei suoi statuti e a mantenere un rapporto costante con l'arcivescovo di Colonia, e i suoi rappresentanti diocesani a informare i vescovi di

24. Frühwirth a Merry del Val, 26 aprile 1909, in AAV, Segr. Stato, 1909, rubr. 12, fasc. 3, ff. 37r-38r, qui f. 37r.
25. Ibid., f. 38r.
26. Cfr. *infra*, pp. 78-80.
27. Cfr. Kaufmann a Frühwirth, 15 maggio 1909, in AAV, ANM, b. 261, fasc. 3, f. 6r.
28. Secondo Hans-Georg Aschoff la malattia che colpì Kopp fra il maggio e il giugno del 1909 ebbe quali conseguenze una perdita di vigore e di flessibilità mentale da parte del cardinale. Cfr. Aschoff, *Kirchenfürst*, p. 69.

tutte le iniziative importanti dell'organizzazione medesima.[29] Kopp fu soddisfatto dell'esito della Conferenza episcopale, e la convinzione di aver finalmente messo le redini al *Volksverein* lo portò per qualche tempo a mostrarsi più conciliante verso quest'ultimo: si trattò comunque di una parentesi breve, preludio a un nuovo scontro fra le parti. Dal canto loro i membri dell'*Osterdienstagskonferenz* ritennero che con la decisione dei vescovi l'auspicio da essi espresso fosse stato esaudito, e che rimanesse da risolvere soltanto il problema del carattere del Zentrum.

Nell'ottobre del 1909 il sacerdote Andreas Müller fece pervenire alla Santa Sede una nota dal titolo «De quibusdam modernorum in Germania machinationibus», assieme a un opuscolo sulla conferenza integralista di cui era stato fra i partecipanti. Il suo intento, non dichiarato ma evidente, era quello di orientare l'attenzione di Roma sulle attività dei 'moderni' – ossia dei modernisti – in area tedesca. La nota esordiva denunciando il complesso d'inferiorità che dagli ultimi anni del XIX secolo aveva portato molti cattolici a conformare «scientias, artes, literas ideis modernis i[d] e[st] protestantibus», nella convinzione che «omnia ad instar protestantium mutanda esse».[30] Nella mente di Müller protestantesimo e modernità erano termini associabili: la modernità non era altro che un frutto della Riforma luterana, anticattolica in quanto tale e dunque da rigettare. L'esposizione del sacerdote si focalizzava su alcune realtà che avrebbero manifestato tendenze allarmanti: il *Volksverein*, reo di spingere il clero a impegnarsi troppo in campo sociale e troppo poco sul versante strettamente religioso; i sindacati cristiani con il loro rifiuto di sottostare all'autorità ecclesiastica; la rivista «Hochland» di Carl Muth; e infine la «Kölnische Volkszeitung», responsabile di aver appoggiato «omnes [...] conatus modernorum» e di aver negato, dopo la promulgazione della «Pascendi», che «in Germania modernos inveniri».[31] Nell'ultima parte del documento, inoltre, Müller accennava ai contenuti dell'*Osterdienstagskonferenz*, scaturita dal proposito di opporsi a tanta «religionis confusionem».[32]

In una fase dominata dalla preoccupazione per il modernismo, la Santa Sede scelse di non ignorare le riflessioni del sacerdote di Colonia. Il 7 dicembre Merry del Val incaricò Frühwirth di analizzare i documenti inviati da Müller e di esprimere un giudizio «in merito alle notizie da lui fornite sui modernisti», nonché sull'*Osterdienstagskonferenz*.[33] Il nunzio si prese tre

29. Cfr. *Protokoll der Bischofskonferenz* [6 agosto 1909], in Gatz (a cura di), *Akten*, pp. 128-132, in particolare pp. 130-131.
30. *De quibusdam modernorum in Germania machinationibus*, s.d. (ma ottobre 1909), in AAV, Segr. Stato, 1910, rubr. 255, fasc. 1, ff. 11r-14r, qui f. 11r.
31. Ibid., f. 13v.
32. Ibid.
33. Merry del Val a Frühwirth, 7 dicembre 1909, in AAV, ANM, b. 262, fasc. 10, f. 5r.

settimane per rispondere. Il 28 dicembre riferì di aver raccolto commenti positivi sulla persona di Müller: d'altra parte, egli cercò di ridurre l'entità dei pericoli segnalati a Roma. «Riguardo [...] al Centro, al *Volksverein*, alla *Kölnische Volkszeitung*», Müller sarebbe stato «un po' troppo pessimista», esagerando le cose;[34] anche a proposito della questione sindacale avrebbe visto «molto nero ed interpreta[to] un po' troppo foscamente ciò che si fa a Colonia».[35] Il rappresentante della Santa Sede non negava che in Germania vi fossero manifestazioni preoccupanti: ma dava l'impressione di ritenerle circoscritte e possibilmente sanabili, rilevando al contempo i meriti acquisiti negli anni dalla «Kölnische Volkszeitung» e dal *Volksverein* nonché la difficoltà di giudicare una vicenda tanto intricata come il *Gewerkschaftsstreit*. Dove Frühwirth si mostrava più in sintonia con Müller era nella valutazione del *Literaturstreit*, da qualche mese intensificatosi: a suo dire Muth apparteneva «alla categoria di quei letterati i quali ritengono che la letteratura possa prescindere dalla religione, né credono opportuno subordinare sempre il fine artistico al fine religioso e morale».[36] Quanto all'*Osterdienstagskonferenz*, infine, il nunzio era dell'opinione che i suoi partecipanti fossero stati mossi da «rette intenzioni», ma avessero agito senza la dovuta prudenza, con l'effetto di dar luogo a polemiche infinite.[37]

Frattanto la situazione politica si era fatta migliore per i cattolici tedeschi: in estate Bülow aveva rassegnato le dimissioni da cancelliere ed era stato sostituito da Theobald von Bethmann Hollweg (1856-1921), il quale avrebbe governato per anni appoggiandosi a una coalizione composta dai conservatori protestanti e dal Zentrum. A fine novembre, poco prima della ripresa dei lavori parlamentari, la presidenza centrista rilasciò una dichiarazione che ribadiva il carattere politico – e non confessionale – del partito: anche Roeren fu indotto a firmarla. Il fine era quello di rassicurare lo schieramento dei conservatori riguardo all'affidabilità del Zentrum come partner politico,[38] e insieme di offrire un'immagine di unità interna. Informando la Santa Sede di tale dichiarazione, Frühwirth scrisse di ritenerla «molto opportuna, specialmente in questo momento in cui il Centro ha riacquistata una grande forza».[39] La Curia romana, dal canto suo, non espresse apprezzamenti particolari in proposito.[40]

34. Frühwirth a Merry del Val, 28 dicembre 1909, in AAV, Segr. Stato, 1910, rubr. 255, fasc. 1, ff. 15r-16v, qui f. 15v.
35. Ibid., f. 16r.
36. Ibid., f. 15v.
37. Ibid., f. 15r.
38. Cfr. Ross, *Beleaguered Tower*, p. 36.
39. Frühwirth a Merry del Val, 2 dicembre 1909, in AAV, Segr. Stato, 1909, rubr. 255, fasc. 2, ff. 85r-86r, qui f. 86r.
40. Cfr. Merry del Val a Frühwirth, 8 dicembre 1909, in AAV, ANM, b. 260, fasc. 5, f. 44r.

## 2. Frühwirth, Roma e il *Literaturstreit* (1909-1910)

Per sua stessa ammissione, Frühwirth s'interessò seriamente al *Literaturstreit* a partire dall'agosto del 1909.[41] In effetti fu proprio nell'estate di quell'anno che la controversia acquisì un'inedita rilevanza per via di alcuni interventi pubblici dei suoi protagonisti e, più in generale, dell'impulso dato dall'enciclica «Pascendi» alle denunce integraliste. A un libro di Carl Muth in cui questo ripropose i fondamenti del suo programma letterario,[42] fece seguito una brochure di Kralik che accostava l'indirizzo di «Hochland» alle tendenze moderniste,[43] nonché un contributo del gesuita Baumgartner sul rapporto fra narrativa cattolica e modernità.[44] Dubbi sull'ortodossia della rivista di Muth venivano nutriti ormai anche dalla stessa autorità ecclesiastica: a luglio l'Ordinariato arcivescovile di Monaco inviò un ammonimento alla redazione di «Hochland» sulla scia delle polemiche suscitate dalla pubblicazione del romanzo «Die Armsünderin»;[45] durante la Conferenza di Fulda del mese seguente, il vescovo di Rottenburg parlò espressamente di giudizi artistici modernisti («modernistische Kunsturteile») rinvenibili nelle pagine del periodico;[46] a settembre, infine, fu Kopp a gettare ombre sul tentativo di Muth di coniugare cattolicesimo e cultura moderna, in una missiva indirizzata al nunzio.[47]

In questa fase alcune personalità del *Gralbund* cercarono di richiamare l'attenzione di Frühwirth sul pericolo che «Hochland» avrebbe rappresentato per i suoi lettori. A fine agosto il cappuccino Gaudentius Koch (1867-1944) e il redentorista Adolf Innerkofler (1872-1942), entrambi membri dell'associazione viennese, espressero al rappresentante della Santa Sede la propria preoccupazione per la tendenza ad accentuare anche in campo letterario ciò che univa cattolici e protestanti, non curandosi invece di ciò che li divideva. L'attività dispiegata da Muth, a loro dire, meritava almeno in parte l'appellativo di modernista.[48] Circa un mese più tardi fu quindi il gesuita Georg Harrasser (1869-1945) a rivolgersi al nunzio e a prendere posizione contro la linea incarnata da «Hochland», da lui definita senza mezzi termini come «moderni-

41. «Ich verfolge den Literaturstreit seit August 1909»: così Frühwirth a Richard Knies, 3 marzo 1910 (minuta), in AAV, ANM, b. 261, fasc. 2, ff. 134r-v, qui f. 134r.
42. Cfr. Muth, *Die Wiedergeburt der Dichtung*.
43. Cfr. Kralik, *Die katholische Literaturbewegung*.
44. Cfr. Baumgartner, *Die katholische Belletristik*.
45. Neudecker alla redazione di «Hochland», 23 luglio 1909 (copia), in AAV, ANM, b. 261, fasc. 2, f. 10r.
46. [Paul Wilhelm von Keppler], *Die geplante «Allgemeine Vereinigung für christliche Kunst»*, in Gatz (a cura di), *Akten*, pp. 134-138, qui p. 135.
47. «Er [Muth] ist dadurch noch gefährlicher als die *Kölnische Volkszeitung*»: così Kopp a Frühwirth, 24 settembre 1909, in AAV, ANM, b. 261, fasc. 2, f. 39r.
48. Koch e Innerkofler a Frühwirth, 27 agosto 1909, in AAV, ANM, b. 261, fasc. 2, ff. 33r-34r.

smo letterario»:[49] il religioso segnalò peraltro una dichiarazione emessa poco tempo prima da un gruppo di scrittori cattolici che avevano voluto protestare contro la corrente 'progressista' operante nel panorama della letteratura cattolica.[50] Anche il caporedattore di «Der Gral», Franz Eichert, decise a inizio ottobre di scrivere al nunzio per porgli una domanda. Gli era giunta voce che Muth e il francescano Expeditus Schmidt (1868-1939), direttore di un altro organo letterario finito nel mirino degli integralisti,[51] affermavano di godere del sostegno di Frühwirth, tanto da destare l'impressione che la loro linea avesse ricevuto l'approvazione dell'autorità ecclesiastica: Schmidt parlava addirittura di un encomio pontificio accordato alla sua rivista.[52] A fronte di ciò, trattandosi di «una questione esistenziale per il movimento letterario cattolico», Eichert attendeva un chiarimento dal rappresentante della Santa Sede.[53] Quest'ultimo nella propria risposta fugò i timori dell'interlocutore, facendogli intendere di non essersi pronunciato su alcuna delle parti in causa: ma il nunzio volle anche esternare la propria stima per «Der Gral» e suggerì ad Eichert d'inviare al papa le annate della rivista edite fino a quel momento.[54] Per il gruppo di Vienna fu certo un bel risultato: d'altro canto, però, Frühwirth non assecondò le accuse portate contro «Hochland», ma chiese di fornire prove concrete al riguardo. Lo stesso avrebbe fatto alcuni giorni più tardi rispondendo a Koch, Innerkofler e Harrasser.[55]

49. «Wer diese Richtung *Hochlands* genau verfolgt, urteilt nicht zu hart, wenn er von literarischem Modernismus spricht». Harrasser a Frühwirth, 25 settembre 1909, in AAV, ANM, b. 261, fasc. 2, ff. 41r-42r, qui f. 41v.
50. Copia di questa «Erklärung», risalente al luglio 1909 e promossa dal *Gralbund*, è reperibile in ADPSJ, Abt. 47, Nr. 508 (senza numerazione dei fogli). Il suo contenuto è riportato inoltre in Baumgartner, *Die katholische Belletristik*, pp. 140-141. Tra i firmatari vi erano Kralik, Eichert, Harrasser, Innerkofler, Koch, ma anche Commer e Weiss.
51. Si tratta per l'esattezza della rivista «Über den Wassern», pubblicata a partire dal 1908. In proposito cfr. Busemann, *Katholische Laienemanzipation*, pp. 83-86, 100-105.
52. In realtà Pio X aveva impartito una semplice benedizione apostolica a Schmidt, dopo che Frühwirth aveva inviato a Roma un volume di «Über den Wassern» (cfr. Merry del Val a Frühwirth, 6 luglio 1909, in AAV, ANM, b. 261, fasc. 2, ff. 6r-v): in ciò il francescano volle scorgere ad ogni modo un segno di approvazione (cfr. Schmidt a Frühwirth, 27 luglio 1909, ibid., f. 16r).
53. Originale tedesco: «Eine Existenzfrage der katholischen Literaturbewegung». Eichert a Frühwirth, 5 ottobre 1909, in AAV, ANM, b. 261, fasc. 2, ff. 46r-49v, qui f. 48v.
54. «Ich füge zu Ihrer Beruhigung hinzu, dass ich den Literaturstreit ebenfalls genau verfolge und speziell für den *Gral* die wärmsten Sympathien hege. Es würde mir eine große Freude bereiten, wenn der Herausgeber der Monatsschrift für schöne Literatur *Der Gral* die bisher erschienenen Jahrgänge Seiner Heiligkeit dem Papste durch Seine Eminenz den Herrn Kardinal Staatssekretär überreichen ließe». Frühwirth a Eichert, 12 ottobre 1909 (minuta), in AAV, ANM, b. 261, fasc. 2, ff. 52r-v, qui f. 52r.
55. Cfr. Frühwirth a Koch, 25 ottobre 1909 (minuta), in AAV, ANM, b. 261, fasc. 2, f. 53r; Frühwirth a Innerkofler, 26 ottobre 1909 (minuta), ibid., f. 54r; Frühwirth a Harrasser, 26

È interessante notare come il nunzio di Monaco, durante l'estate e l'autunno del 1909, optasse in genere per non riferire alla Curia romana gli sviluppi relativi al *Literaturstreit*: egli gestì autonomamente le sollecitazioni di cui fu oggetto da parte del *Gralbund*, avendo per obiettivo fondamentale quello di evitare un'escalation delle polemiche che amplificasse le divisioni nella Germania cattolica.[56] La Santa Sede, ad ogni modo, era destinata a giocare un ruolo di primo piano nella controversia letteraria tedesca. Nel dicembre del 1909 Caspar Decurtins (1855-1916), professore all'università di Fribourg ed esponente di spicco dell'integralismo svizzero, diede alle stampe uno scritto volto a denunciare infiltrazioni moderniste al di fuori dell'ambito teologico. Nel suo «Zweiter Brief an einen jungen Freund»[57] egli asserì che il modernismo, con il suo «selvaggio soggettivismo» («wilder Subjektivismus»), si fosse esteso ormai anche al campo della letteratura e dell'arte;[58] la sua pericolosità risiedeva, in particolare, nel voler far passare come cattoliche tendenze che in realtà non lo erano affatto. Quale esempio specifico di modernismo in letteratura Decurtins adduceva il romanzo «Jesse und Maria» della scrittrice Enrica von Handel-Mazzetti, pubblicato alcuni anni prima sulle pagine di «Hochland».[59] Ovviamente non era una scelta casuale: colpendo quest'opera s'intendeva colpire Muth e il suo indirizzo letterario. Passando in rassegna i contenuti del romanzo, Decurtins gli rimproverò di voler provare ai lettori la relatività – ossia soggettività – dell'esperienza religiosa: esso, alla luce della «Pascendi», sarebbe stato senza dubbio da condannare. In conclusione, quindi, l'autore osservò come la lotta contro il modernismo non potesse dirsi terminata, ma anzi fosse solo all'inizio.[60] L'intervento di Decurtins possedeva di per sé tutti gli elementi per dar luogo a polemiche, ma divenne un vero e proprio fenomeno internazionale dopo che «La Correspondance de Rome» decise di tesserne le lodi nell'aprile del 1910, parlando di «modernisme en littérature» e menzionando in proposito

ottobre 1909 (minuta), ibid., ff. 55r-v. A seguito della richiesta del nunzio, Harrasser avrebbe ribadito l'accusa di modernismo nei confronti di «Hochland»: «Die Richtung *Hochlands* und seiner Vertreter ist nach meiner vollen Überzeugung Modernismus *in optima forma*; nachdem der Modernismus auf theologischem Boden Schiffbruch gelitten hat, ist er nun in das Gebiet der schönen Literatur übersiedelt [sic!]». Harrasser a Frühwirth, 30 ottobre 1909, ibid., ff. 61r-62v, qui f. 62r.

56. Cfr. Busemann, *Katholische Laienemanzipation*, pp. 93-94.
57. Il contributo uscì nel fascicolo del dicembre 1909 della «Monatsschrift für christliche Sozialreform»: qui tuttavia farò riferimento all'estratto a stampa (Decurtins, *Zweiter Brief*) reperibile in AAV, ANM, b. 277, fasc. 4, ff. 2r-9v (16 pp.).
58. Ibid., p. 5.
59. Cfr. *supra*, p. 24.
60. «Ich kann mich des bangen Gefühles nicht entschlagen, dass wir im Kampfe gegen den Modernismus noch nicht den letzten Schwertstreich geführt haben, sondern erst am Anfang stehen». Decurtins, *Zweiter Brief*, p. 16.

«Hochland».[61] Sull'argomento, peraltro, il foglio integralista sarebbe tornato più volte nel corso dei mesi successivi.[62] Grazie all'iniziativa di Decurtins e Benigni, così, il *Literaturstreit* venne esplicitamente ricollegato all'eresia modernista: e, cosa ancora più importante, fu preparato il terreno a un intervento di Pio X. Il 15 settembre 1910, infatti, il papa indirizzò al professore svizzero una lettera autografa per ringraziarlo della sua lotta contro il 'modernismo letterario':[63] l'espressione ottenne in questo modo una sanzione ufficiale da parte del vertice della Chiesa cattolica. Per gli integralisti si trattò di una vittoria: l'esistenza di un modernismo 'pratico', che fuoriusciva dai campi speculativi della teologia e della filosofia, era formalmente riconosciuta.

Il pronunciamento pontificio mise la Handel-Mazzetti in una difficilissima posizione, esponendola ancor di più alle critiche di parte integralista: e allo stesso tempo rappresentò per lei un motivo di forte turbamento interiore. Neppure una settimana dopo la lettera a Decurtins, la scrittrice si rivolse a Merry del Val per allontanare da sé i sospetti di modernismo e per implorare dal papa la benedizione apostolica.[64] Il 30 settembre, dunque, il segretario di Stato interrogò Frühwirth sull'opportunità di accogliere tale desiderio.[65] Il nunzio si dimostrò comprensivo verso l'autrice di «Jesse und Maria»: a Merry del Val la descrisse come «una signora dotata di qualità letterarie veramente eminenti e di profondo sentimento religioso», «pia e credente»;[66] egli propendeva per esaudire la sua richiesta, ma le voci diffusesi in Germania di una prossima condanna ecclesiastica di alcune sue opere consigliavano prudenza: «Se alcuni dei suoi scritti dovessero essere davvero messi all'Indice, o censurati in qualsivoglia modo, sarà bene procedere cautamente e forse limitarsi a concedere l'implorata benedizione apostolica senza far troppe lodi».[67] Significativamente Frühwirth espresse dei giudizi sulla persona della Handel-Mazzetti, non sul carattere delle sue pubblicazioni: nel complesso, il comportamento del nunzio nella vicenda fa credere che egli non fosse convinto delle accuse di modernismo rivolte alla scrittrice.[68]

61. *Le modernisme en littérature*, in *La Correspondance de Rome*, 18 aprile 1910.
62. Cfr. *Echos modernistes*, in *La Correspondance de Rome*, 11 maggio 1910; *Le modernisme litteraire. Deux lettres à une jeune ami*, ibid., 25 agosto 1910, 26 agosto 1910, 6 settembre 1910 e 7 settembre 1910.
63. Pio X a Decurtins, 15 settembre 1910, in *Acta Apostolicae Sedis* 2 (1910), pp. 738-740. Al riguardo cfr. [Rosa], *Il modernismo letterario*.
64. Cfr. Handel-Mazzetti a Merry del Val, 21 settembre 1910, in AAV, Segr. Stato, 1910, rubr. 255, fasc. 3, ff. 102r-103r. Sul 'caso' Handel-Mazzetti cfr. soprattutto Doppler, *Katholische Literatur*; Giacomin, *Katholische Schriftstellerinnen*; Hausberger, *„Dolorosissimamente agitata nel mio cuore cattolico"*.
65. Cfr. Merry del Val a Frühwirth, 30 settembre 1910, in AAV, ANM, b. 277, fasc. 4, ff. 32r-v.
66. Frühwirth a Merry del Val, 6 ottobre 1910, in AAV, Segr. Stato, 1910, rubr. 255, fasc. 3, ff. 105r-v, qui f. 105r.
67. Ibid., f. 105v.
68. Si veda su questo punto Walz, *Andreas Kardinal Frühwirth*, p. 339.

Quest'ultima alla fine ottenne dalla Santa Sede la benedizione apostolica:[69] nell'encomiare Decurtins, evidentemente, Pio X aveva voluto stigmatizzare il fenomeno del modernismo letterario additandolo come minaccia per tutta la cattolicità, ma non l'autrice scelta come bersaglio dall'integralista svizzero.

Dopo aver scritto a Merry del Val, la Handel-Mazzetti sentì ancora il bisogno di giustificarsi agli occhi del pontefice: essa redasse perciò un documento in latino che Frühwirth si preoccupò di consegnare personalmente a Pio X il 31 ottobre, nel corso di un suo breve soggiorno a Roma.[70] Con questa iniziativa la scrittrice volle nuovamente respingere l'accusa di modernismo e fare piena professione di cattolicesimo, assicurando la propria obbedienza filiale al papa.[71] Frattanto permanevano i timori di un intervento della Congregazione dell'Indice contro «Jesse und Maria»: a novembre la stessa Handel-Mazzetti riferì al nunzio di come il suo editore avesse appreso della possibilità di una condanna entro Natale.[72] Per parte sua Frühwirth cercò di rassicurarla, esortandola a non prestare fede alle voci.[73] Egli però non si limitò a questo: il 10 dicembre scrisse al segretario dell'Indice Thomas Esser per metterlo in guardia circa le conseguenze di un'eventuale condanna di «Jesse und Maria».[74] In realtà la Congregazione non aveva aperto un procedimento contro la Handel-Mazzetti: ciò non toglie che appaia significativo l'impegno del nunzio a favore della scrittrice austriaca. Con ogni probabilità l'atteggiamento del rappresentante pontificio è da ricondurre a un mutamento delle sue convinzioni personali riguardo allo scontro in atto fra integralisti e 'progressisti',[75] oltre che all'intenzione di evitare una crescita delle polemiche in Germania. Ad alimentare le tensioni tuttavia, specialmente con la popolazione protestante, contribuiva suo malgrado la stessa Santa Sede.

## 3. Inconvenienti diplomatici

Nel marzo del 1910 Frühwirth informò la Segreteria di Stato della prossima venuta a Roma di Fournelle e, a distanza di pochi giorni, del cardinale Fischer. La controversia sindacale tedesca sembrava «entrata in un periodo molto acu-

69. Cfr. Merry del Val a Frühwirth, 11 ottobre 1910, in AAV, ANM, b. 277, fasc. 4, ff. 35r-v.
70. Cfr. Frühwirth a Handel-Mazzetti, 26 ottobre 1910 (minuta), in AAV, ANM, b. 277, fasc. 4, ff. 54r-v.
71. Cfr. Handel-Mazzetti a Pio X, 23 ottobre 1910, in AAV, Segr. Stato, 1910, rubr. 255, fasc. 3, ff. 113r-118v.
72. Cfr. Handel-Mazzetti a Frühwirth, 20 novembre 1910, in AAV, ANM, b. 277, fasc. 4, ff. 84r-87v.
73. Cfr. Frühwirth a Handel-Mazzetti, 21 novembre 1910 (minuta), in AAV, ANM, b. 277, fasc. 4, ff. 88r-v.
74. Frühwirth a Esser, 10 dicembre 1910 (minuta), in AAV, ANM, b. 277, fasc. 4, ff. 91r-v.
75. Cfr. *infra*, pp. 78-80.

to», con ciascuno dei due contrapposti schieramenti che riteneva di essere il solo in grado di fare gli interessi degli operai cattolici e di conformarsi pienamente ai voleri del pontefice.[76] A parere del nunzio era opportuno che «per ora la Santa Sede non si pronunziasse in proposito, ma che rimanesse per quanto è possibile sulle generali, cercando di indurre i vescovi, che sono in tale questione divisi, ad accordarsi»;[77] il modo migliore per gestire il *Gewerkschaftsstreit* sarebbe stato quello di rimettersi «alla prudenza ed alla coscienza dei singoli vescovi, ciascuno dei quali nella propria diocesi [...] si regolerà come crede più giovevole».[78] Frühwirth in pratica si attestava sulla linea stabilita dalla nota de «L'Osservatore Romano» del gennaio 1906, assegnando all'episcopato tedesco la responsabilità di occuparsi della questione sindacale. Egli mostrava cioè di preferire una soluzione interna a quella esterna, coincidente con un'iniziativa diretta della Curia romana. Al papa il nunzio consigliava inoltre di «astenersi dal lodare più questa che quell'associazione» nel corso delle successive udienze: alla luce di quanto accaduto appena un anno prima,[79] l'obiettivo era evidentemente quello di evitare nuove polemiche. I «capi delle due diverse tendenze» erano individuati nei cardinali tedeschi, ossia Kopp e Fischer: «Chi dei due abbia da parte sua maggiori ragioni non è facile dire» – sosteneva il domenicano – «io ritengo che ambedue agiscano in piena buona fede convinti di procurare il bene migliore della Chiesa in questo Impero».[80] Il rappresentante della Santa Sede manifestava nella propria lettera un atteggiamento di totale imparzialità, che non gli impediva comunque di smentire le accuse di modernismo lanciate contro Fischer da ambienti integralisti: una recente lettera pastorale dell'arcivescovo di Colonia, dove quest'ultimo aveva esortato i cattolici a ritrovare l'unità superando divisioni che giovavano solo «ai nemici della Chiesa», avrebbe provato inequivocabilmente l'infondatezza di tali accuse.[81] Il documento pubblicato da Fischer per la Quaresima del 1910[82] aveva in effetti lamentato il contrasto fra *Berliner* e *Kölner Richtung*, invitando queste a cessare di osteggiarsi vicendevolmente.[83] Malgrado i suoi toni pacati, esso non incontrò un'accoglienza con-

76. Frühwirth a Merry del Val, 21 marzo 1910, in AAV, Segr. Stato, 1910, rubr. 255, fasc. 1, ff. 170r-171v, qui f. 170r.
77. Ibid., ff. 170r-v.
78. Ibid., f. 171v.
79. Cfr. *supra*, pp. 58-59.
80. Frühwirth a Merry del Val, 21 marzo 1910 (come nota 76), f. 170v.
81. Ibid.
82. Cfr. *Hirtenbrief Sr. Eminenz des Hochwürdigsten Herrn Antonius*.
83. «Was hindert, dass beide Richtungen neben einander tätig sind zum Wohle des arbeitenden Volkes? Was hindert namentlich, dass sie alle Befeindung, alle Verdächtigungen, alle scharfe, harte, verletzende Worte grundsätzlich ausschließen und verbieten?». Ibid., p. 15. Fischer stesso confessò al nunzio che il suo riferimento al *Gewerkschaftsstreit* nella pastorale era scaturito dal «traurigen Zwiespalt, der zwischen den beiden Richtun-

vinta fra gli integralisti, i quali non erano disposti ad ammettere la pari legittimità delle due correnti: per loro la verità era una sola, e non era certo quella dei sindacati cristiani.[84] Alla lettera del nunzio, Merry del Val replicò dicendo di aver preso conoscenza «delle opportune e saggie [sic!] considerazioni» da lui espresse sul *Gewerkschaftsstreit*, e di averle portate all'attenzione del papa.[85]

Il 29 maggio «L'Osservatore Romano» pubblicò la traduzione italiana dell'enciclica «Editae saepe», promulgata pochi giorni prima per celebrare il terzo centenario della canonizzazione di Carlo Borromeo (1538-1584).[86] Il documento, destinato dal papa a tutto il mondo cattolico, esaltava la figura dell'arcivescovo di Milano e ne sottolineava il valore paradigmatico per il clero e i fedeli: soprattutto, poi, si soffermava sui suoi meriti nell'ambito della Controriforma. L'enciclica stabiliva un esplicito parallelismo fra il XVI e il XX secolo: i riformatori del passato erano presentati quali antesignani dei riformatori del presente, ossia dei modernisti, accusati di voler sovvertire «dottrina, leggi, istituzioni della Chiesa, avendo sempre sulle labbra il grido di cultura e di civiltà», e di mirare a «un'apostasia universale dalla fede e dalla disciplina della Chiesa [...] tanto peggiore di quell'antica che mise in pericolo il secolo di Carlo».[87] A dir poco negativa era la descrizione che l'«Editae saepe» offriva della Riforma luterana e dei suoi iniziatori:

> «Allora, spadroneggiando le passioni, travisata quasi del tutto e oscurata la cognizione della verità, c'era lotta continua con gli errori, e l'umana società, precipitando al peggio, sembrava correre verso l'abisso. Fra questi mali insorgevano uomini orgogliosi e ribelli, "nemici della croce di Cristo...", uomini di "sentimenti terreni, il Dio dei quali è il ventre" (Fil 3,18-19). Costoro, applicandosi non a correggere i costumi, ma a negare i dogmi, moltiplicavano i disordini, allargavano a sé e agli altri il freno della licenza, o certo sprezzando la guida autorevole della Chiesa, a seconda delle passioni dei prìncipi o dei popoli più corrotti, con una quasi tirannide ne rovesciavano la dottrina, la costituzione, la disciplina. Poi [...] quel tumulto di ribellione, quella perversione di fede e di costumi chiamarono riforma e se stessi riformatori».[88]

gen in dieser Frage besteht, ein Zwiespalt, der die gemeinsamen katholischen Interessen schädigt und Ärgernis gibt». Fischer a Frühwirth, 5 marzo 1910, in AAV, ANM, b. 259, fasc. 4, f. 128r.

84. Cfr. Heitzer, *Georg Kardinal Kopp*, p. 138; inoltre Augustin Keller a Frühwirth, 10 aprile 1910, in AAV, ANM, b. 259, fasc. 3, ff. 181r-182v.
85. Merry del Val a Frühwirth, 31 marzo 1910, in AAV, ANM, b. 259, fasc. 4, ff. 134r-v, qui f. 134r.
86. Cfr. *Lettera Enciclica del Santissimo Signor Nostro Pio per Divina Provvidenza Papa X ai Patriarchi, Primati, Arcivescovi, Vescovi ed altri Ordinarii aventi pace e comunione con la Sede Apostolica*, in *L'Osservatore Romano*, 29 maggio 1910.
87. Pio X, *Editae saepe* (26 maggio 1910), in Lora, Simionati (a cura di), *Enchiridion delle Encicliche*, vol. 4, pp. 368-411, qui p. 385.
88. Ibid., pp. 377-379.

L'enciclica, e soprattutto il passo appena citato, provocarono vive reazioni in Germania.[89] Già all'indomani della sua pubblicazione su «L'Osservatore Romano» la stampa tedesca ne fornì una traduzione parziale accolta con sdegno dall'opinione pubblica protestante. Il 2 giugno Frühwirth informò Merry del Val di come il documento pontificio avesse destato «nella stampa liberale e protestante una vera eruzione di odio e di livore contro la Chiesa e contro l'Augusto Pontefice»;[90] a fomentare la protesta era in particolare l'*Evangelischer Bund*, organizzazione animata dallo spirito anticattolico del *Kulturkampf*.[91] Pochi giorni più tardi, ad ogni modo, lo stesso nunzio riferì che «anche molti cattolici condivid[evano] in parte le idee sparse dalla stampa, idee a base di sentimento nazionale»:[92] Pio X, in altre parole, non poteva contare sul sostegno compatto del proprio gregge, alle prese con il bivio tra fedeltà religiosa e fedeltà nazionale. Il malcontento suscitato dall'«Editae saepe» si estese subito alla sfera politica. Il 5 giugno la Segreteria di Stato vaticana fu messa al corrente delle interpellanze presentate alla Camera prussiana dai nazional-liberali e dai conservatori per chiedere al governo quali misure intendesse prendere di fronte alle affermazioni dell'enciclica. Frühwirth deplorò le reazioni avutesi in Germania, da lui ritenute ingiustificate:

> «Si potrebbe credere che oramai si sia costituita una lega diretta a stancar la Santa Sede e che cerca ogni via per impedirle di parlare: affinché il Santo Padre scriva e parli applaudito non resta che incensare popoli e nazioni, lodando, se è possibile, il vizio e condannando la virtù».[93]

Dagli avversari politici del Zentrum l'incidente venne cavalcato nella speranza di porre fine alla sua alleanza con i conservatori protestanti: malgrado la pressione esercitata in tal senso, tuttavia, l'obiettivo non fu raggiunto. D'altra parte i primi giorni di giugno videro sfiorata la crisi diplomatica fra Santa Sede e *Kaiserreich*: lo stesso imperatore Guglielmo II (1859-1941) interpretò l'«Editae saepe» non solo come un elemento perturbatore dei rapporti confessionali in Germania, ma addirittura come un affronto personale.[94]

89. Sulla vicenda cfr. Bachem, *Vorgeschichte*, vol. 7, pp. 329-346; Delgado, *Die Borromäus-Enzyklika Editae saepe*; Knopp, *Die „Borromäusenzyklika"*.
90. Frühwirth a Merry del Val, 2 giugno 1910, in AAV, Segr. Stato, 1911, rubr. 48, fasc. 1, ff. 71r-v, qui f. 71r.
91. Su questa associazione costituita nel 1886 cfr. Fleischmann-Bisten, Grote, *Protestanten auf dem Wege*; Müller-Dreier, *Konfession in Politik*.
92. Frühwirth a Merry del Val, 6 giugno 1910, in AAV, Segr. Stato, 1911, rubr. 48, fasc. 1, ff. 88r-v, qui f. 88r.
93. Frühwirth a Merry del Val, 5 giugno 1910, in AAV, Segr. Stato, 1911, rubr. 48, fasc. 1, ff. 76r-v, qui f. 76v.
94. «Un des grands fonctionnaires du Ministère de Cultes qui m'a fait une visite aujourd'hui, vient m'affirmer positivement que l'Empereur lui-même est beaucoup irrité et qu'il con-

Il 3 giugno Otto von Mühlberg (1847-1934), legato prussiano presso la Santa Sede, intrattenne un primo colloquio con Merry del Val per accertarsi delle intenzioni avute da Pio X nel pubblicare il documento.[95] Tre giorni più tardi, ricevendo un gruppo di pellegrini berlinesi, il papa spese quindi parole di elogio per il popolo tedesco e per la famiglia imperiale:[96] un gesto di distensione, che però non fu sufficiente a riportare la calma. Da una lettera di Merry del Val al nunzio si apprende come la Santa Sede ritenesse che lo scopo dell'enciclica fosse stato «del tutto svisato» in Germania, «essendo essa, in modo principale, diretta contro i modernisti»:[97] comunque sia, anche se non ebbe per obiettivo primario quello di stigmatizzare apertamente la Riforma, il documento si distinse per un'evidente mancanza di tatto diplomatico. Il tradizionale atteggiamento di condanna verso gli 'eretici' finì per trasparire dalle sue pagine, benché fosse facilmente prevedibile che ciò avrebbe avuto delle conseguenze nel panorama tedesco. Con un telegramma cifrato del 7 giugno Frühwirth avvisò la Santa Sede del fatto che Mühlberg era stato incaricato di ottenere una dichiarazione ufficiale da parte di Merry del Val, nella quale si attestasse che l'enciclica non aveva voluto offendere il popolo tedesco.[98] Prima ancora che il diplomatico prussiano si recasse dal segretario di Stato, dunque, «L'Osservatore Romano» pubblicò il 9 giugno un intervento che precisava come il papa non avesse avuto «la più remota intenzione di offendere gli acattolici di Germania né i loro Principi», e come la «Editae saepe» mirasse piuttosto «a combattere gli errori dei modernisti».[99] Per Merry del Val era importante far notare che quando Mühlberg era andato da lui per presentargli le richieste del suo governo, «la desiderata dichiarazione da parte della Santa Sede era già stata pubblicata, per iniziativa propria della Santa Sede».[100] Sfruttando la comunicazione tempestiva del nunzio, Roma agì insomma in modo da soddisfare le pretese del suo interlocutore, ma senza dare l'impressione di cedere a una pressione esterna:

sidère l'Encyclique comme un affront personnel»: così Fischer a Merry del Val, 8 giugno 1910, in AAV, Segr. Stato, 1911, rubr. 48, fasc. 1, ff. 106r-v, qui f. 106r.

95. Il *Kaiserreich* come tale non disponeva di una rappresentanza ufficiale presso la Santa Sede: rapporti diplomatici erano intrattenuti soltanto dalla Baviera e dalla Prussia. Di fatto, ad ogni modo, la legazione prussiana poteva essere considerata come il veicolo delle istanze del governo nazionale.
96. Cfr. *Nostre informazioni*, in *L'Osservatore Romano*, 7 giugno 1910.
97. Merry del Val a Frühwirth, 8 giugno 1910, in AAV, ANM, b. 280, fasc. 1, ff. 22r-23r, qui f. 22v.
98. Frühwirth a Merry del Val, 7 giugno 1910 (telegramma cifrato), in AAV, Segr. Stato, 1911, rubr. 48, fasc. 1, f. 98r.
99. *L'Osservatore Romano*, 9 giugno 1910 (l'intervento è privo di titolo).
100. Merry del Val a Frühwirth, 10 giugno 1910, in AAV, ANM, b. 280, fasc. 1, ff. 31r-32r, qui f. 31v.

l'immagine che si volle far passare fu quella di una decisione autonoma della Curia, così da salvaguardarne pubblicamente il prestigio.

La dichiarazione de «L'Osservatore Romano» non appagò del tutto il governo tedesco. Quest'ultimo, in particolare, esigeva ancora che il testo dell'enciclica non fosse stampato nelle diocesi del *Kaiserreich*. L'11 giugno Merry del Val ordinò a Frühwirth di riferire ai vescovi di Germania, «in lettera assolutamente privata e riservatissima da non pubblicare mai», che il papa «per misura prudenziale» riteneva non opportuna la pubblicazione della «Editae saepe» nelle chiese e nei bollettini diocesani.[101] La riservatezza era dettata dalla stessa logica seguita nei giorni precedenti: la Santa Sede non voleva mostrare segni di debolezza. Il nunzio tuttavia ebbe dei dubbi sulla decisione comunicatagli: a suo avviso le lettere da destinare ai vescovi non sarebbero rimaste a lungo segrete; di conseguenza il «prestigio» della Santa Sede sarebbe stato «menomato» e si sarebbe creato un precedente pericoloso. Egli suggerì dunque di far pubblicare l'enciclica, ma senza il controverso passo sulla Riforma.[102] Le considerazioni di Frühwirth colpirono il segretario di Stato: ormai tuttavia Mühlberg era stato informato a voce del fatto che il papa aveva disposto di non pubblicare l'enciclica in Germania, così che non erano più possibili ripensamenti.[103] Nei giorni seguenti l'episcopato tedesco ricevette istruzioni nel senso indicato da Roma: solo l'arcivescovo di Bamberga si mosse prima dell'arrivo del dispaccio, facendo stampare il testo latino dell'«Editae saepe» nel proprio bollettino diocesano.[104] Per allontanare l'impressione di un atto 'estorto' dal governo tedesco, il 16 giugno «L'Osservatore Romano» dichiarò che il papa aveva agito «di Sua propria iniziativa, per ragioni di prudenza».[105] L'incidente diplomatico era chiuso: ma ciò non comportò l'immediata fine delle agitazioni a nord delle Alpi, che proseguirono durante le settimane successive.[106]

Alla luce degli inconvenienti causati alla Santa Sede dalle espressioni contenute nella «Editae saepe» e degli sforzi compiuti per limitarne le conse-

101. Merry del Val a Frühwirth, 11 giugno 1910 (minuta di telegramma cifrato), in AAV, Segr. Stato, 1911, rubr. 48, fasc. 1, f. 133r.
102. Frühwirth a Merry del Val, 12 giugno 1910, in AAV, Segr. Stato, 1911, rubr. 48, fasc. 1, ff. 134r-135v, qui f. 134v.
103. Cfr. Merry del Val a Frühwirth, 12 giugno 1910 (minuta di telegramma cifrato), in AAV, Segr. Stato, 1911, rubr. 48, fasc. 1, f. 136r.
104. Cfr. Frühwirth a Merry de Val, 14 giugno 1910, in AAV, Segr. Stato, 1911, rubr. 48, fasc. 1, ff. 166r-v.
105. *L'Osservatore Romano*, 16 giugno 1910 (l'intervento è privo di titolo). Questa nuova pubblicazione del giornale della Santa Sede scaturì verosimilmente da una proposta del nunzio di Monaco: cfr. Frühwirth a Merry del Val, 14 giugno 1910 (telegramma cifrato), in AAV, Segr. Stato, 1911, rubr. 48, fasc. 1, f. 147r.
106. Cfr. Frühwirth a Merry del Val, 26 luglio 1910, in AAV, Segr. Stato, 1911, rubr. 48, fasc. 3, ff. 11r-v.

guenze, risulta a dir poco sorprendente il fatto che la stessa Santa Sede rischiasse di commettere un 'errore' analogo a pochissima distanza dal caso dell'enciclica. Approssimandosi il *Katholikentag* di Augusta previsto per fine agosto, Pio X inviò un proprio autografo al presidente del comitato responsabile dell'organizzazione: presa visione del testo, tuttavia, quest'ultimo fece conoscere alla Nunziatura di Monaco le proprie perplessità su un passo del documento che si temeva potesse riaccendere le ire dell'opinione pubblica protestante, soprattutto per il suo parlare di una «precem collapsam» in relazione ai non cattolici.[107] Il compito d'informare la Curia romana della richiesta di sopprimere il passo in questione toccò all'uditore Francesco Marchetti Selvaggiani (1871-1951), chiamato a gestire gli affari della Nunziatura in un momento in cui Frühwirth si trovava in congedo.[108]

L'eco delle recenti polemiche sull'«Editae saepe» indusse Merry del Val a mostrarsi disponibile a un intervento sull'autografo pontificio, a patto però di ricevere solide garanzie sul fatto che una volta modificato il documento, la «modificazione rest[asse] assolutamente segreta per sempre»; in caso contrario sarebbe stato preferibile ritirare l'autografo sostituendolo con un telegramma di benedizione o pubblicarlo invece per intero.[109] Al cospetto di questa risposta Marchetti Selvaggiani decise di recarsi personalmente ad Augusta per farsi consegnare l'autografo:[110] i partecipanti al *Katholikentag* udirono così le parole di un telegramma inviato all'ultimo momento da Roma per rimpiazzare il testo contestato. Ancora il 24 agosto, ad ogni modo, Marchetti Selvaggiani fu sollecitato ad adoperarsi affinché il ritiro del documento pontificio restasse anche in futuro «assolutamente segreto».[111] Come già nel caso dell'enciclica

107. Così il passo in questione: «Cui quidem perficiendae rei mirum quantum, adnitentibus vobis, celebrandus proderit conventus, si ineunda vobis consilia salutaria huc spectent potissimum, christianam disciplinam in iis quidem quos vobis eadem iungit catholicae fidei professio excitare, fovere, in melius provehere; in iis vero qui dissident, et verbo et exemplo multa ad Deum precem collapsam instaurare, ut omnes, quod votorum Nostrorum est maximum, e sententia Apostoli, (Eph. IV, 13), *occurrant in unitatem fidei et agnitionis Filii Dei* et ut quantocius *unum ovile fiat et unus pastor* (Ioan. X, 16)». Testo dell'autografo pontificio destinato al congresso di Augusta e datato 1° agosto 1910, in AAV, Segr. Stato, 1911, rubr. 12, fasc. 9, f. 54r.

108. Cfr. Marchetti Selvaggiani a Merry del Val, 20 agosto 1910 (telegramma cifrato), in AAV, Segr. Stato, 1911, rubr. 12, fasc. 9, f. 61r. Marchetti Selvaggiani era destinato a divenire, fra l'altro, vicario generale per la diocesi di Roma (1931-1951) e segretario del Sant'Uffizio (1939-1951).

109. Merry del Val a Marchetti Selvaggiani, 21 agosto 1910 (minuta di telegramma cifrato), in AAV, Segr. Stato, 1911, rubr. 12, fasc. 9, f. 60r.

110. Cfr. Marchetti Selvaggiani a Merry del Val, 22 agosto 1910, in AAV, Segr. Stato, 1911, rubr. 12, fasc. 9, ff. 77r-v.

111. Merry del Val a Marchetti Selvaggiani, 24 agosto 1910 (minuta), in AAV, Segr. Stato, 1911, rubr. 12, fasc. 9, ff. 67r-v, qui f. 67v.

pubblicata a fine maggio, la Santa Sede intendeva salvaguardare la propria immagine e non dar luogo a precedenti: se si fosse venuti a conoscenza dell'accaduto, si sarebbe potuta generare l'impressione che essa temesse le reazioni dell'opinione pubblica protestante e che fosse sufficiente lo spettro di qualche polemica per farla desistere dalle sue decisioni. Alla fine la vicenda rimase confinata ai suoi protagonisti: ma i problemi per la Curia romana erano lungi dal potersi dire terminati.

Al pari degli altri provvedimenti contro il modernismo, anche il motuproprio «Sacrorum antistitum» promulgato il 1° settembre del 1910 non mancò di suscitare reazioni in Germania, specie da parte di ambienti liberali e protestanti. Le discussioni attorno al giuramento antimodernista proseguirono per mesi, traendo alimento fra l'altro da una nuova iniziativa di Pio X. Il 31 dicembre il papa indirizzò al cardinale Fischer una lettera che toccava, nella sua ultima parte, la questione della dispensa dal giuramento per i professori di teologia delle università statali: nello specifico Sarto disse di aspettarsi che quanti non erano obbligati al giuramento lo prestassero comunque senza timore del giudizio altrui, «siquidem facile sibi viderentur non digni magisterio christiano, si se puderet in ministris esse Domini Nostri Iesu Christi».[112] Dopo la pubblicazione del documento negli «Acta Apostolicae Sedis», in Germania si parlò di pressione morale e di attacco all'indipendenza scientifica dei docenti. Alla fine del gennaio 1911 Frühwirth ragguagliò la Santa Sede proprio sulle reazioni alla lettera a Fischer, in cui la stampa prussiana avrebbe visto «una nuova sfida di Roma».[113] A detta del nunzio, ormai gli avversari del cattolicesimo vagliavano ogni atto pontificio per trovarvi un pretesto per nuove polemiche:

> «Le cose qui sono andate tanto oltre che il Santo Padre non può più parlare senza che le Sue parole siano fatte segno ai più maligni commenti ed alle più false interpretazioni. La polemica circa il giuramento antimodernista, che per quattro mesi prosegue senza tregua, si riaccende ora con vero satanico furore».[114]

Ad eccitare gli animi contro la Santa Sede fu pure «Das Neue Jahrhundert», così che Frühwirth suggerì alla Curia di valutare la possibilità di un «intervento diretto» contro tale giornale.[115] Per il nunzio i «modernisti» stavano lavorando alacremente in Germania, potendo contare sulle simpatie dei prote-

112. Pio X a Fischer, 31 dicembre 1910, in *Acta Apostolicae Sedis* 3 (1911), pp. 18-20, qui p. 19. Cfr. inoltre *Une lettre du St.-Père au Card. Fischer Archevêque de Cologne*, in *La Correspondance de Rome*, 26 gennaio 1911.
113. Frühwirth a Merry del Val, 29 gennaio 1911, in AAV, Segr. Stato, 1913, rubr. 255, fasc. 2, ff. 29r-v, qui f. 29r.
114. Ibid., f. 29v.
115. Frühwirth a Merry del Val, 3 febbraio 1911, in AAV, Segr. Stato, 1911, rubr. 255, fasc. 6, ff. 43r-44v, qui f. 43v.

stanti e dei liberali.[116] La situazione affrescata dal rappresentante diplomatico della Santa Sede in relazione ai primi mesi del 1911 era drammatica:

> «Dai tempi del Concilio Vaticano in qua, non si è mai avuta tanta commozione in Germania, e non può essere diversamente se si pensa che da quattro anni, cioè dalla pubblicazione dell'enciclica *Pascendi*, i nemici della Chiesa con satanica costanza continuano ogni giorno i loro attacchi».[117]

Roma scelse per parte sua di non pronunciarsi contro «Das Neue Jahrhundert», ritenendo la cosa inopportuna in quel momento.[118]

Le vicende descritte fin qui non sono prive di attinenza con il complesso dell'*Integralismusstreit*: al contrario, esse permettono di delineare meglio il quadro in cui questo andò sviluppandosi, e in pari tempo offrono elementi utili a comprendere l'atteggiamento della Curia romana in proposito. Non c'è dubbio sul fatto che quello tedesco apparisse come un contesto problematico agli occhi della Santa Sede: alla tradizionale avversione delle autorità politiche del *Kaiserreich* verso le ingerenze vaticane si sommarono, a partire dal 1907, le reazioni provocate dagli interventi di Pio X contro il modernismo, che ebbero il proprio momento culminante dopo la promulgazione dell'enciclica «Editae saepe» nel maggio 1910. Roma doveva fare i conti con un'opinione pubblica protestante che le era in gran parte ostile, ma anche con ambienti cattolici che non sempre sposavano la linea dell'obbedienza cieca. Vi era inoltre la necessità di evitare tensioni sul piano diplomatico che avrebbero potuto condurre a provvedimenti contro la Chiesa cattolica in Germania – il *Kulturkampf* rappresentava in questo senso un monito. Tale clima faceva apparire tanto più preoccupanti le divisioni interne al cattolicesimo tedesco, chiamato a rispondere all'urto dei suoi (molti) nemici esterni: e d'altro canto, come si vedrà, contribuì a suggerire alla Santa Sede una notevole cautela nell'esprimersi pubblicamente in merito all'*Integralismusstreit*, o almeno alla sua declinazione politica e sociale.

116. Ibid.
117. Ibid., f. 44r.
118. Cfr. Merry del Val a Frühwirth, 14 febbraio 1911 (minuta), in AAV, Segr. Stato, 1911, rubr. 255, fasc. 6, f. 47r.

# III. Occhi puntati sulla Germania

## 1. L'autunno del 1910

Nei mesi finali del 1910 è da riconoscere un momento di svolta nel rapporto della Santa Sede con l'*Integralismusstreit*: da allora, infatti, l'attenzione di Roma fu costantemente richiamata sulle vicende tedesche, e in particolare sulla controversia sindacale. Ciò dipese anche dalla maggiore intraprendenza del fronte integralista, galvanizzato nel corso di quello stesso anno dalla condanna del *Sillon* e intenzionato a ottenere un provvedimento analogo contro la *Kölner Richtung*. Appunto la condanna del movimento di Marc Sangnier fu utilizzata da Kopp, a inizio settembre, come spauracchio nei confronti del *Volksverein*, che solo pochi mesi prima aveva visto bloccato il proprio sviluppo nell'estesa diocesi di Breslavia.[1] Il cardinale raccomandò ad August Pieper (1866-1942), direttore generale dell'organizzazione di Mönchengladbach,[2] di tenere gli occhi bene aperti sull'indirizzo di quest'ultima: sarebbe bastato solo uno stimolo (*Anregung*), infatti, perché quanto accaduto in Francia venisse replicato in Germania. Ad essere apertamente ventilata, in altre parole, fu la possibilità di una condanna ecclesiastica del *Volksverein*: la ragione di ciò è da trovare soprattutto nella preoccupazione di Kopp per la grande influenza che l'organizzazione esercitava sul panorama dell'associazionismo cattolico tedesco.[3] La credibilità della minaccia fu rafforzata di lì a poco da una notizia giunta a Pieper dall'Italia, secondo la quale Roma stava già meditando un'azione contro il *Volksverein*.[4] La voce corse rapidamente fra i sostenitori della *Kölner Richtung*, alcuni dei quali optarono per chiedere chiarimenti direttamente alla Santa Sede.

1. Ciò avvenne nel marzo 1910 a seguito di un decreto di Kopp: cfr. Brack, *Deutscher Episkopat*, pp. 150-160.
2. Sulla figura di Pieper cfr. Dahmen, *August Pieper*.
3. Cfr. Brack, *Deutscher Episkopat*, pp. 161-166.
4. Cfr. Heitzer, *Georg Kardinal Kopp*, p. 166.

Il 24 settembre Josef Lohninger (1866-1926), rettore del collegio di Santa Maria dell'Anima, riferì a Merry del Val il contenuto di una lettera inviatagli dal cardinale Fischer: quest'ultimo voleva sapere se era vero che «la Santa Sede a[veva] in mira una decisione contro il *Volksverein*, relativamente contro le *christliche Gewerkschaften*»; in caso affermativo, pregava di ritardare l'esecuzione del progetto finché egli stesso non avesse interloquito con il papa.[5] Lo stretto legame che sussisteva fra l'organizzazione di massa del cattolicesimo tedesco e i sindacati cristiani portava a ritenere che un eventuale atto contro la prima avrebbe giocoforza riguardato anche i secondi: d'altronde era noto come Kopp non fosse un simpatizzante dei sodalizi interconfessionali. Il 3 ottobre fu il vescovo di Hildesheim Adolf Bertram (1859-1945)[6] a inoltrare a Merry del Val una «secreta petitio» a nome anche di altri vescovi prussiani:[7] la situazione politica e sociale in Germania era «difficillima et intricatissima» e i cattolici tedeschi apparivano divisi in due schieramenti, uno dei quali agitava contro l'altro il sospetto di modernismo («suspicionem modernismi cujusdam»);[8] a fronte di questo quadro complicato, Bertram chiedeva che la Santa Sede, se davvero aveva intenzione di agire riguardo al *Volksverein* e alle *christliche Gewerkschaften*, lo facesse tramite istruzioni inviate privatamente ai vescovi: iniziative pubbliche, infatti, avrebbero potuto essere sfruttate dai nemici della Chiesa per colpire il Zentrum e seminare zizzania fra gli operai cattolici.[9] Si era nel pieno delle polemiche suscitate dal motuproprio «Sacrorum antistitum»: il vescovo di Hildesheim temeva che un pronunciamento del papa sul cattolicesimo sociale tedesco potesse avere in quel frangente conseguenze imprevedibili.

Appena due giorni dopo la lettera di Bertram fu anche il nunzio di Monaco a scrivere alla Curia romana. Frühwirth aveva parlato con l'arcivescovo di Friburgo Thomas Nörber e appreso come tutti i prelati della Conferenza di Fulda, «eccetto l'E.mo Kopp e Mons. Korum», ritenessero che una condanna del *Volksverein* e delle *christliche Gewerkschaften* avrebbe rappresentato «u-

5. Lohninger a Merry del Val, 24 settembre 1910, in AAV, Segr. Stato, 1910, rubr. 12, fasc. 9, ff. 52r-v.
6. Su Bertram, eletto vescovo di Hildesheim nel 1906, si veda Hinkel, *Adolf Kardinal Bertram*; Scharf-Wrede (a cura di), *Adolf Kardinal Bertram.*
7. Bertram a Merry del Val, 3 ottobre 1910, in AAV, Segr. Stato, 1910, rubr. 255, fasc. 4, ff. 11r-12v, qui f. 11r.
8. Ibid., f. 11v.
9. «Hisce in periculis ne aegre ferat quaeso Eminentia Vestra, si humillime peto, ut si Sancta Sedes corrigenda quaedam vel monenda invenerit in hisce Unione et Confoederatione, discretioni episcoporum secrete mittantur mandata Sanctitatis Suae; secus enim, si publica quaedam monitio vel animadversio appareret, summum immineret periculum, ne inimicae ephemerides ipsa Sanctitatis Suae acta fraude diabolica contra 'Centrum' et ad perturbandum opificum catholicorum animos perverterent». Ibid., ff. 12r-v.

na vera disgrazia per la Chiesa in Germania».[10] Lo stesso Nörber suggeriva che il papa, se intendeva occuparsi della questione, interrogasse prima «privatamente e segretamente» i singoli vescovi, così da ricevere informazioni in merito.[11] Per parte sua il nunzio mostrò di condividere questa proposta. La Santa Sede provvide rapidamente a fugare i timori sul destino delle organizzazioni tedesche: il 12 ottobre Merry del Val tranquillizzò Frühwirth parlando di «voci [...] del tutto infondate»,[12] e lo stesso fece sapere a Bertram[13] e a Lohninger.[14] Rispetto al passato non vi erano mutamenti: ciò che importa notare, ad ogni modo, è come la vicenda scaturita dalla lettera di Kopp a Pieper portasse per la prima volta all'orecchio di Pio X la possibilità di un *modus operandi*, quello della consultazione privata con i vescovi tedeschi, che poi avrebbe trovato attuazione in un momento decisivo per il *Gewerkschaftsstreit*.[15]

In parallelo alle voci di una prossima condanna del *Volksverein* e dei sindacati cristiani, un altro *rumor* andò diffondendosi in Germania: stando a questo, la Santa Sede aveva inviato un po' di tempo addietro il prelato Albino Angelo Pardini (1849-1925)[16] nella diocesi di Colonia «perché facesse un'investigazione sullo stato del modernismo nella diocesi stessa e sulle condizioni mentali dell'Eminentissimo Signor Cardinal Fischer».[17] Facile era immaginare che tale ricostruzione provenisse da ambienti integralisti, i quali non vedevano di buon occhio l'arcivescovo per via del suo deciso sostegno al *Volksverein* e alle *christliche Gewerkschaften*: Frühwirth comunque volle chiedere delucidazioni a Merry del Val, sottolineando l'opportunità di una pubblica smentita qualora la voce in questione fosse risultata infondata. Venuta a conoscenza della faccenda, la Santa Sede non solo comunicò al nunzio di non aver mai dato alcun incarico a Pardini,[18] ma fece anche pubblicare una smentita su

10. Frühwirth a Merry del Val, 5 ottobre 1910, in AAV, Segr. Stato, 1910, rubr. 255, fasc. 4, ff. 3r-v, qui f. 3v.
11. Ibid. Rispetto al 1900 (cfr. *supra*, p. 41) Nörber aveva ormai cambiato opinione circa i sindacati cristiani.
12. Merry del Val a Frühwirth, 12 ottobre 1910, in AAV, ANM, b. 266, fasc. 2, ff. 137r-v, qui f. 137r.
13. Cfr. Merry del Val a Bertram, 12 ottobre 1910 (minuta), in AAV, Segr. Stato, 1910, rubr. 255, fasc. 4, ff. 13r-v.
14. Scritto a matita blu sul bordo superiore della lettera di Lohninger precedentemente citata si legge «R[isposto] a voce che è falso» (AAV, Segr. Stato, 1910, rubr. 12, fasc. 9, f. 52r).
15. Cfr. *infra*, pp. 121-122.
16. Membro dei Canonici Regolari Lateranensi, Pardini fu vescovo di Foligno nel biennio 1893-1894, quindi vescovo titolare di Zama.
17. Frühwirth a Merry del Val, 22 settembre 1910, in AAV, Segr. Stato, 1910, rubr. 255, fasc. 3, f. 31r.
18. Cfr. Merry del Val a Frühwirth, 27 settembre 1910 (minuta di telegramma cifrato), in AAV, Segr. Stato, 1910, rubr. 255, fasc. 3, f. 33r; Merry del Val a Frühwirth, 1° ottobre 1910 (minuta di telegramma cifrato), ibid., f. 38r.

«L'Osservatore Romano».[19] Forte della risposta della Curia, lo stesso nunzio diede sulla stampa cattolica tedesca una «categorica smentita alle ciarle messe in giro»:[20] in una lettera a Merry del Val del 3 ottobre, inoltre, puntò il dito contro «un gruppo di preti dell'arcidiocesi di Colonia» che si davano «gran pena a voler purgare la diocesi suddetta dal modernismo che ivi ha, secondo loro, fatto presa, se non col consenso almeno colla connivenza del cardinale».[21] Frühwirth faceva apertamente i nomi di Kaufmann, Schopen e Müller, colpevoli a suo dire di aver «sollevato una polemica che dura da mesi con grave danno dell'unione dei cattolici», e soprattutto di essersi attribuiti un'autorità «che dovrebbe per intero esser lasciata a chi appartiene, cioè ai superiori ecclesiastici».[22] Il rappresentante della Santa Sede mostrava chiaramente di non condividere gli allarmi degli integralisti circa la «Kölnische Volkszeitung», il *Volksverein* e i sindacati cristiani, i cui errori sarebbero stati da loro «esageratamente ingranditi».[23]

Questi giudizi del nunzio di Monaco erano espressione di un cambiamento nella sua valutazione degli attori in campo nell'*Integralismusstreit* che, nell'autunno del 1910, poteva dirsi ormai avvenuto. Ancora il 6 ottobre egli criticò l'azione dei banditori del confessionalismo, «i quali, per migliorare e purificare, hanno seminato tanta discordia che ora si corre il rischio di perder tutto».[24] L'ex Generale dei domenicani era arrivato a convincersi della nocività dei metodi integralisti, figli di uno zelo esteriore mancante però del sentimento della vera carità cristiana e del rispetto per la giustizia: il pericolo concreto era quello di veder implodere sotto i colpi di una critica meramente distruttiva il cattolicesimo sociale e politico di Germania, che invece avrebbe avuto molto di buono necessitando solo di qualche piccola correzione. La distanza che si venne a determinare fra il nunzio e il fronte integralista riguardò in ogni caso anche altri aspetti, come la condivisione del ricorso all'accusa di modernismo e l'attenzione alla concreta situazione della Chiesa cattolica entro i confini del *Kaiserreich*. Nei mesi e negli anni

19. Cfr. *Contro l'insano discorso*, in *L'Osservatore Romano*, 2 ottobre 1910. Il giornale sarebbe tornato sulla questione anche nel numero del 25 ottobre, con una nota in prima pagina.
20. Frühwirth a Merry del Val, 3 ottobre 1910, in AAV, Segr. Stato, 1910, rubr. 255, fasc. 3, ff. 39r-v, qui f. 39r.
21. Ibid.
22. Ibid., f. 39v. I sospetti di Frühwirth sul legame fra i membri dell'*Osterdienstagskonferenz* e le voci sulla 'missione' di Pardini a Colonia erano corretti: in una lettera di fine ottobre sarebbe stato Andreas Müller a illustrare al nunzio l'origine delle dicerie sul prelato romano. Cfr. Müller a Frühwirth, 27 ottobre 1910, in AAV, ANM, b. 262, fasc. 10, ff. 32r-36v.
23. Ibid.
24. Frühwirth a Merry del Val, 6 ottobre 1910, in AAV, Segr. Stato, 1910, rubr. 255, fasc. 4, ff. 8r-9r, qui f. 9r.

successivi a questa 'svolta', di conseguenza, Frühwirth fu attivamente impegnato a difendere le organizzazioni prese di mira dagli integralisti – a partire dai sindacati cristiani –, oltre che a evitare un inasprimento delle tensioni interne al cattolicesimo tedesco: in considerazione soprattutto della sua capacità di farsi ascoltare dalla Santa Sede, si trattò di uno sviluppo di capitale importanza.

Relativamente al *Gewerkschaftsstreit* è Frühwirth medesimo ad attestare un «mutamento» verificatosi in lui dopo «oltre due anni» di rapporti costanti con i dirigenti del *Verband katholischer Arbeitervereine (Sitz Berlin)*.[25] Nel settembre del 1910, d'altra parte, Edmund Schopen gli espresse il desiderio di trascorrere qualche anno a Roma, ma il nunzio gli rispose di ritenere la cosa «non utile né adeguata ai tempi».[26] Evidentemente egli non si aspettava nulla di buono dall'eventuale vicinanza fisica di Schopen alla Curia romana e a Benigni, tanto più che il sacerdote integralista aveva da poco pubblicato lo scritto «Köln, eine innere Gefahr für den Katholizismus»,[27] che Frühwirth avrebbe apostrofato come «sommamente inopportuno e ripieno di asserzioni non provate».[28] A credere alle parole di Schopen, ad ogni modo, era stato inizialmente proprio il rappresentante della Santa Sede, durante il Congresso eucaristico organizzato a Colonia nell'estate del 1909, a suggerire al promotore dell'*Osterdienstagskonferenz* di valutare la possibilità di recarsi nella città eterna.[29] In base a questi indizi e ad altri disponibili, l'evoluzione di Frühwirth sarebbe da collocare dunque tra la fine del 1909 e – come detto – l'autunno dell'anno seguente.

Durante il suo soggiorno a Roma fra l'ottobre e il novembre del 1910, il nunzio fu avvicinato da Benigni, che provò a indurlo a persuadere Merry del Val della necessità di una condanna della *Kölner Richtung*: il domenicano tuttavia non prestò ascolto al suo interlocutore, «perché convinto del contrario, e perché certo che se a qualche cosa si deve portare rimedio, l'episcopato, comandando, sarà ascoltato da quei di Colonia».[30] All'epoca ormai Frühwirth era percepito più come un problema che come una risorsa all'interno del *So-*

25. Frühwirth a Merry del Val, 10 giugno 1912, in AAV, Segr. Stato, 1914, rubr. 255, fasc. 10, ff. 54r-58v, qui ff. 54r-v.
26. Originale tedesco: «Weder nützlich noch zeitgemäß». Frühwirth a Schopen, 16 settembre 1910 (minuta), in AAV, ANM, b. 259, fasc. 4, f. 196r.
27. Cfr. *supra*, p. 36.
28. Frühwirth a Merry del Val, 16 novembre 1910, in AAV, Segr. Stato, 1910, rubr. 255, fasc. 3, ff. 145r-v, qui f. 145r.
29. «Ew. Excellenz hatten von Ihrerseits in den Tagen des eucharistischen Kongresses zu Cöln die Güte mich zu fragen, ob ich nicht nach Rom zu gehen möchte». Schopen a Frühwirth, 9 settembre 1910, in AAV, ANM, b. 259, fasc. 4, ff. 192r-195v, qui f. 192r.
30. Frühwirth a Merry del Val, 12 luglio 1911, in AAV, Segr. Stato, 1911, rubr. 255, fasc. 5, ff. 132r-133v, qui f. 133v.

*dalitium Pianum*:[31] e con il passare del tempo tale giudizio negativo si sarebbe rafforzato. Un documento dell'ottobre 1911 conservato nel Fondo Benigni parla di una «recente conversione al bachemismo» da parte del nunzio e di una Nunziatura di Monaco divenuta una «succursale di Colonia»;[32] un altro di poco successivo, il quale circolò sicuramente nella Segreteria di Stato, definisce Frühwirth come «l'uomo ligio di Bachem» che esalta e difende quanto vi è di «liberale, modernizzante ed antiromano in Germania».[33] A partire dagli ultimi mesi del 1910, insomma, gli integralisti intravidero nel nunzio un avvocato dei nemici interni del cattolicesimo romano, tanto più pericoloso per via dell'importante funzione che egli ricopriva: di qui i tentativi di screditare la sua attività agli occhi della Santa Sede.

Il 9 ottobre lo stesso Frühwirth inviò a Merry del Val la copia di una lettera del cardinale Kopp riportata il giorno prima dal liberale «Berliner Tageblatt», assieme alla relativa traduzione italiana.[34] Si trattava di un documento risalente a inizio anno e indirizzato ad Amalie Schalscha von Ehrenfeld (1868-?), presidente di una federazione cattolica femminile con sede a Berlino,[35] in cui il vescovo di Breslavia criticava implicitamente il *Volksverein* e ricorreva all'immagine di un'«infezione dell'ovest» («Verseuchung des Westens») per alludere al pericolo dell'interconfessionalizzazione delle associazioni cattoliche, pericolo che egli associava in primis all'organizzazione di Mönchengladbach.[36] La pubblicazione della lettera, non decisa da Kopp, mise quest'ultimo in una brutta posizione: da un lato, infatti, essa palesò la profonda divisione esistente nell'episcopato tedesco riguardo al *Gewerkschaftsstreit*, dall'altro l'espressione «Verseuchung des Westens» suonava come una critica indiretta ai vescovi delle diocesi occidentali e soprattutto al cardinale Fischer. Lo stesso Frühwirth si rese subito conto di come la diffusione della lettera di Kopp, il cui giudizio era da lui ritenuto «esagerato», avrebbe messo in evidenza «il disaccordo tra i due E.mi cardinali», e dunque rivelato la presenza di una crepa all'interno della Chiesa

31. Cfr. *Bachemisme – Mgr. Frühwirth, 4 octobre 1910*, in AAV, Fondo Benigni, b. 1, ff. 57r-58v.
32. *Mons. Nunzio Apostolico di Baviera e la stampa cattolica, 15 ottobre 1911*, in AAV, Fondo Benigni, b. 10, ff. 223r-225r, qui ff. 223r, 225r.
33. *La Nunziatura Apostolica di Monaco a disposizione di Colonia*, in AAV, Segr. Stato, 1914, rubr. 255, fasc. 16, f. 128r. Altra copia del documento, con l'annotazione manoscritta «gen[naio] '12», si trova in AAV, Fondo Benigni, b. 10, f. 202r.
34. Cfr. Frühwirth a Merry del Val, 9 ottobre 1910, in AAV, Segr. Stato, 1910, rubr. 255, fasc. 4, ff. 18r-v.
35. L'organizzazione in questione era il *Verband katholischer Vereine erwerbstätiger Frauen und Mädchen Deutschlands*, fondato nel 1905 con il sostegno di Kopp.
36. La copia della lettera di Kopp è conservata in AAV, Segr. Stato, 1910, rubr. 255, fasc. 4, f. 22r. Sulla vicenda cfr. Heitzer, *Georg Kardinal Kopp*, pp. 145-148; Weber, *Kardinal Kopp's Brief*.

tedesca.[37] Per la seconda volta nel giro di un mese, così, un documento prodotto dal vescovo di Breslavia divenne motivo di accese polemiche nella Germania cattolica. Per chiarire la propria posizione, il 10 ottobre Kopp scrisse a Merry del Val inoltrandogli a sua volta una copia del controverso *Verseuchungsbrief*: egli precisò di non aver voluto attaccare in alcun modo l'arcivescovo di Colonia, ma solamente «les tendances interconfessionnelles lesquelles sont répandue de München-Gladbach».[38] Il segretario di Stato vaticano si augurò che l'«incident» venutosi a creare potesse essere appianato quanto prima,[39] e in effetti, grazie pure all'iniziativa di Fischer che negò pubblicamente l'esistenza di attriti fra i due cardinali tedeschi,[40] esso non ebbe particolari strascichi all'esterno: tuttavia era chiaro che i vescovi avessero l'urgente necessità di confrontarsi su una serie di questioni ancora insolute.

Nei mesi finali del 1910 la Curia romana dovette interessarsi anche al cattolicesimo politico tedesco e ai problemi inerenti allo *Zentrumsstreit*, e ciò in relazione a due personalità molto diverse fra loro: Martin Spahn e Karl Maria Kaufmann. Spahn (1875-1945), figlio di un dirigente del Zentrum e giovane professore di storia all'università di Strasburgo,[41] in Alsazia, si era attirato nel corso degli anni numerose critiche di parte cattolica per alcuni suoi interventi giudicati eterodossi, l'ultimo dei quali era apparso su «Hochland» nell'estate del 1909:[42] gli ambienti integralisti identificavano in lui un convinto corifeo dell'*Entklerikalisierung*, della limitazione dell'influenza ecclesiastica nella vita pubblica, accostandolo di conseguenza al modernismo. Nel luglio 1910 egli si presentò come candidato del Zentrum in un collegio della diocesi di Paderborn a maggioranza cattolica, venendo eletto al *Reichstag* di Berlino.[43] Non tutti i membri del partito accolsero bene questo sviluppo: in particolare fu l'aristocratico slesiano Hans Georg von Oppersdorff a mobilitarsi contro Spahn reputandolo incompatibile con la tradizione e i valori del Zentrum stesso. Attorno alla metà di novembre Oppersdorff indirizzò uno scritto agli altri deputati centristi e ai vescovi tedeschi per documentare puntualmente le ragioni per cui il neoeletto non avrebbe potuto essere ammesso nella *Zentrumsfraktion* del

37. Frühwirth a Merry del Val, 9 ottobre 1910 (come nota 34), ff. 18r-v.
38. Kopp a Merry del Val, 10 ottobre 1910, in AAV, Segr. Stato, 1910, rubr. 255, fasc. 4, ff. 33r-v, qui f. 33v.
39. Merry del Val a Kopp, 20 ottobre 1910 (minuta), in AAV, Segr. Stato, 1910, rubr. 255, fasc. 4, f. 36r.
40. Cfr. Frühwirth a Merry del Val, 18 ottobre 1910 (con allegato), in AAV, Segr. Stato, 1911, rubr. 66, fasc. 1, ff. 57r-60r.
41. Sulla figura di Spahn vedasi in particolare Clemens, *Martin Spahn*.
42. Cfr. Spahn, *Glossen zur katholischen Literaturbewegung*.
43. Tale elezione non lasciò indifferente il giornale di Umberto Benigni: cfr. *Documents et aperçus sur le modernisme en Allemagne*, in *La Correspondance de Rome*, 13 settembre 1910.

parlamento nazionale.[44] Tale documento giunse a cognizione anche del nunzio di Monaco, il quale confessò a Merry del Val di giudicarlo inutile e inopportuno: inutile «poiché da tutti si sapeva e si sa che Martino Spahn, fino a poco tempo indietro, non solo non passava come ammiratore del Centro, ma che si era compromesso manifestando in varie e delicate questioni opinioni e giudizi del tutto erronei»;[45] e inopportuno perché, qualora fosse divenuto di dominio pubblico, avrebbe certamente dato adito a nuove polemiche.

Quest'ultimo scenario si concretizzò in effetti di lì a poco: il 9 dicembre Frühwirth informò Roma di come la stampa tedesca fosse venuta a conoscenza dello scritto di Oppersdorff.[46] Lo stesso giorno Spahn fu ufficialmente ammesso a far parte del gruppo parlamentare del Zentrum: il nunzio apprese la notizia da Georg von Hertling, all'epoca alla testa del partito. La decisione venne assunta a seguito della ritrattazione di alcune asserzioni controverse da parte di Spahn e alla luce del sostegno manifestatogli dal vescovo di Strasburgo Adolf Fritzen (1838-1919), ma ciò non toglie che i deputati centristi fossero tutt'altro che tranquilli: Hertling rassicurò il nunzio sul fatto che Spahn non avrebbe acquistato troppa influenza nel partito.[47] Aggiornata su tali sviluppi, la Santa Sede fece intendere al nunzio di non esserne contenta: il 14 dicembre Merry del Val osservò come «la pace e l'unione dei cattolici», pur desiderabile, non dovesse essere «pagata a troppo caro prezzo, col sacrificio cioè dei principi; mancando i quali, perderebbe il Centro ogni sua ragione di esistere, e segnerebbe agli occhi dei veri cattolici la propria rovina».[48] Martin Spahn, il cui passato appariva «troppo grave per essere dimenticato», era evidentemente una figura non gradita alla Curia romana, che nella sua ammissione ufficiale nel Zentrum scorgeva un evento tanto inatteso quanto preoccupante.[49] Il segretario di Stato non accennò allo *Zentrumsstreit*, ma le sue esternazioni riecheggiavano per certi versi le accuse mosse al partito dai fautori della totale aderenza alla *Weltanschauung* cattolica. Frühwirth cercò allora di fugare i timori della Santa Sede e di mettere in buona luce l'operato dei dirigenti centristi, i quali avrebbero sentito «tutta la necessità di star saldi agli antichi

44. Cfr. Oppersdorff a Hertling, 20 novembre 1910 (copia), in AAV, Fondo Benigni, b. 6, ff. 477r-479r.
45. Frühwirth a Merry del Val, 23 novembre 1910, in AAV, Segr. Stato, 1911, rubr. 255, fasc. 1, ff. 149r-150r, qui f. 149r.
46. Cfr. Frühwirth a Merry del Val, 9 dicembre 1910, in AAV, Segr. Stato, 1911, rubr. 255, fasc. 1, f. 152r.
47. Cfr. Hertling a Frühwirth, 9 dicembre 1910, in AAV, ANM, b. 260, fasc. 2, ff. 79r-80v.
48. Merry del Val a Frühwirth, 14 dicembre 1910, in AAV, ANM, b. 260, fasc. 2, ff. 84r-v, qui f. 84r.
49. Ibid., f. 84v. Stando a Ludwig von Pastor, lo stesso Pio X si espresse negativamente su Spahn in un'udienza del 12 dicembre: cfr. Pastor, *Tagebücher – Briefe – Erinnerungen*, pp. 520-521.

principi»:[50] se Spahn era stato accettato, ciò era avvenuto soprattutto per non sgretolare il consenso del partito nel collegio dove egli era stato eletto; Hertling si stava già adoperando perché una sua futura rielezione non avesse luogo, e nel frattempo avrebbe esercitato tutta la vigilanza del caso per evitare che Spahn conquistasse un ruolo rilevante all'interno del gruppo parlamentare. Queste rassicurazioni comunque non vinsero del tutto le perplessità della Santa Sede: a fine dicembre Merry del Val espresse l'augurio che le previsioni del nunzio si avverassero «senza penose disillusioni».[51]

La vicenda dell'elezione di Spahn fu oggetto delle attenzioni della Curia romana anche nelle prime settimane del 1911, per via dell'iniziativa di Umberto Benigni. A gennaio Merry del Val ebbe modo di leggere un documento prodotto dagli affiliati tedeschi del *Sodalitium Pianum*, il quale descriveva una situazione di scontro frontale tra la presidenza del Zentrum e Martin Spahn e sosteneva che quest'ultimo fosse ormai riuscito a imporsi «come persona e come programma».[52] Ad essere affrescata era l'immagine di un partito incapace di mettere le redini al nuovo deputato: nelle stanze vaticane se ne fu preoccupati, e si decise d'inoltrare al nunzio di Monaco le informazioni pervenute, così che egli potesse verificarle.[53] È questo un caso per cui è possibile dimostrare l'influsso diretto di Benigni sulle decisioni della Segreteria di Stato vaticana, la quale non optò per prestare fede cieca a quanto le era stato comunicato, ma neppure per lasciar perdere la cosa. Dopo aver chiesto chiarimenti a Hertling, il nunzio diede rassicurazioni alla Santa Sede sulla posizione tenuta dal Zentrum nei confronti di Spahn: se era vero che l'atteggiamento del professore di Strasburgo creava dei problemi, era del tutto falso però che egli si fosse imposto al partito; d'altra parte i dirigenti centristi erano fermamente intenzionati a evitare la rielezione di un personaggio tanto scomodo.[54] Di Spahn, così, non si parlò più.[55]

Dopo la conclusione dell'*Osterdienstagskonferenz*, Karl Maria Kaufmann proseguì la propria attività editoriale a sostegno del cattolicesimo integralista, in

50. Frühwirth a Merry del Val, 17 dicembre 1910, in AAV, Segr. Stato, 1911, rubr. 255, fasc. 1, ff. 158r-159v, qui f. 158r.
51. Merry del Val a Frühwirth, 27 dicembre 1910 (minuta), in AAV, Segr. Stato, 1911, rubr. 255, fasc. 1, f. 160r.
52. *Germania – Ancora il nuovo caso Spahn*, in AAV, Segr. Stato, 1911, rubr. 255, fasc. 1, ff. 164r-165r, qui f. 165r.
53. Cfr. Merry del Val a Frühwirth, 5 febbraio 1911, in AAV, ANM, b. 260, fasc. 2, ff. 152r-153r.
54. Cfr. Frühwirth a Merry del Val, 10 febbraio 1911, in AAV, Segr. Stato, 1911, rubr. 255, fasc. 1, f. 168r.
55. Gli sforzi di Hertling e dei suoi colleghi avrebbero sortito effetto: Spahn non sarebbe stato ricandidato in vista delle elezioni nazionali del gennaio 1912, per la soddisfazione della Santa Sede. Cfr. Merry del Val a Frühwirth, 13 novembre 1911 (minuta), in AAV, Segr. Stato, 1911, rubr. 255, fasc. 6, ff. 58r-v.

particolare attraverso la rivista mensile «Apologetische Rundschau». Pur risiedendo nella diocesi di Colonia di cui era originario, come prete egli risultava incardinato nella diocesi di Penne e Atri, in Abruzzo, dove era stato per qualche tempo dopo l'ordinazione sacerdotale ricevuta a Roma nel 1895: di conseguenza il cardinale Fischer non coincideva con il suo superiore diretto. Oltre che con altri ecclesiastici tedeschi che condividevano il suo orientamento, Kaufmann intratteneva rapporti con Benigni e «La Correspondance de Rome»:[56] e probabilmente fu proprio grazie alla mediazione del monsignore perugino che ottenne, il 26 novembre 1910, di essere ammesso in udienza sia con il papa che con il segretario di Stato. Conosciuto questo episodio, Frühwirth si affrettò a dare a Merry del Val «alcune notizie intorno al sacerdote in questione»:[57] Kaufmann sarebbe stato «poco sodo e del tutto incapace di dare giudizi spassionati», «uomo su cui non si può fare assegnamento», distintosi per il suo «contegno avversissimo» al cardinale Fischer e per giunta accusato di «aver fornito notizie alla *Kölnische Zeitung*, giornale liberale e ostilissimo alla Chiesa».[58] Il nunzio diceva chiaramente di dubitare delle sue intenzioni e della sua sincerità, e invitava la Santa Sede a vagliare con grande attenzione ciò che egli aveva riferito.

Se Frühwirth non lesinò i giudizi negativi sulla persona e l'attività di Kaufmann, fu senza dubbio per il timore che i ragguagli forniti da «uno dei capi dell'agitazione contro la 'direzione di Colonia'»[59] potessero influenzare la Santa Sede al punto da determinare dei provvedimenti contro l'ala 'progressista' del cattolicesimo tedesco. Il 3 dicembre, tuttavia, Merry del Val ridusse la portata di quanto accaduto: sia lui che Pio X si erano limitati ad ascoltare; «in casi di dissidenze» era utile per la Santa Sede confrontarsi con entrambe le «parti interessate», e dal momento che poco prima era stato ricevuto Pieper, «appassionato difensore della *Kölnische Volkszeitung*» – oltre che il cardinale Fischer[60] –, non era sembrato opportuno negare le udienze a Kaufmann.[61] Opinioni su quest'ultimo non furono espresse, né si vollero approfondire le valutazioni del nunzio. La presenza del sacerdote tedesco a Roma sarebbe rimasta verosimilmente un episodio senza importanza, se questo non avesse deciso,

56. Cfr. Poulat, *Intégrisme*, pp. 310-313.
57. Frühwirth a Merry del Val, 28 novembre 1910, in AAV, Segr. Stato, 1911, rubr. 255, fasc. 6, ff. 113r-114r, qui f. 113r.
58. Ibid., f. 113v.
59. Ibid.
60. L'arcivescovo di Colonia, arrivato a Roma il 6 novembre, fu ricevuto da Pio X il 14 del mese: con il papa si intrattenne sia sulla controversia sindacale che sul *Volksverein*. Il giorno successivo, quindi, furono August Pieper e il deputato del Zentrum Peter Spahn (1846-1925), padre di Martin, ad essere ammessi in udienza: cfr. Brack, *Deutscher Episkopat*, pp. 188-189.
61. Merry del Val a Frühwirth, 3 dicembre 1910, in AAV, ANM, b. 261, fasc. 3, ff. 22r-23r, qui ff. 22r-v.

dopo il suo ritorno in Germania, di sfruttare i colloqui intrattenuti nel cuore della cattolicità per promuovere la causa integralista. A inizio dicembre, infatti, Kaufmann inviò a un destinatario che non ci è noto una «cartolina postale aperta» (*offene Postkarte*) per dar conto del proprio soggiorno romano:[62] a suo dire «il papa, il segretario di Stato Merry del Val, il Vaticano, tutto sta[va] decisamente a fianco dell'*Osterdienstagskonferenz*», con Pio X che aveva lodato l'incontro di Colonia e ne aveva approvato l'orientamento.[63] Il sacerdote sosteneva inoltre che Fischer, nella sua udienza di novembre con il pontefice, non avesse accennato minimamente alla conferenza integralista del 1909 e alla *Kölner Richtung*,[64] e prefigurava un pronunciamento della Santa Sede sulle problematiche tedesche. La segretezza del documento risultò effimera: la divulgazione del suo contenuto diede luogo a ulteriori polemiche e ridestò i recenti timori di una condanna del *Volksverein* e dei sindacati interconfessionali.

Frühwirth spedì a Roma il testo della *offene Postkarte* il 12 gennaio 1911, evidenziando come l'agire di Kaufmann compromettesse «la Suprema Autorità Ecclesiastica e l'arcivescovo di Colonia»:[65] nel rispondergli, Merry del Val deplorò «la poca discrezione» avuta dal sacerdote, ma in pari tempo osservò che «eguali indiscrezioni» connotavano anche la parte a lui avversa.[66] La replica del segretario di Stato si concentrava sulla condotta personale di Kaufmann dopo il suo rientro in Germania, evitando di confrontarsi con quanto affermato nella cartolina del dicembre precedente: essa inoltre sembrava voler controbilanciare i giudizi severi del nunzio, quasi a richiamarlo a un atteggiamento più imparziale. Se ne deve dedurre che la Santa Sede avesse davvero dichiarato di appoggiare l'*Osterdienstagskonferenz*? Del fatto che durante le udienze di fine novembre si fosse parlato di questa riunione non è da dubitare: di ciò abbiamo conferma da un altro documento redatto da Kaufmann.[67] Più difficile è accertare le espressio-

62. In una lettera del marzo 1911 Kaufmann avrebbe scritto di essersi indirizzato a un «prêtre ami» non meglio identificabile (cfr. Kaufmann a Merry del Val, 18 marzo 1911, in AAV, Segr. Stato, 1911, rubr. 255, fasc. 6, ff. 146r-149r, qui f. 146v): tuttavia non è da escludere che egli provvedesse a dare una circolazione più ampia alla propria 'cartolina aperta'.
63. Originale tedesco: «Der Papst, der Staats-Sekretär Merry del Val, der Vatikan, alles steht entschieden auf Seiten der Osterdienstags-Konferenz, die der hl. Vater sehr lobte und deren Standpunkt er für den richtigen erklärte!». Copia del testo della *offene Postkarte* si trova in AAV, Segr. Stato, 1911, rubr. 255, fasc. 6, f. 119r. Cfr. inoltre Brack, *Deutscher Episkopat*, pp. 191-192.
64. «Card. Fischer hat von der Osterdienstags-Konferenz und von der ganzen Cölner Richtung kein Sterbenswörtchen gesagt: das sagte mir der Papst selbst». Ibid.
65. Frühwirth a Merry del Val, 12 gennaio 1911, in AAV, Segr. Stato, 1911, rubr. 255, fasc. 6, f. 117r.
66. Merry del Val a Frühwirth, 18 gennaio 1911, in AAV, ANM, b. 261, fasc. 3, ff. 36r-v, qui f. 36r.
67. «Éminentissime Seigneur, au mois de novembre 1910 j'ai eu l'honneur de parler avec Votre Éminence et avec Sa Sainteté de la 'Conférence de Pâques' qui eut lieu à Cologne le

ni usate dal pontefice e dal suo segretario di Stato. Il 25 gennaio Fischer sentì il bisogno di scrivere a Merry del Val per controbattere alle asserzioni di Kaufmann sulla sua persona: in tale occasione, fra l'altro, l'arcivescovo di Colonia definì i membri dell'*Osterdienstagskonferenz* come dei «théoriciens» responsabili di danneggiare l'unità della Germania cattolica.[68] Stando alla risposta data a questa missiva, il papa e Merry del Val avevano lasciato parlare Kaufmann senza però pronunciarsi:[69] una versione in linea con quanto riferito al nunzio già il 3 dicembre. Forse Pio X non arrivò a esplicite dichiarazioni di sostegno alla conferenza del 1909, forse si limitò a lodarne le intenzioni: ad ogni modo, la possibilità che il papa manifestasse di fronte a Kaufmann la propria sintonia con le istanze integraliste non appare certo sorprendente. Quel che è sicuro, è che la pubblicazione della *offene Postkarte* costò cara al sacerdote tedesco: a inizio marzo, infatti, Fischer gli ingiunse di lasciare il territorio della diocesi di Colonia entro poche settimane. Contro questa decisione Kaufmann ricercò l'aiuto del segretario di Stato vaticano,[70] ma non ottenne alcuna risposta: da un lato egli aveva ormai perso credibilità agli occhi della Curia romana, dall'altro questa non intendeva contestare una misura presa da Fischer in merito alla sua diocesi, cosa che avrebbe minato l'autorità del cardinale e generato l'impressione di un conflitto fra due livelli dell'istituzione ecclesiastica. Costretto a spostarsi, Kaufmann si trasferì a Francoforte: qui avrebbe fondato nel gennaio 1912 la «Cölner Correspondenz», uno dei fogli più battaglieri nel panorama della stampa integralista tedesca.

## 2. Una conferenza episcopale per il *Gewerkschaftsstreit*

Le vicende dell'autunno 1910 resero evidente l'improrogabilità di un intervento dell'episcopato riguardo alle divisioni che stavano lacerando il cattolicesimo tedesco, soprattutto sul terreno dell'azione sociale. Dopo l'agosto del 1904 Kopp si era ostinatamente impegnato a impedire una discussione sulla controversia sindacale all'interno della Conferenza di Fulda, per il timore che le divergenze fra i vescovi divenissero di dominio pubblico e che fosse presa una decisione che lo vedesse in minoranza e che come minimo

mardi de Pâques 1909»: così Kaufmann a Merry del Val, 18 marzo 1911 (come nota 62), f. 146r.

68. Fischer a Merry del Val, 25 gennaio 1911, in AAV, Segr. Stato, 1911, rubr. 255, fasc. 6, ff. 133r-136r, qui f. 136r.

69. «Il est vrai aussi que nous l'avons ecouté simplement pour tout entendre, sans nous prononcer»: Merry del Val a Fischer, 31 gennaio 1911 (minuta), in AAV, Segr. Stato, 1911, rubr. 255, fasc. 6, ff. 131r-v, qui f. 131r.

70. Cfr. Kaufmann a Merry del Val, 18 marzo 1911 (come nota 62); Kaufmann a Merry del Val, 24 marzo 1911, in AAV, Segr. Stato, 1911, rubr. 255, fasc. 6, f. 150r.

'parificasse' le due opzioni in campo:[71] alla fine, tuttavia, egli dovette cedere alle richieste dei propri confratelli e permettere un confronto sull'argomento. Il 7 dicembre 1910 il cardinale riferì alla Santa Sede che una riunione straordinaria dell'episcopato avrebbe avuto luogo a Fulda la settimana seguente.[72] In quell'occasione comunicò pure che uno dei vescovi intendeva chiedere il riconoscimento delle *christliche Gewerkschaften* come le organizzazioni sindacali di maggiore prospettiva per l'avvenire, ovvero spingere l'episcopato a «se décider en général pour les syndicats chrétiens»:[73] ciò però sarebbe andato contro alla linea di neutralità assunta dalla Santa Sede e al diritto accordato sino ad allora ai singoli vescovi di decidere per le loro diocesi. Nella propria lettera Kopp formulò di conseguenza due quesiti: l'ordinario diocesano aveva il diritto di esigere che i suoi fedeli aderissero alle organizzazioni da lui prescritte? Oppure egli doveva lasciarli liberi di scegliere i sodalizi che preferivano?[74] Non si trattava di ottenere un pronunciamento generale sul *Gewerkschaftsstreit*: del resto il vescovo di Breslavia era sempre contrario a un'ingerenza diretta del papa.[75] Piuttosto, lo scopo era quello di evitare eventuali provvedimenti contro le *Fachabteilungen* cattoliche da parte dei vescovi che appoggiavano i sindacati cristiani. La Santa Sede, oltre a ribadire la propria neutralità nella controversia sindacale, rispose che «dans les circonstances actuelles» non pareva opportuno che un vescovo imponesse ai suoi diocesani di entrare in un'organizzazione anziché in un'altra «quand la foi n'est pas directement engagée»: egli poteva comunque ricorrere ai mezzi della persuasione e della raccomandazione per raggiungere il risultato desiderato.[76] Tale risposta non appagò Kopp, che la ritenne ambigua ed eccessivamente diplomatica: per questo motivo il cardinale avrebbe atteso mesi prima di renderne partecipe qualcun altro.[77]

Il prelato cui Kopp fece allusione nella sua missiva alla Santa Sede era l'arcivescovo di Friburgo Thomas Nörber: durante la Conferenza straordinaria del dicembre 1910, in effetti, egli descrisse i sindacati cristiani come l'unica organizzazione in grado di contrapporsi validamente alle socialdemocrati-

71. Cfr. Aschoff, *Kirchenfürst*, p. 101.
72. Cfr. Kopp a Merry del Val, 7 dicembre 1910, in AAV, Segr. Stato, 1913, rubr. 255, fasc. 2, ff. 6r-v.
73. Ibid., f. 6r.
74. «1. L'Ordinaire du diocèse a-t-il le droit d'exiger que ses diocésains entrent dans l'organisation laquelle l'Évêque leur prescrit? Ou 2. l'Évêque doit-il se retenir en réserve et laisser libre à ses diocésains le choix de l'organisation laquelle ils veulent?». Ibid., f. 6v.
75. Cfr. a questo proposito Kopp a De Montel, 31 ottobre 1910 (traduzione italiana), in AAV, Segr. Stato, 1910, rubr. 255, fasc. 4, ff. 27r-29v, in particolare f. 28v.
76. Merry del Val a Kopp, 12 dicembre 1910 (minuta), in AAV, Segr. Stato, 1913, rubr. 255, fasc. 2, ff. 8r-v, qui f. 8v.
77. Cfr. Brack, *Deutscher Episkopat*, pp. 210-211.

che *freie Gewerkschaften*, tanto da meritare non solo la tolleranza, ma anche il sostegno dei vescovi.[78] A prendere la parola nel corso della discussione fu poi il giovane vescovo di Paderborn Karl Joseph Schulte (1871-1941),[79] il quale evidenziò come non si potesse vietare agli operai cattolici di collaborare con i protestanti: il pericolo di un affievolimento della loro fede non sarebbe scaturito dai sindacati cristiani, bensì dal contatto quotidiano che essi intrattenevano con i colleghi di altra confessione sul luogo di lavoro. Nörber e Schulte accennarono peraltro alla grande disparità dei risultati conseguiti dalle *christliche Gewerkschaften* e dalle *Fachabteilungen*: le prime avrebbero avuto dalla loro anche la forza dei numeri.[80]

Al cospetto degli interventi dei confratelli, Kopp volle esternare una volta di più le proprie preoccupazioni sui principi dei sindacati cristiani, a partire dal loro rifiuto di sottostare alla gerarchia ecclesiastica. Il cardinale appariva restio all'eventualità che la Conferenza prendesse delle decisioni sul merito della controversia sindacale: la maggioranza dei presenti era però dell'avviso di non terminare l'incontro senza aver stabilito qualcosa che potesse contribuire alla pacificazione fra *Berliner* e *Kölner Richtung*. Alla fine dunque furono discusse e approvate alcune massime («Grundsätze») ricavate da una proposta del vescovo di Hildesheim Adolf Bertram, le quali vennero comunicate inizialmente solo ai dirigenti del movimento sindacale cristiano e a quelli del *Verband* berlinese. Esse affermavano, fra l'altro, che «in tutte le questioni della vita privata, pubblica ed economica attinenti alla sfera religiosa e morale» i membri cattolici dei sindacati non dovessero essere indotti ad alcuna opinione o comportamento incompatibile «con i doveri religiosi e morali del cristiano cattolico secondo il giudizio dell'autorità ecclesiastica» (I);[81] al contempo l'episcopato riconobbe necessario che le organizzazioni sindacali limitassero la

78. Cfr. Michael Felix Korum, *Private Niederschrift über die Verhandlungen der Bischofskonferenz*, in Gatz (a cura di), *Akten*, pp. 168-174.
79. Sulla posizione di Schulte nel *Gewerkschaftsstreit* si veda soprattutto Loth, *Bischof Karl Joseph Schulte*.
80. Un anno dopo la Conferenza episcopale straordinaria, ossia alla fine del 1911, i sindacati cristiani avrebbero contato circa 350.000 iscritti: poca cosa a confronto con i quasi due milioni e mezzo di operai aderenti alle *freie Gewerkschaften*, ma molto di più rispetto agli appena 10.000 lavoratori all'epoca organizzati nelle *Fachabteilungen*. Cfr. Brack, *Deutscher Episkopat*, p. 257.
81. Originale tedesco: «An gewerkschaftliche Organisationen, die für die Katholiken sich eignen sollen, ist die Forderung zu stellen, dass die katholischen Mitglieder in allen das religiöse und sittliche Gebiet berührenden Angelegenheiten des privaten, öffentlichen und wirtschaftlichen Lebens nicht zu einer Stellungnahme oder Handlungsweise veranlaßt werden, die mit den religiösen und sittlichen Pflichten des katholischen Christen nach dem Urteile des kirchlichen Hirtenamts unvereinbar ist». *Von der Bischofskonferenz vorläufig aufgestellte Grundsätze betr. gewerkschaftliche Organisationen*, in Gatz (a cura di), *Akten*, p. 175. Una copia manoscritta del testo dei «Grundsätze» è conserva-

loro attività alla sfera economica (II) e che i cattolici delle *christliche Gewerkschaften* fossero iscritti anche agli *Arbeitervereine*, dove avrebbero potuto curare la loro formazione religiosa e spirituale (III).[82] I due schieramenti contrapposti nel *Gewerkschaftsstreit* furono inoltre esortati a desistere dalle invettive reciproche (V).

Malgrado gli auspici dei vescovi, i «Grundsätze» non ristabilirono la concordia nel cattolicesimo sociale tedesco. Come osservato da Rudolf Brack, la Conferenza straordinaria del 1910 coincise con un apprezzabile tentativo di ricomporre le divisioni prodotte dalla controversia sindacale, e tuttavia non sciolse, bensì eluse i principali problemi al centro della medesima.[83] Un risultato significativo dell'incontro fu la nomina, su proposta di Kopp, di una commissione incaricata appositamente di raccogliere informazioni sulle organizzazioni sindacali e di contribuire a chiarire meglio le diverse posizioni in campo: a comporla furono chiamati Schulte, Bertram e il vicario apostolico di Sassonia Aloys Schäfer (1853-1914).[84] Un documento del Fondo Benigni fa dipendere questa scelta dall'intenzione di Kopp di costringere tre prelati noti per le loro simpatie verso i sindacati cristiani a confrontarsi da vicino con i principi 'ortodossi' del *Verband* berlinese, nella speranza che essi potessero così cambiare idea:[85] in tal caso, il vescovo di Breslavia andò incontro a una cocente delusione.

Il lavoro della cosiddetta *Soziale Kommission* non si rivelò per nulla facile, a causa soprattutto della scarsa disponibilità a cooperare mostrata dai *Berliner* e della diffidenza che il vescovo di Breslavia arrivò ben presto a nutrire nei suoi confronti. Kopp d'altra parte era irremovibile nel riconoscere un pericolo nell'approccio dei sindacati cristiani alle questioni economiche, benché la grande maggioranza dell'episcopato fosse di diverso avviso. Nel febbraio del 1911 proprio il cardinale, che da qualche mese aveva perso un

ta in AAV, Segr. Stato, 1913, rubr. 255, fasc. 2, ff. 17r-18r (con traduzione italiana ai ff. 19r-20r).

82. «Es wird als notwendig erkannt, dass die katholischen Mitglieder solcher Gewerkschaften, die neben Arbeitervereinen bestehen, zugleich Mitglieder der kirchlich organisierten und geleiteten katholischen Arbeitervereine sind». Ibid.
83. Cfr. Brack, *Deutscher Episkopat*, p. 200.
84. Per ragguagli sullo svolgersi della controversia sindacale in Sassonia cfr. Gallin, *Katholische Arbeiter*, pp. 287-309.
85. «Le Cardinal Kopp a fait choisir ces trois évêques, parce que c'étaient justement eux qui se montraient amis acharnés de l'organisation autonome et indépendante de l'église. Le Cardinal Kopp, en faisant ce projet, a eu l'intention de forcer par cette mesure ces évêques de s'orienter un peu sur l'organisation catholique de Berlin, ses idées, ses principes et ses résultats; peut-être il espère même pouvoir gagner par cette mesure l'un ou l'autre des évêques pour l'idée de l'organisation catholique». *Voyage de Mgr. Schulte évêque de Paderborn à Rome* (19 aprile 1911, a firma «Bernard»), in AAV, Fondo Benigni, b. 6, ff. 70r-82r, qui f. 75r.

referente importante all'interno delle stanze vaticane con la scomparsa di De Montel,[86] fece pervenire alla Santa Sede una relazione in italiano sulla situazione in Germania. In essa Kopp si soffermò fra l'altro sul problema costituito dal modernismo, «malattia che ha preso due decenni fa i circoli cattolici, ora come americanismo, ora come democrazia cristiana, ora come sillonismo».[87] Egli distingueva fra un modernismo teorico, che in Germania però sarebbe stato pressoché inesistente – una lettura analoga a quella data dall'episcopato alla fine del 1907 –, e un «modernismo prattico [sic!]» che invece non aveva risparmiato i cattolici tedeschi e che era distinguibile in ambito sociale, artistico e letterario.[88] Riferendosi al *Literaturstreit*, Kopp osservò che nel campo della letteratura vi era il pericolo che l'aspetto estetico fosse preferito a quello religioso; quanto alla dimensione sociale, a suo dire i vescovi si erano affaticati nell'ultimo periodo «col purgare la politica sociale dai germogli del modernismo [...] e col dirigerlo nelle vie giuste».[89] In tal modo il cardinale diede luogo a un'associazione implicita fra *Kölner Richtung* ed eresia modernista, secondo quello che era un *topos* della retorica integralista: e lo fece avendo per interlocutore il vertice della Chiesa cattolica. D'altronde la posizione di Kopp all'interno dell'episcopato di Germania gli garantiva un canale di comunicazione privilegiato con la Santa Sede: un fattore da non trascurare nel tentativo di ricostruire il pensiero di quest'ultima in merito alle vicende tedesche.

## 3. La condanna di «Hochland» e le discussioni attorno a un libro integralista

Nei giorni della Conferenza episcopale straordinaria del dicembre 1910 si compì il terzo anno di servizio di Andreas Frühwirth presso la Nunziatura di Monaco. La relazione da lui stilata su questo primo triennio offre un'istantanea del suo punto di vista sul cattolicesimo tedesco dell'epoca. Due, soprattutto, sono gli elementi che suscitano interesse: la valutazione sullo stato del *Reformkatholizismus* e le riflessioni generali sulla situazione politica e sociale in Germania. Frühwirth ricordava come nelle istruzioni a lui date dalla Santa Sede nell'autunno del 1907 si fosse richiamata la sua attenzione «su un movimento esistente in tutta la Germania ed in Baviera in particolare, movimento

86. De Montel morì nel novembre 1910: in proposito cfr. Pastor, *Tagebücher – Briefe – Erinnerungen*, p. 519.
87. Relazione di Kopp (allegata a una lettera a Merry del Val del 10 febbraio 1911), in AAV, Segr. Stato, 1913, rubr. 255, fasc. 2, ff. 100r-103r, qui f. 102r.
88. Ibid.
89. Ibid., f. 103r.

il cui fine è una così detta riforma del cattolicesimo».[90] A suo dire il *Reformkatholizismus* era un fenomeno ancora rinvenibile, tuttavia «in proporzioni ben più limitate che anni indietro»:[91] la ragione di tale regresso era individuata in primis nell'enciclica «Pascendi», che se da un lato aveva prodotto «rumori e commenti di ogni genere», dall'altro aveva avuto però «salutari effetti».[92] In generale il nunzio riteneva appunto che le disposizioni di Pio X contro il modernismo avessero giovato al cattolicesimo tedesco, malgrado fossero state «in parte mitigate, attese le speciali condizioni della Germania».[93] Quanto alla situazione politica, la disgregazione del *Bülow-Block* faceva parlare il domenicano di un evidente miglioramento: a generare preoccupazioni circa lo sviluppo del Zentrum era tuttavia il «dissidio interno» che affliggeva il partito, ovvero lo *Zentrumsstreit*.[94] Il rappresentante della Santa Sede assicurava di impegnarsi a salvaguardare la concordia fra i cattolici tedeschi e a impedire la pubblicazione di «opuscoli ed articoli di polemica dannosissima»:[95] egli temeva che il prosieguo della controversia potesse ripercuotersi sui risultati del Zentrum alle successive elezioni nazionali. Altro motivo di contrasti era la «questione operaia», o meglio sindacale.[96] A fronte di una sua eventuale escalation il papa, secondo Frühwirth, avrebbe potuto valutare di pronunciarsi «direttamente o indirettamente»: in tal caso, però, il nunzio suggeriva che «prima di procedere ad un atto definitivo qualsiasi», Roma «interrogasse in proposito tutti e singoli i vescovi della Germania».[97] Questo suggerimento, peraltro già pervenuto alla Santa Sede poche settimane prima,[98] scaturiva quasi certamente dall'intenzione di opporre alle narrazioni fornite da Kopp quelle degli altri prelati tedeschi, che nella loro schiacciante maggioranza si dimostravano bendisposti verso i sindacati cristiani. Esso dunque può essere ricondotto al mutamento intervenuto nel nunzio durante il 1910.

La relazione di Frühwirth toccava il dibattito sul Zentrum e la controversia sindacale, mentre non menzionava il *Literaturstreit*: eppure la lettera di Pio X a Decurtins e le iniziative della Handel-Mazzetti non erano lontane nel tempo.[99] È possibile che il religioso reputasse questa questione meno scottante dei

90. *Relazione triennale (14 dicembre 1907-14 dicembre 1910) di Mgr. Frühwirth, Nunzio di Monaco* (allegata a una lettera a Merry del Val del 14 dicembre 1910), in AAV, Segr. Stato, 1910, rubr. 255, fasc. 4, ff. 223r-232r, qui f. 226v.
91. Ibid., f. 227r.
92. Ibid.
93. Ibid., f. 230r.
94. Ibid., f. 231v.
95. Ibid.
96. Ibid., f. 232r.
97. Ibid.
98. Cfr. *supra*, p. 77.
99. Cfr. *supra*, pp. 64-66.

problemi che affliggevano il cattolicesimo tedesco a livello politico e sociale: ad ogni modo, la controversia letteraria era tutt'altro che esaurita. Il giorno di Natale del 1910 i membri del *Gralbund* inviarono al papa una lettera che mirava chiaramente a ottenere un qualche riconoscimento per la loro attività, la quale avrebbe teso «a promuovere il risveglio d'una letteratura, che sgorghi dallo spirito cattolico e sappia esternare in forma e paludamento artistici idee cattoliche».[100] Il gruppo integralista levava la propria protesta contro «un certo indirizzo letterario seguito da alcuni cattolici tedeschi», che avrebbe ostacolato lo sviluppo di una letteratura veramente cattolica e favorito la diffusione tra il popolo di opere di autori protestanti:[101] l'esempio citato a questo proposito era quello della rivista «Hochland», stigmatizzata fra l'altro per aver pubblicato una parte de «Il Santo» di Fogazzaro. I firmatari sottoponevano i propri sforzi «all'approvazione a alla correzione paterna» del pontefice, implorando per sé la benedizione apostolica. L'iniziativa è da collocare ovviamente nel quadro della battaglia che il *Gralbund* conduceva da anni contro l'indirizzo letterario di Muth: essa pervenne a un risultato positivo dopo qualche settimana, grazie pure all'intervento di una personalità attiva a Roma. All'inizio del febbraio 1911, infatti, lo storico Ludwig von Pastor recapitò al papa alcuni volumi di «Der Gral», descrivendogli favorevolmente l'attività del gruppo austriaco.[102] Pochi giorni più tardi Pio X destinò quindi a Eichert e agli altri membri del *Gralbund* una lettera gratulatoria che palesava, per la seconda volta in pochi mesi, il suo punto di vista sul tema della letteratura cattolica.[103]

Dagli integralisti questo documento, che seguiva al riconoscimento ufficiale dell'esistenza del 'modernismo letterario', fu interpretato come una definitiva vittoria: e il *Gralbund* non mancò di dargli fin da subito la massima pubblicità. Il fatto che Pio X, a cavallo fra il 1910 e il 1911, facesse intendere in modo inequivocabile la propria preferenza riguardo alle posizioni al centro della controversia letteraria, dipese senz'altro dall'orientamento personale del pontefice, ma anche dalla sua consapevolezza di come nel caso specifico la posta in gioco fosse ben altra rispetto a quella che vi era nel *Gewerkschaftsstreit* e nello *Zentrumsstreit*, i quali concernevano due dimensioni di massa del cattolicesimo tedesco, la dimensione sociale cioè e quella politica (con il conseguente interessamento delle sfere governative). Il campo della letteratura

100. I membri del *Gralbund* a Pio X, 25 dicembre 1910, in AAV, Ep. Latinae, Positiones et Minutae, b. 153, fasc. «1911», n. 33 (senza numerazione dei fogli). Il documento reca le firme di Ernst Commer, Richard von Kralik, Georg Harrasser, Eduard Hlatky, Alois Pichler, Lorenz Krapp, Adolf Innerkofler, Sophie von Görres, Gaudentius Koch e Franz Eichert.
101. Ibid.
102. Cfr. Pastor, *Tagebücher – Briefe – Erinnerungen*, p. 527.
103. Cfr. Pio X a Franz Eichert (e agli altri membri del *Gralbund*), 16 febbraio 1911, in *Acta Apostolicae Sedis* 3 (1911), p. 344.

poneva chiaramente meno vincoli. E tuttavia, anche qui la particolarità del contesto tedesco sarebbe arrivata a esercitare un condizionamento sulle scelte dell'autorità ecclesiastica: mi riferisco al caso della condanna di «Hochland» da parte della Congregazione dell'Indice.

Il dicastero romano si occupò della rivista di Muth a seguito di una denuncia proveniente dal fronte integralista, maturando in proposito un giudizio del tutto sfavorevole.[104] Il suo segretario Thomas Esser informò Frühwirth il 7 giugno 1911 di come «Hochland», appena due giorni prima, fosse stato ritenuto meritevole di condanna: i cardinali della Congregazione erano però indecisi sull'opportunità di rendere pubblico il relativo decreto, in quanto l'agitazione esistente in Germania faceva temere spiacevoli reazioni a una decisione del genere. Il nunzio, perciò, fu invitato a fornire il proprio parere al riguardo e a richiedere in aggiunta quello del cardinale Kopp e dell'arcivescovo di Monaco Franziskus von Bettinger (1850-1917).[105] Messi al corrente della situazione, entrambi i prelati si mostrarono preoccupati per le possibili conseguenze di una condanna ufficiale di «Hochland»: Kopp non era affatto un estimatore della rivista, la quale avrebbe voluto «penetrare il cattolicesimo colle idee moderne invece di penetrare le idee moderne col cattolicesimo»,[106] ma riconosceva che larghi strati della popolazione tedesca, specie quelli colti, sarebbero rimasti «sfavorevolmente impressionati verso la Santa Sede» a fronte di una pubblica condanna, e persino i circoli governativi avrebbero avuto da ridire.[107] Una «diretta intromissione» di Roma era associata dal vescovo di Breslavia a «interminabili confusioni e complicazioni»: egli non se la sentiva di dare un giudizio definitivo, ma invitava a esaminare ulteriormente la questione.[108] Bettinger condivideva l'opinione negativa su «Hochland», la cui attività era da lui ritenuta «dannosa»;[109] anche l'arcivescovo di Monaco, tuttavia, temeva che la notizia di una condanna potesse ulteriormente eccitare gli animi in Germania, dove ancora si avvertivano gli effetti delle «grandi commozioni» seguite a «importanti dichiarazioni e decreti della Santa Sede»:[110] un'ovvia allusione alla vicenda

104. L'attività della Congregazione dell'Indice sul caso «Hochland» è ricostruita puntualmente da Busemann, *Katholische Laienemanzipation*, pp. 68-83.

105. Esser a Frühwirth, 7 giugno 1911, in AAV, ANM, b. 278, fasc. 10, ff. 1r-v. Sulla figura di Bettinger cfr. Nesner, *Das Erzbistum München.*

106. Kopp a Frühwirth, 15 giugno 1911 (traduzione italiana), in AAV, Segr. Stato, 1911, rubr. 255, fasc. 4, ff. 21r-22r, qui f. 21r. Copia dell'originale tedesco si trova in AAV, ANM, b. 278, fasc. 10, ff. 4r-v.

107. Ibid.

108. Ibid., f. 21v.

109. Bettinger a Frühwirth, 26 giugno 1911 (traduzione italiana), in AAV, Segr. Stato, 1911, rubr. 255, fasc. 4, ff. 23r-24r, qui f. 23r. Copia dell'originale tedesco è conservata in AAV, ANM, b. 278, fasc. 10, ff. 7r-v.

110. Ibid., f. 23v.

dell'enciclica «Editae saepe» e alle polemiche suscitate dal giuramento antimodernista. Il presule suggeriva perciò di ammonire la redazione della rivista anziché pubblicare subito il decreto di condanna. A quest'ultima eventualità non era favorevole neppure Frühwirth, che il 27 giugno scrisse a Esser inoltrandogli le risposte dei due vescovi: il nunzio notò come «qualunque mossa della Santa Sede, anche la più giustificata», fosse solita provocare «interminabili discussioni e polemiche» in Germania,[111] cosa che al momento avrebbe sconsigliato di gettare nuova benzina sul fuoco. Associandosi a Bettinger, egli propose che lo stesso arcivescovo di Monaco redarguisse Muth e l'editore di «Hochland» minacciando l'eventualità di una condanna: qualora questo tentativo non avesse sortito effetto, si sarebbe potuto procedere con la pubblicazione del decreto.

A muovere il nunzio era soprattutto la volontà di evitare nuove turbolenze nel cattolicesimo tedesco: per accrescere le possibilità di vedere accolto il proprio piano, sempre il 27 giugno egli si rivolse a Merry del Val allegando copia della sua corrispondenza con Esser, Bettinger e Kopp. Il segretario di Stato fu pregato di portare subito a conoscenza di Pio X i contorni della questione, così che «Sua Santità [fosse] già informata quando il Rev.mo Padre Segretario della [...] Sacra Congregazione [avrebbe] fa[tto] la sua relazione».[112] In sostanza Frühwirth si preoccupò di anticipare il confratello domenicano, supponendo che quest'ultimo potesse dare un'esposizione adulterata dei pareri ricevuti e tentare di spingere il papa ad avallare la linea della massima severità nei confronti di «Hochland»: la sua proposta sarebbe stata invece «tale da dare ogni garanzia per il futuro» e al contempo avrebbe evitato «tutte le noie» di un provvedimento che fosse caduto in quel frangente.[113] Pur nutrendo serie riserve sulla rivista di Muth, la Santa Sede non si mostrò insensibile ai timori manifestatile, e il 4 luglio comunicò al nunzio di approvare la sua soluzione.[114] La condanna all'Indice di «Hochland» non divenne così di dominio pubblico: la redazione della rivista se la cavò con un rimprovero da parte dell'arcivescovo di Monaco e con l'obbligo di sottoporre i suoi fascicoli all'esame preventivo di un censore ecclesiastico. La mediazione del nunzio impedì che gli integralisti potessero vantare un nuovo successo – certamente il più significativo – nell'ambito del *Literaturstreit*, che da quel momento andò perdendo d'intensità.

Se l'estate del 1911 non conobbe una seria recrudescenza della controversia letteraria, fu però tutt'altro che tranquilla. Poco prima che la Congregazione dell'Indice decidesse sul caso «Hochland», la pubblicazione di un libro del

111. Frühwirth a Esser, 27 giugno 1911 (copia), in AAV, Segr. Stato, 1911, rubr. 255, fasc. 4, ff. 19r-20r, qui f. 19v.
112. Frühwirth a Merry del Val, 27 giugno 1911, in AAV, Segr. Stato, 1911, rubr. 255, fasc. 4, f. 15r.
113. Ibid.
114. Cfr. Merry del Val a Frühwirth, 4 luglio 1911, in AAV, ANM, b. 278, fasc. 10, f. 17r.

padre Albert Maria Weiss portò alla luce una volta di più la polarizzazione esistente nel cattolicesimo tedesco. Composto da sessanta saggi in gran parte già editi e all'occorrenza rielaborati, «Lebens- und Gewissensfragen der Gegenwart» si presentava come un'opera in due volumi percorsa dall'idea di un conflitto irriducibile fra modernismo e ordine sociale cristiano.[115] Weiss vi denunciava con forza l'*Entklerikalisierung*, nonché la rivendicazione di maggiori responsabilità da parte del laicato cattolico. La sua riflessione diveniva terribilmente attuale nel momento in cui andava a toccare i sindacati interconfessionali e la definizione del Zentrum: il libro appariva come un deciso *endorsement* alla *Berliner Richtung* e all'*Osterdienstagskonferenz*, così che la sua comparsa provocò immediate reazioni.[116] Le polemiche non sorpresero Weiss: quest'ultimo anzi aveva immaginato che il proprio lavoro avrebbe avuto delle conseguenze e aveva richiesto un parere sull'opportunità della pubblicazione al Generale dell'Ordine domenicano Hyacinthe Marie Cormier (1832-1916), che a sua volta, stando a Weiss medesimo, aveva sottoposto la questione a Pio X. Il papa, sempre secondo la ricostruzione fornita dal religioso, si espresse decisamente a favore della stampa di «Lebens- und Gewissensfragen der Gegenwart»,[117] che uscì il 20 maggio 1911.

Tra i sostenitori tedeschi della *Kölner Richtung* si diffuse subito il timore di un encomio pontificio all'opera di Weiss, il quale era facile prevedere che sarebbe stato impiegato contro il Zentrum e le organizzazioni sociali invise ai cattolici 'integrali' (d'altronde non era trascorso molto tempo dalla lettera di Pio X al *Gralbund*). In giugno il cardinale Fischer scrisse al nunzio di Monaco per esporgli appunto questa preoccupazione, e per invitarlo a «fare i passi opportuni» per evitare che essa si concretizzasse.[118] Nell'inoltrare la traduzione della missiva dell'arcivescovo di Colonia alla Santa Sede, Frühwirth additò quindi l'«esito sfavorevole» che una lode del libro di Weiss avrebbe avuto in Germania: essa infatti sarebbe stata presentata «come condanna delle *christliche Gewerkschaften*, del *Volksverein*, e come espressione di pontificio malcontento circa la condotta e l'operato del Centro», esasperando le contrapposizioni che già affliggevano il cattolicesimo tedesco.[119] Per dissuadere la Curia

115. Cfr. Weiss, *Lebens- und Gewissensfragen.*
116. Circa questa vicenda si veda Landersdorfer, *Albert Maria Weiss*, pp. 205-213; Rivinius, *Kontroverse*; Weiss, *Modernismus und Antimodernismus*, pp. 160-174.
117. «Trotzdem glaubte der P. General die Frage dem Papste selber vorlegen zu sollen, und dieser äußerte sich entschieden für die Veröffentlichung. Damit wird die Sache wohl entschieden sein, wenn nicht noch in letzter Stunde ein Gegenschlag eintritt». Weiss a Frühwirth, 2 aprile 1911, in AAV, ANM, b. 279, fasc. 9, ff. 5r-6r, qui f. 5v.
118. Fischer a Frühwirth, 22 giugno 1911 (traduzione italiana), in AAV, Segr. Stato, 1911, rubr. 255, fasc. 3, ff. 150r-v, qui f. 150v.
119. Frühwirth a Merry del Val, 23 giugno 1911, in AAV, Segr. Stato, 1911, rubr. 255, fasc. 3, ff. 148r-149r, qui f. 148v.

romana da eventuali iniziative, il nunzio riferì inoltre di aver dato uno sguardo all'opera del confratello e di averne ricavato un giudizio non del tutto positivo: «Lebens- und Gewissensfragen der Gegenwart» avrebbe contenuto «diverse esagerazioni e generalizzazioni», tanto da far apparire giustificati i malumori seguiti alla sua diffusione.[120]

La Santa Sede prese nota delle considerazioni di Fischer e del nunzio,[121] e se mai ebbe il proposito di accordare una lode al libro di Weiss, alla fine non procedette lungo questa strada: in compenso fu «La Correspondance de Rome» di Benigni – da qualche mese uscito dalla Segreteria di Stato vaticana – a produrre un deciso aumento della confusione in Germania. Fra il 21 e il 27 giugno il periodico riportò tre interventi di Caspar Decurtins dedicati alla recente pubblicazione, in cui il professore svizzero elogiava Weiss per aver smascherato il modernismo infiltratosi nei meandri della vita politica, sociale e intellettuale e per aver evidenziato come l'idea di una conciliazione del cristianesimo con lo spirito moderno equivalesse a spogliare il primo della sua origine divina.[122] Il vero salto di qualità nella polemica contro la *Kölner Richtung* si ebbe però il 4 luglio, quando l'organo integralista denunciò l'esistenza di una «circulaire secrète» contro l'opera del padre domenicano, inviata da un non meglio specificato «'état major' du modernisme allemand» ai suoi «nombreux centres reliés»: del 'sensazionale' documento, che avrebbe fatto da «pendant» a quelli relativi alla Lega di Münster, veniva riportata la traduzione francese corredata da alcune note.[123] Ancora una volta il fondatore del *Sodalitium Pianum* faceva aleggiare lo spettro del modernismo sul cattolicesimo tedesco, o meglio su una parte di esso, puntando molto probabilmente a influenzare la stessa Santa Sede, come già era accaduto nell'estate del 1907:[124] del resto fra le carte della Segreteria di Stato è possibile trovare una traduzione italiana della 'circolare',[125] presente pure nel Fondo Benigni.[126]

Ma qual era la natura di questo documento, e da dove proveniva? Il suo autore è da identificare in Joseph Froberger (1871-1931), ex Provinciale dei Padri Bianchi e collaboratore della «Kölnische Volkszeitung», che oltre a prendere posizione contro le riflessioni di Weiss in un articolo anonimo apparso sul giornale di Bachem il 22 giugno, redasse nello stesso periodo un giudizio più articolato su «Lebens- und Gewissensfragen der Gegenwart», giudizio

120. Ibid.
121. Cfr. Merry del Val a Frühwirth, 28 giugno 1911, in AAV, ANM, b. 279, fasc. 9, f. 13r.
122. *Documents et aperçus – "Le péril religieux"*, in *La Correspondance de Rome*, 21 giugno 1911, 22 giugno 1911 e 27 giugno 1911.
123. *Le "péril religieux" en Allemagne documenté par ceux qui le nient. Une circulaire secrète contre le livre du Père Weiss*, in *La Correspondance de Rome*, 4 luglio 1911.
124. Cfr. *supra*, pp. 52-53.
125. Cfr. AAV, Segr. Stato, 1911, rubr. 255, fasc. 3, ff. 152r-155r.
126. Cfr. AAV, Fondo Benigni, b. 36, ff. 285r-290r.

destinato inizialmente al cardinale Fischer e inviato poi anche ad altre personalità laiche ed ecclesiastiche.[127] Nella 'circolare' Froberger si esprimeva in modo assai critico sull'opera di Weiss: al domenicano egli rimproverava una visione troppo pessimistica riguardo alla situazione in Germania, al contempo riportando le sue principali accuse contro l'organizzazione sociale e politica del cattolicesimo tedesco; il libro non solo non sarebbe risultato utile alla causa cattolica, ma anzi avrebbe rischiato di danneggiarla grandemente, anche in vista delle successive elezioni al *Reichstag*. L'intervento di Froberger era a conti fatti una recensione negativa che nulla aveva di modernista, ma che era 'colpevole' di biasimare un lavoro espressione della mentalità integralista. Il 25 giugno fu lo stesso Weiss a rivelare a Benigni l'esistenza della «circulaire confidentielle»:[128] quest'ultimo quindi pregò il religioso, «au nom de la cause commune», d'inviargli il prima possibile «une copie exacte et complète» del documento in questione, nonché di far tradurre in francese i due volumi di «Lebens- und Gewissensfragen der Gegenwart», operazione che a suo dire sarebbe stata d'aiuto nella «lutte internationale contre le modernisme».[129] Si spiega così l'origine della 'rivelazione' de «La Correspondance de Rome».[130]

Di fronte all'agitazione prodotta dalle insinuazioni del giornale di Benigni, il nunzio di Monaco sentì il bisogno di scrivere alla Santa Sede. Il 6 luglio informò Merry del Val di come «il famoso documento segreto» non fosse affatto tale, dato che egli stesso lo aveva ricevuto da Fischer alcuni giorni prima: in questo modo si volle chiaramente stigmatizzare il sensazionalismo del foglio romano.[131] La Santa Sede fu invitata a valutare se la condotta de «La Correspondance de Rome» fosse «obbiettiva ed utile alla Chiesa»: essa avrebbe preso «per moneta buona tutto quello che dai suoi informatori le v[eniva] notificato», generando forte irritazione in Germania con il suo prestarsi agli scopi «di una '*clique*'» di cui Frühwirth aveva constatato più volte «la passione e la mancanza di obiettività».[132] Il nunzio evidenziò senza remore la faziosità del giornale, cosa tanto più grave in quanto i cattolici tedeschi gli attribuivano un carattere «officioso». Ciò peraltro avrebbe avuto esiti deleteri per la stessa Santa Sede: perché infatti un'eventuale decisione di quest'ultima sulle controversie intra-cattoliche fosse pienamente eseguita sarebbe stato necessario che nessuno credesse che essa si lasciava «influenzare da informatori partigiani, o

127. Cfr. Landersdorfer, *Albert Maria Weiss*, p. 208; Rivinius, *Kontroverse*, pp. 795-803.
128. Weiss a Benigni, 25 giugno 1911, in AAV, Fondo Benigni, b. 17, ff. 474r-v, qui f. 474r.
129. Benigni a Weiss, 30 giugno 1911 (minuta), in AAV, Fondo Benigni, b. 17, ff. 478r-v, qui f. 478r.
130. Una copia dell'originale testo tedesco della 'circolare' è reperibile in AAV, Fondo Benigni, b. 27, ff. 332r-335r.
131. Frühwirth a Merry del Val, 6 luglio 1911, in AAV, Segr. Stato, 1911, rubr. 255, fasc. 5, ff. 102r-103r, qui f. 102r.
132. Ibid., f. 102v.

non del tutto al corrente delle questioni».[133] Secondo il nunzio, in altre parole, il contegno de «La Correspondance de Rome» nuoceva alla reputazione del vertice della Chiesa cattolica. Dopo aver preso visione di questa e di altre comunicazioni sull'attività di Benigni,[134] Merry del Val fece sapere a Frühwirth di considerare «infelice e inopportuna» la pubblicazione sulla presunta 'circolare' segreta, dandogli la facoltà di dichiarare autorevolmente che «La Correspondance de Rome» non era «in alcun modo officiosa od ispirata»:[135] la Santa Sede allontanava da sé la responsabilità per gli eccessi del giornale di Benigni e si preoccupava di tutelare la propria immagine pubblica. Il segretario di Stato assicurò al nunzio che avrebbe richiamato la redazione del periodico integralista: d'altra parte, egli volle rimarcare come il documento di Froberger non gli avesse fatto «un'impressione favorevole», e in pari tempo deplorò la linea della «Kölnische Volkszeitung», «giornale che pretende troppo d'imporre a tutti le sue idee, molte volte erronee».[136] La sensazione è che la Santa Sede perseguisse due obiettivi fra loro difficilmente conciliabili: da un lato fare il possibile per riportare la calma in Germania e preservare il proprio prestigio agli occhi dei cattolici tedeschi, dall'altro continuare a disporre del contributo della stampa integralista, contro cui evidentemente non s'intendeva procedere con veemenza.

Il 14 luglio Frühwirth riferì al proprio superiore di aver negato, in un'intervista appena rilasciata al «Bayerischer Kurier», che «La Correpondance de Rome» fosse direttamente associabile alle opinioni della Santa Sede.[137] Benigni si sarebbe poi preoccupato di sottolineare che la precisazione sul carattere del suo giornale non equivaleva a una sconfessione,[138] ma certamente non dovette essere contento della presa di distanza di Merry del Val. Due giorni prima della sua intervista, il nunzio si era schierato a difesa della bersagliata *Kölner Richtung* in un'altra missiva destinata alla Curia romana. Qui egli sostenne che l'idea di pubblicare «Lebens- und Gewissensfragen der Gegenwart» fosse venuta a Weiss a seguito di un abboccamento con Savigny e Oppersdorff, e che lo stesso Savigny avesse assistito il padre domenicano nella fase di revisione dell'opera. Non si trattava di annotazioni irrilevanti: attraverso di esse l'iniziativa di Weiss assumeva i contorni di un'im-

133. Ibid., f. 103r.
134. Cfr. Frühwirth a Merry del Val, 8 luglio 1911, in AAV, Segr. Stato, 1911, rubr. 255, fasc. 5, ff. 110r-v; Frühwirth a Merry del Val, 9 luglio 1911, ibid., ff. 122r-123r.
135. Merry del Val a Frühwirth, 12 luglio 1911, in AAV, ANM, b. 279, fasc. 9, ff. 50r-52v, qui f. 50v.
136. Ibid., ff. 50v-51r.
137. Cfr. Frühwirth a Merry del Val, 14 luglio 1911, in AAV, Segr. Stato, 1911, rubr. 255, fasc. 5, ff. 135r-136r e f. 181r (allegato).
138. Cfr. *Aux amis de la "Correspondance de Rome"*, in *La Correspondance de Rome*, 29 luglio 1911.

presa collettiva del fronte integralista anziché del lavoro intellettuale di un singolo religioso, e le critiche all'indirizzo dei sindacati cristiani e del Zentrum divenivano l'espressione della battaglia ideologica dei sostenitori della *Berliner Richtung* e dell'*Osterdienstagskonferenz*. Frühwirth rilevò apertamente come «la direzione di Berlino, e il Savigny in modo speciale», ricercassero più che altro «per soddisfazione personale» la «condanna della direzione di Colonia»:[139] l'esame delle accuse portate contro quest'ultima, tuttavia, non avrebbe giustificato provvedimenti ecclesiastici ai suoi danni. Se da un lato la *Kölner Richtung* aveva alcuni difetti, dall'altro i suoi risultati erano molto superiori a quelli dei *Berliner*: essa disponeva inoltre del sostegno della maggioranza dell'episcopato, e in generale non era «affatto ribelle agli ordini della Chiesa».[140] A detta del nunzio la stessa «Kölnische Volkszeitung», considerata dagli integralisti come un 'veleno' per i suoi lettori, aveva sì commesso degli sbagli, ma in compenso difendeva gli interessi cattolici «con coraggio ed abilità».[141] Le valutazioni di Frühwirth, che fra l'altro richiamò l'attenzione della Santa Sede sui «forti avvocati» di cui la *Berliner Richtung* poteva disporre a Roma,[142] rivelavano chiaramente la sua collocazione all'interno dell'*Integralismusstreit*, che non era più la stessa di pochi anni prima.

Il nunzio stigmatizzò l'uso che i *Berliner* facevano del libro di Weiss anche in una lettera del 16 luglio, attribuendo loro la responsabilità di «rovinare tutta l'organizzazione cattolica per poter riportare una vittoria più che su questioni di principio, su vedute personali», nonché l'intento di convincere il papa a pronunciarsi in loro favore ricorrendo a notizie false o tendenziose.[143] Lo scopo perseguito da Frühwirth era proprio quello di evitare quest'ultima eventualità: un'azione della Santa Sede indotta dalle iniziative del fronte integralista che potesse essere interpretata come una condanna, o almeno come un segno di sfiducia, nei confronti dell'ala maggioritaria del cattolicesimo tedesco. Di qui il suo impegno a screditare l'attendibilità delle asserzioni più controverse contenute nell'opera del padre domenicano. Dal canto suo Roma fugò i timori sulle proprie intenzioni, ma allo stesso tempo diede prova di non condividere in toto il punto di vista del nunzio. A questo Merry del Val assicurò il 17 luglio che «riguardo alla questione operaia» – ovvero al *Gewerkschaftsstreit* – «nulla [era] cambiato da parte della stessa

139. Frühwirth a Merry del Val, 12 luglio 1911, in AAV, Segr. Stato, 1911, rubr. 255, fasc. 5, ff. 132r-133v, qui f. 132v.
140. Ibid., f. 133r.
141. Ibid.
142. Ibid., f. 133v.
143. Frühwirth a Merry del Val, 16 luglio 1911, in AAV, Segr. Stato, 1911, rubr. 255, fasc. 5, ff. 190r-191r, qui f. 191r.

Santa Sede», malgrado ciò che potevano scrivere i giornali.[144] Formalmente, cioè, la pubblicazione del libro di Weiss e l'intervento de «La Correspondance de Rome» non erano riusciti a smuovere la Curia dalla sua precedente posizione. Nel cuore della cattolicità, ad ogni modo, gli integralisti non stavano con le mani in mano. Il padre Esser trasmise al segretario di Stato una lettera del confratello Weiss, in cui questo affermava che il cardinale Fischer gli aveva scritto di sperare che «Lebens- und Gewissensfragen der Gegenwart» potesse aprire gli occhi ad alcuni «signori» – ovviamente da ricomprendere sotto il tetto della *Kölner Richtung*.[145] È lecito dubitare dell'attendibilità di tale ricostruzione, che mal si concilia con i giudizi espressi dall'arcivescovo di Colonia nella sua lettera al nunzio del 22 giugno e in un altro documento inviato a Roma il 12 luglio[146] (peraltro Fischer avrebbe ultimato la lettura dell'opera di Weiss solo a inizio ottobre, maturando al riguardo un giudizio complessivamente negativo).[147] Ad ogni modo Merry del Val volle far riferimento al presunto auspicio espresso dal cardinale renano in una missiva indirizzata al nunzio il 18 luglio, la cui conclusione recitava perentoriamente: «Vi sono dunque degli occhi da aprire, e non sono io che voglia chiudere i miei».[148] Ciò si accompagnava a un nuovo accenno ai «noti deplorevoli difetti» della «Kölnische Volkszeitung».[149] La Santa Sede mostrava insomma di non essere tranquilla circa la Germania, e di attribuire un'utilità all'opera di Weiss: nella frase suddetta si può scorgere inoltre un monito a Frühwirth, la cui rappresentazione della *Kölner Richtung* non collimava evidentemente con l'opinione che se ne aveva in Vaticano. Le discussioni su «Lebens- und Gewissensfragen der Gegenwart» proseguirono ben oltre il mese di luglio, andando così a intrecciarsi con quelle suscitate da un'altra pubblicazione integralista, che ora conviene esaminare.

144. Merry del Val a Frühwirth, 17 luglio 1911, in AAV, ANM, b. 279, fasc. 9, ff. 89r-v, qui f. 89r.
145. «Der Kölner Kardinal schreibt mir, er wünsche das Buch möge gewisse Herren zur Einsicht bringen. Ein schöner Wunsch, aber aussichtslos». Weiss a Esser, 27 giugno 1911, in AAV, Segr. Stato, 1911, rubr. 255, fasc. 5, ff. 186r-187v, qui f. 187r. Il biglietto con cui Esser accompagnò la lettera di Weiss (ibid., f. 185r) è senza data.
146. Cfr. Fischer a Merry del Val, 12 luglio 1911, in AAV, Segr. Stato, 1911, rubr. 255, fasc. 5, ff. 200r-202v. L'arcivescovo di Colonia redasse questo documento per protestare contro le asserzioni de «La Correspondance de Rome» e della stampa che le era andata dietro nell'attacco alla *Kölner Richtung*. A Weiss egli attribuì la tendenza «de généraliser trop et d'aimer à peindre en coleurs noires», tanto che il suo affresco della situazione in Germania non avrebbe corrisposto alla realtà (ibid., f. 202r).
147. Cfr. Fischer a Frühwirth, 3 ottobre 1911 (traduzione italiana), in AAV, Segr. Stato, 1911, rubr. 255, fasc. 5, ff. 230r-231v. Originale tedesco in AAV, ANM, b. 279, fasc. 9, ff. 107r-109v.
148. Merry del Val a Frühwirth, 18 luglio 1911, in AAV, ANM, b. 279, fasc. 9, f. 95r-96r, qui f. 95v.
149. Ibid., f. 95r.

## 4. Bayard

La Conferenza di Fulda dell'agosto 1911 si occupò nuovamente del *Gewerkschaftsstreit*, che fra le controversie interne al cattolicesimo tedesco era senz'altro quella di maggior rilievo. In tale occasione Adolf Bertram presentò una relazione a nome della *Soziale Kommission*, che tuttavia non condusse ad alcun provvedimento concreto: la differenza di vedute nell'episcopato, che risultava particolarmente evidente nel confronto fra i tre vescovi dell'organismo costituito alla fine del 1910 e il cardinale Kopp, nonché la riluttanza di quest'ultimo verso un pronunciamento collettivo, rese di fatto impossibile qualsiasi iniziativa.[150] A Fulda quindi la *Soziale Kommission* fu invitata a continuare il lavoro di studio intrapreso, visto pure che il *Verein katholischer Arbeitervereine (Sitz Berlin)* le aveva recapitato un'esposizione dei propri principi solo due giorni prima della Conferenza, così che i vescovi non avevano avuto modo di esaminarla.[151] Questa esposizione non era stata pensata per una circolazione ristretta: sempre nell'estate del 1911, infatti, essa fu stampata a Treviri e diffusa nelle librerie tedesche con il titolo «Die Wahrheit über den Gewerkschaftsstreit der deutschen Katholiken» («La verità sulla controversia sindacale dei cattolici tedeschi»). Dedicata al problema del rapporto fra autorità ecclesiastica e organizzazioni sindacali, l'opera avrebbe dovuto comprendere un secondo volume sulla liceità morale dello sciopero, che tuttavia non vide mai la luce. Il suo autore, Raymund Bayard, non era altro che uno pseudonimo di Heinrich Fournelle, segretario generale della federazione berlinese e membro attivo del *Sodalitium Pianum*.[152]

All'interno degli ambienti integralisti il testo dello pseudo-Bayard, che coincideva con un'efficace sintesi delle principali obiezioni dei *Berliner* ai sindacati interconfessionali, fu subito identificato come un'arma da utilizzare a Roma contro la 'modernista' *Kölner Richtung*: di qui l'idea di farlo tradurre in italiano – operazione che vide il coinvolgimento di Esser, Brunner e Benigni – per poi recapitarlo direttamente alla Santa Sede. Ad accelerare la realizzazione di questo piano fu un'iniziativa del corrispondente romano della «Kölnische Volkszeitung», Ernst Kappenberg, che il 13 novembre consegnò

150. Cfr. Brack, *Deutscher Episkopat*, pp. 214-225.

151. Cfr. *Protokoll der Bischofskonferenz* [22-24 agosto 1911], in Gatz (a cura di), *Akten*, pp. 176-183, in particolare p. 181.

152. Bayard, *Die Wahrheit über den Gewerkschaftsstreit*. La storiografia tedesca ha tradizionalmente attribuito lo scritto a Paul Fleischer, stretto collaboratore di Fournelle. A favore dell'identificazione dello pseudo-Bayard con quest'ultimo parlano però non solo le ricerche di Émile Poulat (*Intégrisme*, pp. 266-267), ma anche evidenze documentali dal Fondo Benigni: cfr. Fournelle ad Alfons Jonckx, 31 luglio 1913 (copia), in AAV, Fondo Benigni, b. 20, ff. 359r-362r, in particolare f. 361r.

al papa una copia del volume «Die katholische Moral und ihre Gegner» di Joseph Mausbach.[153] Dal momento che il teologo appoggiava le *christliche Gewerkschaften*, Benigni e compagni avvertirono l'urgenza d'impedire che Pio X potesse farsi un'idea positiva dell'opera e magari manifestare qualche apprezzamento al riguardo.[154] Già il 15 novembre, perciò, il fondatore del *Sodalitium Pianum* fece avere a Sarto una copia della traduzione italiana dello pseudo-Bayard, che a suo dire avrebbe documentato cosa erano «in pratica» i sindacati interconfessionali tedeschi.[155] Altri esemplari furono fatti circolare all'interno della Curia romana.[156]

La brochure integralista prendeva spunto dalle polemiche seguite all'uscita del libro di Albert Maria Weiss[157] e si attribuiva l'intenzione di esporre «i veri punti controversi tra i due indirizzi, quello di Berlino e quello di München-Gladbach».[158] L'errore fondamentale delle *christliche Gewerkschaften* era rinvenuto nel fatto che esse, come tali (*als solche*), non riconoscessero «i principi positivi cristiani», ma lasciassero che questi avessero valore normativo solo per i singoli iscritti:[159] un errore che al fondo sarebbe derivato dal loro considerarsi come istituzioni di carattere meramente economico. In tal modo, però, l'autorità ecclesiastica si vedeva privata di ogni possibilità di esercitare un'influenza diretta sui sindacati stessi. Questi avrebbero offerto serie garanzie sulla bontà della loro azione solo qualora avessero preso l'impegno, «come organizzazione», a riconoscere e a seguire i principi cristiani, ovvero cattolici.[160] Ciò che si esigeva era in pratica un'aperta professione di cattolicesimo, con la connessa ammissione dell'esistenza di un intrinseco legame fra questioni economiche e dimensione religioso-morale e la sottomissione alla gerarchia ecclesiastica.[161] Nell'esternare il

153. Cfr. *La S. Sede e la vertenza dei sindacati in Germania. Da Biederlack a Mausbach*, in AAV, Fondo Benigni, b. 4, f. 410r; *Germania – Mausbach: Die kath. Moral u. i. Gegner, nov. 1911*, ibid., b. 5, ff. 64r-v; *Très grave – Dec. 1911*, ibid., b. 37, ff. 225r-227r.

154. L'avversione degli integralisti per il volume di Mausbach trovò una chiara espressione nel dicembre dello stesso 1911, quando Oppersdorff lo segnalò alla Congregazione dell'Indice. Su tale vicenda cfr. Busemann, *Katholische Laienemanzipation*, pp. 189-280.

155. Benigni a «Monsignore» (verosimilmente Giambattista Bressan [1861-1950], membro della segreteria privata del papa), 15 novembre 1911, in AAV, Arch. part. Pio X, b. 90, ff. 539r-v, qui f. 539v. Cfr. anche Benigni a «Monsignore» (come sopra), 20 novembre 1911, ibid., b. 143, ff. 693r-v.

156. Una copia della traduzione dello pseudo-Bayard è rinvenibile fra le carte della Segreteria di Stato: cfr. AAV, Segr. Stato, 1911, rubr. 1, fasc. 31 (rilegata come f. 109r, 176 pp.).

157. Cfr. *supra*, pp. 94-100.

158. Bayard, *La verità sulla controversia*, p. 3.

159. Ibid., p. 20.

160. Ibid., p. 23.

161. Così lo pseudo-Bayard: «Abbiamo dimostrato che, mentre i gladbachisti dichiarano che un sindacato, nella sua azione, non deve contraddire ai principi cristiani, ciò non vuol dire

punto di vista dei *Berliner*, lo pseudo-Bayard rivolgeva una serie di gravi accuse ai sindacati cristiani, fra cui quella di accogliere al proprio interno anche «socialisti rivoluzionari coscienti»,[162] di esercitare un'influenza negativa sugli *Arbeitervereine* confessionali e di prendere a riferimento «una base religiosa comune ai cattolici ed ai protestanti».[163] In chiusura, quindi, l'autore affermava di non comprendere come si potesse tentare di dipingere Pio X quale «patrocinatore dei sindacati 'cristiani' che seguono nella loro azione l'insostenibile programma puramente economico della scuola di München-Gladbach»:[164] l'obiettivo degli integralisti, d'altronde, era quello di spingere il papa a pronunciarsi in loro favore circa il *Gewerkschaftsstreit*.

La traduzione italiana dello pseudo-Bayard e la sua consegna a Pio X non restarono segrete, così che fra i sostenitori della *Kölner Richtung* si avvertì il bisogno di parare il colpo. Bertram, in particolare, ritenne utile rassicurare la Santa Sede sui principi dei sindacati cristiani e attestare il consenso di cui questi godevano presso l'episcopato. Il 21 dicembre il vescovo di Hildesheim scrisse a Frühwirth chiedendogli d'inoltrare a Roma il testo della relazione da lui esposta all'ultima Conferenza di Fulda, e di presentarla come «la quasi unanime convinzione dell'episcopato di Germania»:[165] nel compiere tale passo egli era appoggiato dai vescovi di Friburgo, Metz, Colonia, Münster e Paderborn. L'iniziativa voleva essere esplicitamente un «audiatur et altera pars»,[166] una contromossa rispetto ai tentativi dei *Berliner* di giungere a una condanna dei sindacati interconfessionali. Il nunzio non negò il proprio aiuto e a fine mese fece avere a Merry del Val la relazione di Bertram.[167] Questo vi sosteneva che l'ammissibilità dei sindacati cristiani dal punto di vista cattolico fosse in quel momento la questione più scottante in Germania.[168] La trattazione di un tale problema avrebbe dovuto tener conto non solo degli aspetti dottrinali, ma anche di quelli pratici, come ad esem-

affatto che un sindacato come tale debba riconoscere i principi cristiani» (ibid., p. 31). E ancora: «Affinché i sindacati come tali possano proficuamente e senza timore d'inconvenienti svolgere il loro programma, è necessario assolutamente che facciano professione di cristianesimo» (ibid., p. 35).

162. Ibid., p. 76.
163. Ibid., p. 96.
164. Ibid., p. 143.
165. Originale tedesco: «Die fast einstimmige Überzeugung des Episkopates Deutschlands». Bertram a Frühwirth, 21 dicembre 1911, in AAV, ANM, b. 259, fasc. 4, ff. 313r-314v, qui f. 314r. Al nunzio il vescovo di Hildesheim aveva fatto avere il proprio *Gutachten* già due settimane prima: cfr. Bertram a Frühwirth, 7 dicembre 1911, ibid., ff. 311r-v.
166. Ibid.
167. Cfr. Frühwirth a Merry del Val, 29 dicembre 1911, in AAV, Segr. Stato, 1911, rubr. 255, fasc. 6, ff. 161r-v.
168. «Es handelt sich um die Zulässigkeit der christlichen Gewerkschaften vom katholischen Standpunkte. Diese Frage ist zurzeit die brennendste». *Gutachten* della *Soziale Kommission*

pio «la forza delle condizioni effettive e le conseguenze di un passo da intraprendere».[169] Guardando proprio al lato pratico, Bertram giudicava i-nopportuno vietare agli operai cattolici d'iscriversi alle *christliche Gewerkschaften*: ciò fra l'altro avrebbe spinto molti di loro tra le braccia dei socialisti e danneggiato i rapporti fra la maggioranza protestante e la minoranza cattolica, come pure quelli fra Stato e Chiesa.[170] La tesi di fondo della *Soziale Kommission*, al contrario, era che i «Grundsätze» approvati dall'episcopato nel dicembre del 1910, e in particolare i primi tre, costituissero la base per giungere a una soluzione della controversia sindacale: qualora i sindacati interconfessionali li avessero espressamente riconosciuti, avrebbero offerto all'autorità ecclesiastica sufficienti garanzie sulla loro condotta. Un coinvolgimento diretto del papa non era dunque reputato necessario. Al momento dell'invio della propria relazione a Frühwirth, il vescovo di Hildesheim si era già mosso per conseguire l'obiettivo indicato: a seguito di una sua personale iniziativa, infatti, la presidenza della federazione nazionale dei sindacati cristiani aveva riconosciuto, in una lettera privata del 31 ottobre 1911, i «Grundsätze» fissati dall'episcopato tedesco.[171] Riportando il testo di questa dichiarazione in appendice al documento recapitato dal nunzio alla Santa Sede,[172] la *Soziale Kommission* ritenne evidentemente di dare maggior peso al proprio punto di vista contro le asserzioni integraliste. Ciò non toglie che la dichiarazione del 31 ottobre non avesse soddisfatto del tutto Bertram, Schulte e Schäfer, per i quali mancava ancora un chiarimento sul rapporto fra le *christliche Gewerkschaften* e l'autorità ecclesiastica. A ciò si sarebbe giunti il 2 marzo 1912, quando, in un discorso concordato con il vescovo di Hildesheim, il segretario generale Adam Stegerwald (1874-1945)[173] avrebbe ribadito pubblicamente il contenuto dello scritto dell'autunno precedente e compiuto ulteriori precisazioni.

A mobilitarsi in favore dei sindacati cristiani, e più in generale di tutti i soggetti associati dagli integralisti alla *Kölner Richtung*, fu pure l'arcivesco-

(versione a stampa), in AAV, Segr. Stato, 1911, rubr. 255, fasc. 6 (rilegato come f. 173r, 10 pp., qui p. 2).

169. Originale tedesco: «Die Macht der tatsächlichen Verhältnisse und die Folgen eines zu unternehmenden Schrittes». Ibid., p. 3.

170. «Hervorragende Vertreter der Preußischen Regierung warnen dringend vor einem solchen Schritte [...] deshalb, weil dieser tief eingreifende Schritt die bedenklichsten Folgen haben würde für das Verhältnis der größeren protestantischen Bevölkerung zur kleineren katholischen Bevölkerung, und der Regierung zur katholischen Kirche». Ibid., p. 4.

171. Cfr. Brack, *Deutscher Episkopat*, pp. 226-229; Heitzer, *Georg Kardinal Kopp*, pp. 197-198.

172. Cfr. *Gutachten* della *Soziale Kommission* (come nota 168), pp. 9-10.

173. Su Stegerwald, segretario del *Gesamtverband der christlichen Gewerkschaften Deutschlands* a partire dal 1903, cfr. Forster, *Adam Stegerwald*.

vo di Colonia Anton Fischer. Nel dicembre del 1911 egli inviò a Pio X una lunga relazione a norma «Pascendi» concernente la sua importante diocesi:[174] l'inizio era ovviamente dedicato al modernismo – che a detta del cardinale non era rinvenibile a Colonia nella forma descritta dall'enciclica –, ma per il resto la relazione costituiva un'accorata difesa delle *christliche Gewerkschaften*, della «Kölnische Volkszeitung», del *Volksverein* e del Zentrum. Fischer pregava il papa di non dar credito alle osservazioni del recente libro di Weiss sui cattolici tedeschi in generale e sulla diocesi di Colonia in particolare, e di avere fiducia nel suo modo di rapportarsi alla *Kölner Richtung*;[175] respingeva come troppo severa e non consona alla verità l'accusa di liberalismo e modernismo indirizzata alla «Kölnische Volkszeitung», su cui egli garantiva di vigilare anche in futuro; contestava che l'eresia modernista fosse legittimamente accostata anche al *Volksverein* e ai suoi dirigenti; infine stigmatizzava con veemenza quei cattolici che denunciavano un allontanamento del Zentrum dai principi professati dalla Chiesa,[176] e in proposito alludeva all'*Osterdienstagskonferenz* dell'aprile 1909. Per il cardinale era una follia dissipare la forza del Zentrum, baluardo dei cattolici tedeschi sulla scena politica, in un momento in cui i suoi avversari vagheggiavano una «alteram luctam religiosam priore peiorem et astutiorem»:[177] Fischer temeva, in altre parole, che un indebolimento del partito – erano imminenti le elezioni per il *Reichstag* – potesse essere il preludio a un nuovo *Kulturkampf* peggiore del precedente.[178] Nell'ultima parte della relazione, quindi, l'arcivescovo di Colonia richiamò l'attenzione del papa sulla stampa integralista edita fuori dalla Germania, colpevole a suo dire di aver aggravato le tensioni nel cattolicesimo tedesco: il dito era puntato contro «L'Univers» di Parigi, «De Maasbode» di Rotterdam, «L'Unità Cattolica» di Firenze, l'«Österreichs katholisches Sonntagsblatt» di Vienna e soprattutto contro «La Correspondan-

174. Fischer a Pio X, 23 dicembre 1911, in AAV, Segr. Stato, 1913, rubr. 255, fasc. 2, ff. 227r-238v.

175. «Inprimis quod ad 'directionem, quae dicitur, Coloniensem' pertinet, habeas – quaeso – fiduciam, Beatissime Pater, in Archiepiscopo Coloniensi qui omni zelo omnique prudentia eam intra iustos fines continere studet». Ibid., f. 230v.

176. «Vere stolidi et imprudentes iustoque iudicio carent ii e nostris qui etiam Centrum nostrum defectionis a principiis catholiciis aperte accusare audeant». Ibid., f. 234v.

177. Ibid., f. 236r.

178. Siffatto timore fu espresso chiaramente da Fischer in una lettera di poco successiva alla *relatio* inviata al papa, con la quale il cardinale informò Frühwirth del contenuto di essa: «[Ich] habe endlich auf die schlimmen Folgen hingewiesen, die aus diesem unseligen Treiben sich ergeben würden [...], sowie auf die Möglichkeit – um nicht mehr zu sagen – eines neuen, aber viel schlimmeren Culturkampfes für die Zukunft, nach dem viele Kreise sich sehnen, der aber gebieterisch die geschlossene Einheit der Katholiken in Deutschland, und zumal in Preußen, verlange». Fischer a Frühwirth, 3 gennaio 1912, in AAV, ANM, b. 259, fasc. 4, ff. 343r-344v, qui f. 343v.

ce de Rome» di monsignor Benigni. Nel proprio appello finale a Pio X, l'anziano cardinale supplicò il pontefice di non credere alle voci secondo cui la Germania era infetta di «veneno anticatholico», ma di voler confidare nell'operato dei vescovi tedeschi.[179] Si mirava cioè a rinsaldare quel vincolo di fiducia fra Santa Sede ed episcopato che gli integralisti avevano cercato di allentare, colpendo con le loro critiche i prelati che più si erano esposti a favore dei sindacati cristiani – l'arcivescovo di Colonia era fra questi.

A dispetto degli interventi di Bertram e Fischer, è molto probabile che lo scritto dello pseudo-Bayard non restasse senza effetto presso la Curia romana: nei primi mesi del 1912, infatti, la Santa Sede esternò in più occasioni la propria preoccupazione circa i sindacati cristiani e la *Kölner Richtung*, in modo assai più esplicito che in passato. Viene da supporre, insomma, che l'iniziativa di Benigni e soci – che di fatto si pose nel solco del libro di Albert Maria Weiss – portasse Pio X e i suoi più stretti collaboratori a percepire con maggiore allarme gli sviluppi tedeschi. La cosa si rivelò tanto più angosciante per i sostenitori delle *christliche Gewerkschaften*, in quanto all'inizio del nuovo anno in Germania ripresero a circolare insistentemente le voci di una prossima condanna pontificia delle organizzazioni 'bachemiste'.

Quale reazione alle manovre d'«un certain parti en Allemagne» – ossia degli integralisti –, a metà gennaio Fischer inoltrò alla Santa Sede una lettera di Julius Bachem e una di August Pieper,[180] da intendere come una presa di posizione da parte della «Kölnische Volkszeitung» e del *Verband katholischer Arbeiter- und Knappenvereine Westdeutschlands* vicino alle organizzazioni sindacali cristiane. Pieper volle denunciare soprattutto i contenuti dello pseudo-Bayard e l'agitazione prodotta fra gli operai cattolici da tale pubblicazione: gli sforzi dei *Berliner* per far condannare i sindacati cristiani apparivano in contraddizione con l'atteggiamento assunto dalla grande maggioranza dei vescovi tedeschi; per giunta, un'eventuale riprovazione delle *christliche Gewerkschaften* avrebbe rappresentato un grande favore ai sindacati socialisti.[181] A costituire l'oggetto delle critiche di Bachem era invece la stampa integralista cominciando da «La Correspondance de Rome», il cui operato era definito nientemeno che «destructif et pernicieux».[182] All'iniziativa dell'arcivescovo di

179. «Te vero, Beatissime Pater, instantissime precari audeo et cum fiducia filiali obsecrare, ne credere velis vocibus blaterantium, quicumque sunt, qui clamant Germaniam catholicam cumque ea hanc nostram Ecclesiam Coloniensem veneno anticatholico quoquo modo esse infectam». Fischer a Pio X, 23 dicembre 1911 (come nota 174), f. 238r.
180. Fischer a Merry del Val, 15 gennaio 1912, in AAV, Segr. Stato, 1913, rubr. 255, fasc. 2, ff. 214r-v, qui f. 214r.
181. Cfr. Pieper a Fischer, 9 gennaio 1912, in AAV, Segr. Stato, 1913, rubr. 255, fasc. 2, ff. 202r-207v.
182. Bachem a Fischer, 10 gennaio 1912, in AAV, Segr. Stato, 1913, rubr. 255, fasc. 2, ff. 216r-223r, qui f. 219r. Si noti come le missive di Pieper e Bachem, pur destinate al cardinale

Colonia seguì una risposta di Merry del Val in data 22 gennaio, che però eluse completamente le rimostranze fatte da Pieper e Bachem. Il segretario di Stato rilevò come la Santa Sede non avesse ancora creduto opportuno pronunciarsi sul *Gewerkschaftsstreit*, rimettendosi piuttosto al giudizio dei singoli vescovi. La replica a Fischer era ad ogni modo tutt'altro che anodina, come dimostra il passo seguente:

> «Il est bien à souhaiter qu'entre les catholiques règne une parfaite union d'esprit et de cœur: or, il est évident que la base de cette union ne saurait se trouver que dans l'adhésion pleine et loyale aux doctrines de la Sainte Église, dans l'attachement inébranlable au Souverain Pontife et dans l'aversion contre tout ce qui pourrait en quelque manière favoriser les erreurs modernistes et diminuer le sens catholique et la soumission des fidèles envers l'autorité ecclésiastique».[183]

Le parole di Merry del Val suonavano come un'implicita critica alla *Kölner Richtung*, tradizionalmente accusata dagli integralisti di annacquare la dottrina cattolica, di promuovere l'autonomia dei laici rispetto alla gerarchia ecclesiastica e dunque, in definitiva, di essere espressione dell'eresia modernista. La via per superare le divisioni fra i cattolici tedeschi era additata nell'adesione totale ai principi proclamati della Chiesa e nella stretta unione con il papa: il segretario di Stato, inoltre, poneva l'accento sulla necessità di salvaguardare il «sens catholique», che secondo gli integralisti era messo a rischio dall'avvicinamento ai protestanti.

Segnali di un indurimento di Roma nei confronti della *Kölner Richtung* si sarebbero avuti anche durante il mese di febbraio, all'indomani delle elezioni generali per il *Reichstag* che sancirono un regresso del Zentrum e una netta vittoria della Socialdemocrazia (Spd), la quale divenne per la prima volta il partito più rappresentato al parlamento nazionale.[184] Il 28 gennaio Kopp scrisse a Merry del Val per informarlo della preoccupazione suscitata nel governo prussiano dalle voci di una non lontana condanna dei sindacati cristiani: di fronte allo spettro di un conflitto fra Stato e Chiesa indotto da un'ingerenza romana negli affari tedeschi, il vescovo di Breslavia pregò la Santa Sede di non abbandonare la propria «position neutre» riguardo alla controversia sindacale.[185] Pochi giorni più tardi il segretario di Stato gli fece sapere che le voci messe in circolazione erano del tutto infondate e che la

Fischer, fossero redatte in francese: segno evidente di come esse venissero concepite per essere lette a Roma più che a Colonia.

183. Merry del Val a Fischer, 22 gennaio 1912 (minuta), in AAV, Segr. Stato, 1913, rubr. 255, fasc. 2, f. 224r.
184. Cfr. Frühwirth a Merry del Val, 26 gennaio 1912, in AAV, Segr. Stato, 1912, rubr. 255, fasc. 1, ff. 32r-v.
185. Kopp a Merry del Val, 28 gennaio 1912, in AAV, Segr. Stato, 1913, rubr. 255, fasc. 2, ff. 244r-v, qui f. 244r.

gestione pratica del *Gewerkschaftsstreit* restava affidata ai vescovi:[186] ciononostante egli non mancò di accennare a «les dangers de certaines tendances de München-Gladbach», soprattutto «par rapport à un nivellement éventuel des croyances qui pourrait en résulter au détriment de la foi».[187] Tale osservazione era la spia di come ormai l'accusa integralista alla *Kölner Richtung* di mettere da parte gli elementi che separavano cattolicesimo e protestantesimo e di promuovere quindi un 'livellamento' fra le due confessioni cristiane fosse stata fatta propria dalla Santa Sede. I pericoli ravvisati da Merry del Val furono per giunta qualificati come «graves» in un'altra lettera indirizzata a Kopp l'11 febbraio,[188] preludio al momento in cui i malumori della Curia romana si sarebbero manifestati pubblicamente.

Il 22 febbraio, infatti, lo stesso Kopp segnalò a Merry del Val un articolo comparso sul giornale conservatore «Neue Preußische Zeitung» – meglio noto come «Kreuz-Zeitung» – da lui ritenuto offensivo per la Santa Sede,[189] tanto più che l'autore sarebbe stato «un catholique d'une haute position».[190] Il vescovo di Breslavia attribuì l'iniziativa ai partigiani della *Kölner Richtung* e suggerì che «L'Osservatore Romano» replicasse alle insinuazioni fatte dall'articolo a proposito dei rapporti fra Roma e i cattolici di Germania. A fine mese, dunque, il giornale della Santa Sede prese posizione contro il contributo della «Kreuz-Zeitung», e nel farlo espresse chiare riserve nei confronti della *Kölner Richtung*. A preoccupare non sarebbe stata la fedeltà al papa della «grande maggioranza» dei cattolici tedeschi, bensì la condotta di «alcuni individui o gruppi» che sostenevano e propagavano «dottrine erronee» e cercavano «di confondersi coi veri cattolici».[191] Particolarmente significativo era quanto il periodico asseriva in relazione al *Gewerkschaftsstreit*:

> «La Santa Sede non ha condannato le associazioni interconfessionali operaie come tali, né si è ancora pronunciata sulla polemica intorno ai due diversi sistemi di associazioni, vigenti in Germania, ché anzi ha lasciato ai Vescovi la libertà di preferire l'uno o l'altro secondo il loro prudente arbitrio e tenendo conto delle

186. Rassicurazioni analoghe furono fornite anche al governo prussiano: cfr. Aschoff, *Kirchenfürst*, pp. 123-124.
187. Merry del Val a Kopp, 1° febbraio 1912 (minuta), in AAV, Segr. Stato, 1913, rubr. 255, fasc. 2, f. 246r.
188. Merry del Val a Kopp, 11 febbraio 1912 (minuta), in AAV, Segr. Stato, 1914, rubr. 255, fasc. 4, ff. 69r-70r, qui f. 69v.
189. Cfr. *Die Kurie und der deutsche Katholizismus*, in *Neue Preußische Zeitung*, 20 febbraio 1912. In proposito vedasi Brack, *Deutscher Episkopat*, p. 237; Poulat, *Intégrisme*, pp. 235-236.
190. Kopp a Merry del Val, 22 febbraio 1912, in AAV, Segr. Stato, 1912, rubr. 283, fasc. 3, ff. 112r-v, qui f. 112r.
191. *A proposito d'un articolo della Kreuz-Zeitung*, in *L'Osservatore Romano*, 28 febbraio 1912.

circostanze locali e degli speciali bisogni delle loro diocesi; ma non può nascondere le sue preoccupazioni per il grave pericolo che presentano alcune dottrine ed alcune tendenze contrarie agli insegnamenti della Chiesa, specialmente in materie sociali e politico-religiose».[192]

L'intervento de «L'Osservatore Romano», prontamente pubblicizzato da Benigni,[193] rappresentò un serio campanello d'allarme per i sindacati cristiani, della cui sopravvivenza sembrava lecito poter dubitare nei primi mesi del 1912. È interessante notare come il giornale parlasse di «associazioni interconfessionali operaie *come tali*», con ciò mutuando il linguaggio dello pseudo-Bayard. Gli episodi descritti, assieme a quanto sarebbe accaduto alla fine di maggio,[194] avallano la tesi di un'incidenza della pubblicazione integralista sul punto di vista della Curia romana, e più in generale di una qualche efficacia degli sforzi compiuti da Benigni e compagni per convincere il papa della pericolosità del 'bachemismo' e del 'gladbachismo'.[195]

A questo proposito merita di essere menzionata anche un'iniziativa di Albert Maria Weiss, risalente sempre all'inverno del 1912. Servendosi della mediazione del confratello Sadok Szabó, rettore del *Collegium Angelicum*, a fine gennaio l'ispiratore della «Pascendi» provò a persuadere la Santa Sede della necessità di un intervento finalizzato a purificare la vita pubblica dei cattolici di Germania «a modernismo politico, culturali et religioso».[196] Weiss, che evidentemente riteneva propizio il momento per indurre la Curia romana a un'azione risolutiva, si diceva pronto a redigere una relazione per esporre la propria idea sul modo in cui l'autorità ecclesiastica avrebbe potuto (e dovuto) operare. Il «petit mémoire» del domenicano fu consegnato da Szabó a Merry del Val attorno alla metà di febbraio.[197] Suddiviso in dodici punti, il documento[198] esordiva rilevando come il rimedio alle turbolenze tedesche non potesse più tardare. Weiss identificava nel «silentium episcoporum» uno dei principali motivi per cui la situazione in Germania era andata degenerando:[199] ai vescovi, in partico-

192. Ibid.
193. Cfr. *Documents et aperçus sur l'Allemagne catholique. Une Note de l'Osservatore Romano*, in *La Correspondance de Rome*, 2 marzo 1912.
194. Cfr. *infra*, pp. 118-119.
195. Stando a Ludwig von Pastor, in un'udienza del 24 febbraio 1912 lo stesso pontefice avrebbe esternato la propria avversione alla *Kölner Richtung*: cfr. Pastor, *Tagebücher – Briefe – Erinnerungen*, p. 542.
196. Szabó a Merry del Val, 25 gennaio 1912, in AAV, Segr. Stato, 1912, rubr. 255, fasc. 7, ff. 68r-69r, qui f. 69r.
197. Cfr. Weiss a Merry del Val, 13 febbraio 1912, in AAV, Segr. Stato, 1912, rubr. 255, fasc. 7, ff. 73r-74v.
198. Di seguito citerò dalla copia conservata in AAV, Segr. Stato, 1912, rubr. 255, fasc. 7, ff. 76r-79r.
199. Ibid., f. 76v.

lare, egli imputava di non aver posto tempestivamente un argine alle pretese di autonomia del laicato cattolico, con conseguente danno per l'autorità della Chiesa. Il padre domenicano stigmatizzava la tendenza a secolarizzare la vita pubblica, ossia a escludere da quest'ultima l'influenza della gerarchia.[200] Solo la Santa Sede avrebbe potuto indicare una via d'uscita, ribadendo i principi della morale e della religione cattolica per l'azione in campo politico, sociale ed economico. Nella mente di Weiss, in altre parole, il risanamento del cattolicesimo tedesco poteva discendere solo da una chiarificazione della dottrina da professare e da applicare in concreto, poiché le controversie intra-cattoliche avevano alla base una confusione dei principi. Per conseguire tale risultato, il religioso suggerì un *modus operandi* fondato sulla collaborazione gerarchica fra episcopato e Santa Sede: quest'ultima doveva far conoscere ai vescovi tedeschi le norme e le massime che desiderava vedere osservate, esigendo che ciascuno di essi elaborasse delle proposte sulla loro applicazione pratica; fra queste, quindi, la stessa Santa Sede avrebbe potuto sceglierne alcune da sottoporre a una Conferenza episcopale straordinaria, riservandosi comunque la facoltà di approvare o meno le decisioni di tale assemblea. A conti fatti si trattava di un procedimento che limitava molto le possibilità dell'episcopato di esprimersi sul merito delle controversie dell'*Integralismusstreit* e di giocare un ruolo nella loro ricomposizione: il timone era saldamente nelle mani di Roma, e non a caso.

Weiss, come altri cattolici 'integrali', dubitava evidentemente della disponibilità dei vescovi – salvo poche eccezioni – ad elaborare una soluzione che ribaltasse i rapporti di forza fra *Kölner* e *Berliner*. Il progetto del religioso tuttavia non fu accolto dalla Santa Sede, che malgrado l'accresciuta apprensione riguardo alla Germania non era ancora dell'avviso di pronunciarsi pubblicamente sulle questioni che dividevano i cattolici tedeschi in campo sociale e politico. D'altra parte, quando essa infine avrebbe scelto d'intervenire sul *Gewerkschaftsstreit*, avrebbe concesso ai vescovi margini assai più ampi per far conoscere il loro punto di vista rispetto a quelli previsti dal padre domenicano.

200. «Non mirandum, auctoritatem Ecclesiasticam inde magna damna subisse animisque funestam illam opinionem insedisse, hierarchiam a Christo Domino institutam in difficultatibus vitae publicae componendis nullum locum habere». Ibid., f. 77v.

# IV. Un anno cruciale: il 1912

## 1. Benigni e Merry del Val

Ad alimentare l'*Integralismusstreit* contribuì in maniera decisiva la stampa periodica, tedesca e non. Quanto ai giornali cattolici della Germania, a inizio Novecento questi assommavano a diverse centinaia e potevano contare su un cospicuo numero di abbonati: fra i più importanti, oltre alla «Kölnische Volkszeitung», sono da menzionare il «Mainzer Journal» di Magonza, la «Schlesische Volkszeitung» di Breslavia, la «Germania» di Berlino e l'«Augsburger Postzeitung» di Augusta.[1] Il 1° marzo 1912 quest'ultimo periodico, le cui radici affondavano addirittura nel XVII secolo, pubblicò un contributo intitolato «Die Machenschaften gegen die deutschen Katholiken» («Le macchinazioni contro i cattolici tedeschi»), che nel denunciare l'attività dei cattolici 'integrali' lanciava gravi accuse verso la persona di Umberto Benigni. A detta del giornale il sacerdote perugino, quando ancora aveva ricoperto un ruolo all'interno della Segreteria di Stato, aveva tradito i cattolici polacchi fornendo informazioni al governo russo; non solo, ma a dispetto dell'auto-proclamata ortodossia aveva fatto da informatore anche ad altri governi anticattolici.[2]

Ovviamente Benigni non poté lasciar correre tali affermazioni. Due giorni dopo l'uscita dell'articolo si rivolse direttamente a Merry del Val per lamentarsi delle «atroci calunnie» del giornale tedesco e per richiedere – o meglio «esigere» – una «smentita pubblica e competente» da effettuarsi tramite comunicazione su «L'Osservatore Romano» o per altra via: poiché egli era stato accusato nelle vesti di funzionario vaticano, le parole dell'«Augsburger Postzeitung» sa-

1. Stando a Erwin Gatz, nel 1914 le testate cattoliche tedesche erano 446, con oltre due milioni e mezzo di abbonati: cfr. Gatz, *Die katholische Kirche*, p. 50.
2. Copie della traduzione italiana dell'articolo dell'«Augsburger Postzeitung» sono rinvenibili in AAV, Segr. Stato, 1912, rubr. 4, fasc. 1, ff. 175r-177r, e in AAV, Fondo Benigni, b. 19, ff. 282r-284r.

rebbero andate a detrimento della stessa Santa Sede.[3] Riconoscendo le ragioni dell'intrigante monsignore, il 6 marzo Merry del Val incaricò il nunzio di Monaco di far ammonire il giornale dal vescovo di Augusta Maximilian von Lingg (1842-1930), affinché quello pubblicasse subito una conveniente smentita.[4] L'ideatore del *Sodalitium Pianum* non fu però soddisfatto di tale decisione, e non esitò a palesarlo. Egli avrebbe voluto una «manifestazione» da parte del segretario di Stato, un suo esporsi in prima persona a favore dell'accusato: «Il solo unico mezzo perché la smentita si imponga automaticamente alla stampa» – così Benigni – «è la notizia che Vostra Eminenza Reverendissima ha smentito le calunnie».[5] L'esito di questa esternazione di malumore fu la pubblicazione, in data 8 marzo, di una breve nota su «L'Osservatore Romano» che stigmatizzava gli attacchi dell'«Augsburger Postzeitung» contro «un distinto prelato romano»:[6] un intervento nell'angolo basso a sinistra della terza pagina del quotidiano, segno evidente di come non si volesse dare rilevanza alla cosa. Lo scambio fra Benigni e Merry del Val risentiva di due opposte necessità: l'uno ambiva a vedere la Santa Sede schierata in propria difesa, ossia a godere di una forma di riconoscimento; l'altro invece intendeva seguire la linea adottata alcuni mesi prima, quando aveva preso le distanze da «La Correspondance de Rome» nel contesto delle polemiche prodotte dal libro di Weiss, ed era perciò restio a dar luogo a un'associazione diretta tra la figura – e dunque l'attività – di Benigni e il vertice della Chiesa cattolica. La nota su «L'Osservatore Romano» fu una soluzione di compromesso: si andò incontro alle richieste del monsignore, ma senza fare esplicitamente il suo nome e in una forma tutt'altro che appariscente. D'altronde in quel momento i rapporti fra lo stesso Benigni e il segretario di Stato non erano idilliaci – lo si vedrà meglio a breve –, e la prosecuzione del 'caso' suscitato dall'«Augsburger Postzeitung» non avrebbe concorso a migliorarli.

Ottemperando alle istruzioni ricevute, Frühwirth si mise in contatto con il vescovo di Augusta esigendo un intervento riparatorio da parte del giornale bavarese. Quest'ultimo tuttavia si mostrò alquanto reticente a procedere nel senso intimatogli: il 15 marzo pubblicò anzi un trafiletto che dava conto del giudizio negativo di Merry del Val sull'articolo d'inizio mese, ma in cui non vi era alcuna assunzione di colpa o parvenza di ritrattazione; piuttosto, l'«Augsburger Postzeitung» si limitava a «prendere atto» dell'autorevole

3. Benigni a Merry del Val, 3 marzo 1912, in AAV, Segr. Stato, 1912, rubr. 4, fasc. 1, ff. 178r-179v, qui ff. 179r-179v.
4. Cfr. Merry del Val a Frühwirth, 6 marzo 1912, in AAV, ANM, b. 277, fasc. 6, ff. 27r-v.
5. Benigni a Merry del Val, 6 marzo 1912 (minuta), in AAV, Fondo Benigni, b. 31, ff. 160r-162r, qui f. 162r.
6. *A proposito di una velenosa corrispondenza*, in *L'Osservatore Romano*, 8 marzo 1912. Venuto a sapere di questo contributo, Benigni volle subito ringraziare il segretario di Stato: cfr. Benigni a Merry del Val, 7 marzo 1912 (minuta), in AAV, Fondo Benigni, b. 31, f. 163r.

smentita.[7] Siffatto comportamento non piacque al nunzio, che lo giudicò «irriverente»: egli perciò scrisse di nuovo al vescovo Lingg perché ammonisse con maggior enfasi la redazione del giornale e minacciasse provvedimenti da parte dell'autorità ecclesiastica.[8] I giorni seguenti non apportarono novità, per l'insoddisfazione di Benigni e dei circoli integralisti, i quali da tempo annoveravano l'«Augsburger Postzeitung» fra la stampa 'bachemista'. Solo a fine marzo l'editore del giornale informò il vescovo di Augusta di non poter più pubblicare una smentita, perché trascorso ormai troppo tempo e perché la stampa liberale aveva interpretato quale ritrattazione il trafiletto edito in precedenza, fra l'altro preventivamente approvato dal vescovo stesso. Venuto a conoscenza di quest'ultimo particolare, Frühwirth domandò alla Santa Sede se convenisse insistere o piuttosto lasciar perdere la cosa, «essendo stabilita la responsabilità del vescovo nel dare la sua approvazione ad una dichiarazione così meschina»:[9] proseguendo con le ingiunzioni al giornale vi era il rischio, in altre parole, di danneggiare il prestigio dell'autorità ecclesiastica.

Il 5 aprile Merry del Val replicò che occorreva «una più soddisfacente dichiarazione» da parte dell'«Augsburger Postzeitung»: qualora questa non fosse arrivata, la Santa Sede avrebbe dovuto esprimere «severamente e pubblicamente la sua disapprovazione per questo e per altri simili giornali».[10] Davanti alla possibilità di un pronunciamento della suprema autorità ecclesiastica contro la stampa 'bachemista' – e dunque anche contro la «Kölnische Volkszeitung» – il nunzio propose al segretario di Stato una personale soluzione per uscire finalmente dall'impasse. Da August Menth, caporedattore dell'«Augsburger Postzeitung», egli aveva ottenuto la disponibilità a pubblicare una dichiarazione nel senso voluto da Roma, che ormai però sarebbe apparsa non spontanea destando conseguentemente nuove polemiche; Frühwirth suggerì allora che il giornale bavarese, riportando un intervento della rivista cattolica «Die Wahrheit» sull'articolo apparso a inizio marzo, vi aggiungesse di suo un commento riparatorio: in questo modo si sarebbe potuto chiudere l'incidente limitando in pari tempo le reazioni della stampa liberale.[11] Come già altre volte in passato, la Santa Sede si affidò al parere

7. «Wir nehmen von diesem amtlichen Dementi Notiz»: così recitava la conclusione di *Die Machenschaften gegen die deutschen Katholiken*, in *Augsburger Postzeitung*, 15 marzo 1912.
8. Cfr. Frühwirth a Merry del Val, 15 marzo 1912, in AAV, Segr. Stato, 1912, rubr. 4, fasc. 1, ff. 197r-198r, qui f. 197v.
9. Frühwirth a Merry del Val, 30 marzo 1912, in AAV, Segr. Stato, 1912, rubr. 4, fasc. 1, ff. 201r-v, qui f. 201v.
10. Merry del Val a Frühwirth, 5 aprile 1912, in AAV, ANM, b. 277, fasc. 6, ff. 110r-111r, qui f. 110v.
11. Cfr. Frühwirth a Merry del Val, 12 aprile 1912, in AAV, Segr. Stato, 1912, rubr. 4, fasc. 1, ff. 207c.r-207d.r.

del nunzio di Monaco:[12] la 'riparazione' dell'«Augsburger Postzeitung» nei termini definiti da Frühwirth si ebbe il 21 aprile, a quasi due mesi dall'inizio della vicenda.

Per difendersi dalle accuse contenute in «Die Machenschaften gegen die deutschen Katholiken» Benigni ricorse a «La Correspondance de Rome» già il 7 marzo. In tale occasione l'organo integralista negò che la sua uscita dalla Segreteria di Stato, avvenuta esattamente un anno prima, fosse stata frutto di costrizione: al contrario – si diceva – Benigni aveva dato spontaneamente le dimissioni, dovendo poi insistere vari mesi presso Merry del Val e Pio X perché le accettassero.[13] In effetti è vero che il sacerdote perugino, nel giugno del 1910, domandò al proprio superiore di essere dispensato dall'«incarico ufficiale» come sotto-segretario per dedicarsi interamente all'«incarico officioso del 'servizio informazioni'», ossia al *Sodalitium Pianum*.[14] Affinché in caso di una risposta positiva non si potesse pensare a una sua «rimozione o disgrazia», Benigni propose inoltre che gli fosse conferito «un titolo decoroso» e garantito un introito mensile adeguato.[15] Soltanto il 7 marzo 1911, ad ogni modo, egli lasciò effettivamente la Segreteria di Stato venendo promosso – secondo il linguaggio usato da «L'Osservatore Romano» – a protonotario apostolico.[16] Il suo posto fu preso lo stesso giorno da Eugenio Pacelli, entrato nella burocrazia vaticana a inizio secolo. Fra la richiesta di Benigni e il suo accoglimento, dunque, trascorsero circa otto mesi e mezzo.

Nel corso dei decenni gli storici hanno formulato diverse ipotesi a proposito di questo avvicendamento. Secondo Karl Bachem – che per ovvie ragioni aveva il dente avvelenato nei confronti dei cattolici 'integrali' – quello di Benigni fu a tutti gli effetti un allontanamento imposto, una punizione dovuta agli eccessi della sua attività di spionaggio.[17] Émile Poulat, dal canto suo, ha pensato di risolvere «l'énigme du 7 mars 1911» ravvisando nell'uscita del sacerdote dalla Segreteria di Stato un 'sacrificio' necessario per evitare una crisi diplomatica con la Germania, e ciò nel contesto delle polemiche seguite alla promulgazione del giuramento antimodernista.[18] A detta dello studioso francese tale decisione non avrebbe risentito dello stato dei rapporti personali fra Benigni e Merry del Val, che sarebbero andati peggio-

12. Cfr. Merry del Val a Frühwirth, 16 aprile 1912, in AAV, ANM, b. 277, fasc. 6, f. 143r.
13. Cfr. *Documents et aperçus sur la crise religieuse. Pour l'histoire d'un parti – Le cas de l'"Augsburger Postzeitung"*, in *La Correspondance de Rome*, 7 marzo 1912.
14. Benigni a Merry del Val, 21 giugno 1910 (minuta), in AAV, Fondo Benigni, b. 31, ff. 197r-199r, qui f. 197r. Il documento è riportato integralmente in Pagano, *Documenti sul modernismo romano*, pp. 230-232.
15. Ibid., f. 198v.
16. Cfr. *Nostre informazioni*, in *L'Osservatore Romano*, 7 marzo 1911.
17. Cfr. Bachem, *Vorgeschichte*, vol. 7, p. 303.
18. Cfr. Poulat, *Catholicisme*, pp. 358-435; anche Id., *Intégrisme*, p. 236.

rando solo a partire dai primi mesi del 1912. In tempi relativamente più recenti quindi, Sergio Pagano, che per primo ha dato conto della richiesta avanzata dal fondatore del *Sodalitium Pianum* nel giugno 1910, ha sostenuto che la nomina a protonotario apostolico sia da leggere come un *promoveatur ut amoveatur* nonostante l'intenzione di Benigni di lasciare spontaneamente il proprio incarico ufficiale: alla base vi sarebbe stata l'irritazione del papa e del segretario di Stato per i metodi e i toni delle campagne giornalistiche orchestrate da Benigni stesso, tanto che già nei mesi precedenti il loro atteggiamento nei suoi confronti si sarebbe fatto più freddo. Sempre secondo Pagano la Santa Sede non sarebbe sfuggita però a una certa ambiguità, volendo continuare a servirsi delle informazioni fornite dalla rete integralista. Da parte del proprio sottoposto Merry del Val avrebbe preteso più prudenza, più tatto: quando Benigni divenne una figura troppo scomoda, Roma optò per prendere le distanze da lui, almeno in apparenza.[19] Anche Giovanni Vian ha identificato nel desiderio dei vertici vaticani di palesare l'estraneità di Benigni alla Curia il motivo all'origine del suo allontanamento, malgrado al contempo non ci si volesse privare della sua collaborazione nella lotta al modernismo.[20] I tre autografi pontifici indirizzati ai membri del *Sodalitium Pianum* fra l'estate del 1911 e il 1914 testimoniano d'altronde il duraturo sostegno di Pio X all'organizzazione segreta.[21]

Non v'è alcun dubbio sul fatto che tanto Benigni quanto Merry del Val condividessero lo stesso orientamento integralista: la differenza che progressivamente emerse fra loro durante gli ultimi anni del pontificato di Pio X non concerneva il piano dottrinale, ma quello operativo. Il segretario di Stato aveva un temperamento da fine diplomatico, Benigni invece non guardava in faccia a nessuno nella conduzione della propria crociata antimodernista. A produrre un crescente solco fra i due fu soprattutto il contegno de «La Correspondance de Rome». Si è detto di come Merry del Val, durante l'estate del 1911, negasse la sovrapponibilità fra il punto di vista del giornale e quello della Santa Sede.[22] Di fronte alla «minaccia di una 'sconfessione'» qualora il periodico non avesse dismesso i toni eccessivamente polemici, alla fine del febbraio 1912 Benigni comunicò al segretario di Stato l'intenzione di sospendere le sue pubblicazioni:[23] piuttosto che proseguire con il freno tirato, egli preferiva non proseguire affatto. Nel dare questa notizia il sacerdote disse di trarre conforto dal pensiero che in tal modo il cardinale

19. Cfr. Pagano, *Documenti sul modernismo romano*, pp. 237-245.
20. Cfr. Vian, *Il modernismo*, pp. 115-116; Id., *Convergenze e divergenze*, pp. 499-500.
21. Cfr. Poulat, *Intégrisme*, p. 88, 93 e 153.
22. Cfr. *supra*, p. 98.
23. Benigni a Merry del Val, 28 febbraio 1912 (minuta), in AAV, Fondo Benigni, b. 31, ff. 165r-v, qui f. 165r.

avrebbe cessato «di avere un'occasione di noie»:[24] una frase di circostanza, tuttavia indicativa dei malumori di Merry del Val circa le campagne dell'organo integralista. Quest'ultimo comunque avrebbe continuato la propria attività: il segretario di Stato e lo stesso pontefice si opposero alla prospettiva di una sua cessazione, segno evidente di come gli attribuissero un'utilità.[25] A partire dal marzo 1912, ossia dall'epoca del caso dell'«Augsburger Postzeitung» – che come visto fu una nuova fonte di tensioni fra Benigni e il braccio destro di Pio X –, «La Correspondance de Rome» attenuò il proprio carattere battagliero, pur non reprimendolo del tutto. Essa si configurò principalmente come una 'bacheca' dei documenti prodotti dalla Santa Sede: per la lotta antimodernista Benigni ricorse in maniera crescente all'Agenzia Internazionale «Roma» (A.I.R.), che a differenza del periodico fondato nel 1907 sfuggiva alla vigilanza del segretario di Stato.

La perdurante insofferenza di Merry del Val per «La Correspondance de Rome» rese infine inevitabile la sospensione delle pubblicazioni all'inizio del gennaio 1913. Benigni compì questo passo anche perché consapevole di come la stampa integralista fosse giunta in Europa a un buon livello di sviluppo, tale da permettere il sacrificio della sua creatura.[26] I rapporti con il segretario di Stato erano ormai deteriorati: a lui il monsignore rinfacciava un atteggiamento troppo prudente e misurato, in definitiva una mancanza di coraggio. In una lista di profili redatta in vista del conclave del 1914 e fatta circolare all'interno del *Sodalitium Pianum*, Merry del Val fu etichettato come «La Peur!»:[27] un'espressione che forse Benigni ricavò da «Le modernisme dans l'église» di Charles Périn,[28] e per la precisione da un passo in cui quest'ultimo denunciava con veemenza l'«opportunisme», inteso come tendenza ad ammettere compromessi, a esitare, a non combattere risolutamente l'errore, cosa che giocoforza avrebbe condotto al trionfo finale della *rivoluzione*.[29] L'opportunismo descritto da Périn era in definitiva un segno di debolezza, la stessa che Benigni

24. Ibid., f. 165v.
25. Cfr. Poulat, *Intégrisme*, pp. 229-231.
26. Cfr. ibid., pp. 105-106, 267-269.
27. Cfr. ibid., p. 330.
28. Cfr. *supra*, p. 9.
29. «La peur! tel est le dernier mot de cet opportunisme qui, même chez les meilleurs, procède des influences, quelquefois éloignées, mais très-reconnaissables, du modernisme. La peur, qui vient de ce que l'on se sent impuissant à réprimer des libertés mauvaises que, par erreur sectaire, on s'obstine à ne point trouver telles. La peur, qui paralyse la foi et le zèle pour la cause de Dieu, qu'on a souvent très-fermes au fond de la conscience, et qu'on n'ose manifester dans la crainte de compromettre par trop d'éclat cette cause pour laquelle, dans les rencontres de la vie privée, on donnerait, s'il le fallait, tout son sang. La peur, qui rend ceux dont elle s'empare hésitants et flottants, au point qu'on se demande, à certaines heures, s'ils sont pour le bien ou pour le mal, et qu'on serait tenté, si on ne les savait au fond hommes de bien, de les confondre avec la foule de ces âmes

imputava a Merry del Val nella lotta contro il modernismo. Il crearsi di una distanza fra i due si accompagnò al progressivo avvicinamento di Benigni al cardinale Gaetano De Lai, segretario della Congregazione concistoriale e figura di primo piano all'interno della Curia dopo la riforma del 1908. Proprio a quest'ultimo il sacerdote si rivolse nel dicembre del 1912 per ottenere dal papa l'approvazione canonica del *Sodalitium Pianum*:[30] i suoi tentativi in tal senso proseguirono nei mesi successivi, e tuttavia l'approvazione formale non arrivò mai; in compenso egli ricevette da De Lai un incoraggiamento scritto che attestava il sostegno del papa all'organizzazione.[31] Il segretario della concistoriale, fautore di una lotta senza quartiere contro i modernisti, divenne il principale punto di riferimento dei cattolici 'integrali' in seno alla Curia romana, assieme ovviamente a Pio X:[32] non è un caso che alla fine del novembre 1913 il sacerdote Anton Mauss, direttore dell'«Österreichs katholisches Sonntagsblatt» e membro del *Sodalitium Pianum*, definisse lo stesso De Lai come «l'unico fra i cardinali che ci sostiene fermamente».[33]

Ciò non significa, ad ogni modo, che Benigni arrivasse a non intrattenere più rapporti con Merry del Val. Dopo la nomina a protonotario apostolico egli continuò a frequentare abitualmente le stanze della Segreteria di Stato: ancora per il 1913 e il 1914 è possibile rinvenire fra le carte dell'importante dicastero vaticano un buon numero di documenti prodotti dalla rete clandestina avente il proprio centro a Roma, documenti riguardanti anche – e forse soprattutto – la Germania.[34] Questi volevano veicolare la lettura degli eventi propria degli integralisti, oppure segnalare personalità sospette di modernismo: in un caso, d'altra parte, è accertabile l'influenza diretta di Benigni su un'iniziativa presa da Merry del Val a proposito del contesto tedesco. Nell'estate del 1914, poco prima della scomparsa del pontefice, il sacerdote trasmise un rapporto confidenziale dove si parlava di un circolo attivo nella città di Monaco e diretto dal padre Peter Lippert (1879-1936), «ben noto gesuita liberale»: si sarebbe trattato di un «semenzaio di cattolicismo ben moderno» in cui laici ed ecclesiastici discutevano «liberamente e senza riserve» di argomenti religiosi.[35] Tale segnalazione era figlia dell'ostilità che da qualche tempo gli ambienti integrali-

misérables que Dante rencontre au vestibule de l'enfer». Périn, *Le modernisme dans l'église*, p. 43.

30. Cfr. Poulat, *Intégrisme*, pp. 103-105.
31. Ciò nel febbraio del 1913: cfr. ibid., p. 114.
32. Cfr. Vian, *Gaetano De Lai*, p. 462.
33. Originale tedesco: «Der einzige unter den Kardinälen, der uns fest unterstützt». Mauss a Oppersdorff, s.d. ma 28 novembre 1913 (copia), in AAV, Fondo Benigni, b. 29, ff. 76r-78r, qui f. 76r.
34. Si veda ad esempio quanto contenuto in AAV, Segr. Stato, 1913, rubr. 286, fasc. 1, e in AAV, Segr. Stato, 1914, rubr. 255, fasc. 18.
35. *Echi di Germania – Giugno 1914*, in AAV, Segr. Stato, 1914, rubr. 255, fasc. 2, f. 149r.

sti nutrivano nei confronti della Compagnia di Gesù, vista come un'alleata della *Kölner Richtung*.[36] Il segretario di Stato decise d'interessarsi alla questione e di riferire a Frühwirth quanto appreso, di modo che egli potesse svolgere indagini al riguardo.[37] In seguito il nunzio negò recisamente che il circolo monacense fosse un ritrovo di modernisti, tanto più che esso aveva ricevuto l'approvazione dell'arcivescovo Bettinger: Frühwirth chiese dunque di conoscere la provenienza delle accuse.[38] Non era la prima volta che i componenti del *Sodalitium Pianum* si lasciavano andare a sospetti gratuiti producendo un legittimo risentimento: ciononostante Merry del Val optò per proteggere l'anonimato di Benigni, conformandosi all'adagio per cui «si dice il peccato e non il peccatore».[39] Il credito di cui il monsignore disponeva era scemato, ma non del tutto esaurito.

## 2. L'*Eskalation* della controversia sindacale e l'enciclica «Singulari quadam»

Fra il 28 e il 29 maggio 1912 il *Verband katholischer Arbeitervereine (Sitz Berlin)* si riunì in congresso nella capitale tedesca. Durante tale appuntamento il sacerdote Max Beyer (1872-1937), appena ritornato da un'udienza a Roma con il papa, asserì che Pio X aveva lodato e manifestato approvazione per la federazione berlinese e i suoi principi, non però per i *Kölner*.[40] Malgrado fosse chiaro come l'autenticità di questa dichiarazione – del resto non ufficiale – potesse essere messa in dubbio,[41] vi erano tutti gli estremi per un'escalation della tensione nel *Gewerkschaftsstreit*. A far sì che i giorni seguenti fossero caratterizzati da grandi turbolenze contribuì peraltro una diretta iniziativa della Cu-

36. Per un approfondimento su questo tema cfr. Tacchi, *The Modernist Crisis*.
37. Cfr. Merry del Val a Frühwirth, 1° luglio 1914 (minuta), in AAV, Segr. Stato, 1914, rubr. 255, fasc. 2, f. 153r.
38. Frühwirth a Merry del Val, 5 luglio 1914, in AAV, Segr. Stato, 1914, rubr. 255, fasc. 2, ff. 155r-157v.
39. Merry del Val a Frühwirth, 13 luglio 1914 (minuta), in AAV, Segr. Stato, 1914, rubr. 255, fasc. 2, f. 163r.
40. Cfr. Brack, *Deutscher Episkopat*, pp. 258-259. Queste le parole attribuite al pontefice da Beyer, membro della direzione del *Verband* berlinese: «Vos laudo vos approbo et omnibus viribus contendo, ut omnes principia vestra amplectantur. Alios reprobo, non condemno, meum non est condemnare, sed eorum principia tamquam falsa approbare non possum». *Audience pontif. 26 mai 1912*, in AAV, Fondo Benigni, b. 9, ff. 80r-83r, qui f. 80r. Presenti all'udienza assieme a Beyer furono Franz von Savigny e Thomas Esser.
41. Alcuni giorni più tardi sarebbe stato lo stesso Pio X a smentire la fedeltà del resoconto fornito dal sacerdote, in una lettera privata indirizzata all'arcivescovo di Colonia: cfr. Pio X a Fischer, 14 giugno 1912 (minuta), in AAV, Segr. Stato, 1914, rubr. 255, fasc. 9, ff. 95r-96v. Su questo punto vedasi inoltre Bachem, *Vorgeschichte*, vol. 7, pp. 323-324.

ria romana. Il congresso berlinese fu immediatamente preceduto da quello del *Kartellverband* che nell'agosto 1911 aveva riunito in sé le federazioni di *Arbeitervereine* schierate a sostegno dei sindacati cristiani[42] (come sede dell'incontro fu scelta Francoforte). Merry del Val indirizzò un telegramma di saluto a ciascuno dei due congressi, ma le considerazioni da lui formulate non furono le medesime: se il telegramma inviato a Berlino conteneva solo parole di lode e apprezzamento, l'altro esortava il *Kartellverband* vicino ai sindacati interconfessionali a seguire le istruzioni della Santa Sede non soltanto nella vita privata, ma anche nell'attività condotta sulla scena pubblica.[43] Dal confronto fra i due documenti, in definitiva, era possibile ricavare una critica indiretta alla *Kölner Richtung*: come già nei mesi precedenti, Roma lasciava trasparire le proprie preoccupazioni al riguardo.

Dagli eventi di fine maggio i *Berliner* furono rafforzati nella convinzione di godere del sostegno del papa, ritenendo ormai imminente un intervento ai danni delle *christliche Gewerkschaften*. L'eventualità di una condanna ecclesiastica appariva concreta anche agli stessi dirigenti e ai membri delle organizzazioni interconfessionali, mentre intanto montava la polemica giornalistica, che oltre alla stampa cattolica coinvolgeva quella liberale e socialista. Al cospetto di una situazione tanto convulsa alcuni vescovi tedeschi decisero di rivolgersi al nunzio di Monaco o direttamente alla Santa Sede per prendere le difese dei sindacati cristiani, nell'opinione, fra l'altro, che Pio X non disponesse di corrette informazioni sui loro principi e sulla loro condotta per via della vicinanza a personalità come Benigni ed Esser. Il 2 giugno Fischer domandò a Merry del Val se era vero che il papa riprovava le *christliche Gewerkschaften*, additando in pari tempo le «conséquences funestes» di una loro condanna formale;[44] lo stesso giorno l'arcivescovo di Colonia scrisse anche a Frühwirth per palesare il proprio sconforto e chiedergli di fare una dichiarazione che potesse tranquillizzare i sindacati.[45] Una settimana più tardi, quindi, sempre Fischer inviò a Pio X una lunga relazione a nome pure degli arcivesco-

42. A confluire nel *Kartellverband* furono cioè il *Verband süddeutscher katholischer Arbeitervereine*, il *Verband katholischer Arbeiter- und Knappenvereine Westdeutschlands* e il *Verband katholischer Arbeitervereine Ostdeutschlands*.

43. Per il testo dei due telegrammi vedasi *Documents et aperçus sur la crise religieuse. L'organisation professionnelle et les catholiques allemands à Berlin et à Francfort*, in *La Correspondance de Rome*, 12 giugno 1912. Nei giorni successivi al loro invio si diffuse la voce che a redigerli fosse stato il padre Esser: cfr. Frühwirth a Merry del Val, 12 giugno 1912, in AAV, Segr. Stato, 1914, rubr. 255, fasc. 9, ff. 111r-v.

44. Fischer a Merry del Val, 2 giugno 1912, in AAV, Segr. Stato, 1914, rubr. 255, fasc. 9, ff. 21r-23v, qui f. 22v.

45. Cfr. Fischer a Frühwirth, 2 giugno 1912, in AAV, Segr. Stato, 1914, rubr. 255, fasc. 9, ff. 2r-3v. Questa lettera del cardinale fu inoltrata il 4 giugno alla Santa Sede assieme alla sua traduzione italiana.

vi di Friburgo e Monaco e dei tre vescovi della *Soziale Kommission*. Il documento riproduceva testualmente buona parte di una lettera che Bertram aveva spedito a Roma già il 6 giugno.[46] I presuli vi segnalavano l'agitazione esistente nel cattolicesimo tedesco e provavano a rassicurare il pontefice sui principi delle *christliche Gewerkschaften*. A tal proposito era menzionata la dichiarazione di Stegerwald del 2 marzo, che se da un lato era reputata sufficiente a confutare le accuse dei *Berliner*, dall'altro avrebbe dimostrato che i sindacati, anche come tali, non contraddicevano alle norme della Chiesa cattolica, ma le seguivano nel modo più adatto alle difficili condizioni della Germania.[47] Bersaglio polemico era con ogni evidenza lo scritto dello pseudo-Bayard tradotto in italiano nell'autunno del 1911.

La Santa Sede non mancò di rispondere alle sollecitazioni di cui era oggetto: a temere una possibile condanna delle *christliche Gewerkschaften* non erano d'altronde i soli vescovi, bensì anche le autorità politiche tedesche, e in particolare i governi di Prussia e Baviera (quest'ultimo guidato da Hertling dal mese di febbraio). Il 7 giugno Merry del Val inviò al nunzio una lettera che di fatto chiariva il punto di vista di Pio X sulle organizzazioni operaie: il papa lodava e incoraggiava in pari modo gli *Arbeitervereine* cattolici, sia quelli aventi per riferimento la federazione berlinese che quelli del *Kartellverband*; ad allarmarlo era però il legame dei secondi con i sindacati interconfessionali, che sebbene «ammessi praticamente e quindi non riprovati fin qui dalla Santa Sede», prescindevano «come tali dai principi cattolici e dall'autorità ecclesiastica», potendo così costituire un pericolo per la fede dei loro membri.[48] La collaborazione con i protestanti non era vietata in linea di massima, ma non doveva compromettere «i sacrosanti principi della Chiesa cattolica»; era da respingere con forza «la tendenza a livellare il cattolicesimo colle altre confessioni religiose, mettendo quasi da parte ciò che rappresenta[va] le differenze essenziali di quello», e ugualmente le «teorie erronee» concernenti l'azione sulla scena pubblica: la questione sociale, in particolare, non era puramente economica ma «principalmente morale, ed in quanto tale soggetta all'autorità della Chiesa».[49] I differenti contenuti dei telegrammi di fine maggio erano scaturiti appunto da queste riflessioni, che Frühwirth ebbe il permesso di comunicare ai vescovi tedeschi. Certamente però

46. Cfr. Bertram a Pio X, 6 giugno 1912, in AAV, Segr. Stato, 1914, rubr. 255, fasc. 10, ff. 36r-41r.
47. «Hinc sequitur, etiam 'organisationem qua talem' ipsam, non contradicere principiis a Sanctitate Vestra statutis, sed sequi haec principia eo modo, qui difficillimis Germaniae conditionibus iuxta episcoporum iudicium maxime accomodatus est». Fischer, Nörber, Bettinger, Bertram, Schulte e Schäfer a Pio X, 9 giugno 1912, in AAV, Segr. Stato, 1914, rubr. 255, fasc. 9, ff. 80r-84r, qui f. 84r.
48. Merry del Val a Frühwirth, 7 giugno 1912, in AAV, ANM, b. 258, fasc. 1, ff. 40r-42v, qui f. 41r.
49. Ibid., ff. 41r-v.

esse non si prestavano a fugare la preoccupazione per un provvedimento ostile alla *Kölner Richtung*, tutt'altro.

Fra i prelati che a inizio giugno scrissero alla Santa Sede, alcuni invocarono un diretto intervento del pontefice. Con una lettera datata 2 giugno, Schulte chiese a Pio X di esigere da tutti i vescovi della Conferenza di Fulda un «votum» sui principi dei due schieramenti opposti nel *Gewerkschaftsstreit*, e di voler quindi dichiarare dove fosse la verità e dove l'errore.[50] Molto probabilmente la richiesta del vescovo di Paderborn dipese dalla già citata convinzione che il papa avesse una conoscenza parziale, se non distorta, dei caratteri dei sindacati cristiani, nonché dalla volontà di fargli sapere in dettaglio l'opinione di quella grande maggioranza dell'episcopato che parteggiava per i medesimi. Alcuni giorni più tardi fu Adolf Bertram che, constatando il perdurare delle polemiche in Germania, suggerì alla Santa Sede di pubblicare una nuova nota su «L'Osservatore Romano» con cui rimuovere il timore di una condanna delle *christliche Gewerkschaften* e riaffermare la validità della nota del gennaio 1906.[51] Anche il nunzio di Monaco arrivò a ritenere necessaria un'azione di Roma: il 9 giugno egli scrisse a Merry del Val che solo «un'autorevole parola pronunziata dalla Santa Sede» avrebbe potuto riportare la calma;[52] Frühwirth inoltre era dell'avviso che il papa, prima di esprimere un eventuale giudizio definitivo sulla controversia sindacale, avrebbe dovuto richiedere il parere di tutti i vescovi tedeschi, e che d'altro canto non fosse da escludere un prossimo intervento del governo prussiano a salvaguardia della pace confessionale.

A seguito della vicenda dei due telegrammi giunsero alla Santa Sede anche lettere del vescovo di Rottenburg[53] e di quello di Metz:[54] l'episcopato tedesco si mobilitò in una misura che non aveva precedenti nel *Gewerkschaftsstreit*. Chi non poté comunicare la propria opinione a Pio X fu il cardinale Kopp, afflitto nelle settimane fra maggio e giugno da una grave malattia che fece temere per la sua vita e che ne condizionò l'attività nel corso dell'estate. Alla fine il 14 giugno Merry del Val incaricò il nunzio di scrivere a tutti i ve-

50. «In tam gravi rerum discrimine liceat mihi omni amore et obsequio filiali rogare Te, Sanctissime Pater, ut velis ab episcopis conferentiae Fuldensis votum postulare de principiis et theoriis utriusque generis societatum operariorum et tunc velis declarare ubi veritas sit, ubi error». Schulte a Pio X, 2 giugno 1912, in AAV, Segr. Stato, 1914, rubr. 255, fasc. 10, ff. 45r-48v, qui f. 48r.
51. Cfr. Bertram a Pio X, 12 giugno 1912, in AAV, Segr. Stato, 1914, rubr. 255, fasc. 9, ff. 43r-47r.
52. Frühwirth a Merry del Val, 9 giugno 1912, in AAV, Segr. Stato, 1914, rubr. 255, fasc. 9, ff. 52r-53r, qui f. 52v.
53. Cfr. Keppler a Frühwirth, 8 giugno 1912 (trasmessa dal nunzio alla Santa Sede il 9 giugno), in AAV, Segr. Stato, 1914, rubr. 255, fasc. 9, ff. 56r-57r.
54. Cfr. Benzler a Pio X, 12 giugno 1912, in AAV, Segr. Stato, 1914, rubr. 255, fasc. 9, ff. 58r-59v.

scovi di Germania – e non soltanto a quelli della Conferenza di Fulda – per ingiungergli di redigere personalmente e *sub secreto pontificio* un parere (in tedesco *Gutachten*) sui principi professati dai sindacati cristiani e dalle *Fachabteilungen* e sulla loro applicazione pratica: stando al segretario di Stato, dalle relazioni che le sarebbero pervenute la Santa Sede intendeva ricavare «alcuni punti» che l'episcopato avrebbe poi potuto esaminare e discutere collettivamente.[55] L'attenzione di Andreas Frühwirth fu inoltre richiamata sul «tono irrispettoso» ravvisabile in alcuni giornali cattolici tedeschi, e in primis nella «Kölnische Volkszeitung», cui s'imputava di giudicare e criticare le scelte di Roma.[56] Il nunzio cominciò a informare i vescovi il 16 giugno:[57] tre giorni più tardi, sempre su ordine del segretario di Stato, fece quindi pubblicare una dichiarazione in cui si diceva che il papa, di fronte alle dannose polemiche legate al *Gewerkschaftsstreit*, desiderava la fine di ogni contesa fra le due opposte fazioni, invitate a lasciare che la Santa Sede, «d'intesa coi vescovi», studiasse l'importante questione e desse opportune istruzioni.[58] Nel tentativo di placare l'agitazione in Germania,[59] insomma, fu pubblicamente prefigurato l'intervento del vertice della Chiesa cattolica, che, si lasciava intendere, avrebbe coinvolto l'episcopato tedesco.

55. Merry del Val a Frühwirth, 14 giugno 1912, in AAV, ANM, b. 258, fasc. 1, ff. 80r-v, qui f. 80v.
56. Ibid. L'insofferenza della Santa Sede verso il giornale di Colonia si sarebbe manifestata anche in una missiva del 27 giugno: «On veut l'acceptation pure et simple des syndicats chrétiens et on prétend que le Saint Père est mal informé par les 'calomniateurs' de Berlin. Telle est à peu près ce que j'appelais la thèse de la *Kölnische Volkszeitung*. L'esprit dictateur de ce journal et des nombreux journaux affiliès est déplorable et exerce une influence fâcheuse même au-delà des frontières de l'Allemagne». Merry del Val a Kopp, 27 giugno 1912 (minuta), in AAV, Segr. Stato, 1914, rubr. 255, fasc. 11, ff. 12r-13r, qui f. 13r.
57. Cfr. Frühwirth ai vescovi tedeschi, 16/17 giugno 1912 (minuta), in AAV, ANM, b. 258, fasc. 1, f. 89r. In un saggio dedicato alla figura del vescovo tedesco di Nepi e Sutri Bernhard Döbbing (1855-1916), Lothar Hardick ha sostenuto che l'input alla decisione di Pio X di richiedere un *votum* all'episcopato di Germania derivasse da un lungo memorandum sulla questione sindacale consegnato al papa dallo stesso Döbbing durante un'udienza del 17 giugno (cfr. Hardick, *Bischof Bernhard Döbbing*): una ricostruzione sottoposta a critica già da Rudolf Brack (cfr. Brack, *Deutscher Episkopat*, p. 284) e che contrasta con i riferimenti cronologici rinvenibili nella documentazione vaticana. Nel memorandum in questione Döbbing palesò peraltro le proprie simpatie per i sindacati cristiani: cfr. Döbbing a Pio X, 13 giugno 1912, in AAV, Segr. Stato, 1914, rubr. 255, fasc. 9, ff. 61r-67r.
58. Frühwirth a Merry del Val, 19 giugno 1912, in AAV, Segr. Stato, 1914, rubr. 255, fasc. 10, ff. 91r-v, qui f. 91r. Per il testo tedesco della dichiarazione vedasi Brack, *Deutscher Episkopat*, p. 267.
59. «Dal tempo della mia venuta qui ho avuto occasione di essere spettatore di varie penose polemiche, assicuro però all'Eminenza Vostra che nessuna di esse è stata per me più dolorosa di quella che si combatte adesso»: così Frühwirth a Merry del Val, 15 giugno 1912, in AAV, Segr. Stato, 1914, rubr. 255, fasc. 10, ff. 69r-v, qui f. 69v.

A partire dai giorni immediatamente successivi i *Gutachten* dei vescovi cominciarono ad arrivare a Roma. Nell'Archivio Apostolico Vaticano ne sono conservati in tutto venticinque: se si eccettuano quelli del vescovo Johann Jakob von Hauck (1861-1943), che prese possesso della diocesi di Bamberga solo in estate inoltrata, e del vescovo di Treviri Michael Felix Korum, gli altri furono redatti fra il 21 giugno e il 5 agosto. Nella gran parte dei casi l'invio avvenne entro la metà di luglio. A mancare all'appello è solamente il *Gutachten* del vescovo di Ermland Augustinus Bludau (1862-1930): difficile pensare a un suo smarrimento, più verosimile è l'ipotesi che esso non sia mai stato redatto. Nel complesso l'episcopato, pur con diverse sfumature, manifestò un convinto sostegno ai sindacati cristiani, di cui fu evidenziata la necessità nel peculiare contesto tedesco.[60] Al papa in genere fu suggerito di tollerare ufficialmente tali organizzazioni – «si non approbare, at saltem tolerare», così il vescovo Keppler[61] – o di lasciare ancora agli stessi vescovi la responsabilità di decidere al riguardo per le singole diocesi. Alcuni prelati negarono che il rapporto con gli operai protestanti fosse causa d'indifferentismo per i cattolici, altri al contrario additarono questo rischio; vi fu poi chi, pur difendendo le *christliche Gewerkschaften*, arrivò ad ammettere la preferibilità teorica della linea confessionale.[62] Tale convinzione, in verità, doveva essere universalmente diffusa nell'episcopato, anche se magari non sempre palesata: considerazioni di tipo concreto, tuttavia, indussero a sottolineare l'importanza dei sindacati cristiani e a paventare i danni che il cattolicesimo tedesco avrebbe subìto da una loro condanna. A far pendere la bilancia in loro favore era soprattutto il riconoscimento dell'insuperabile mescolanza confessionale della Germania e della grande forza del socialismo fra la classe operaia. Un buon numero di vescovi rimandò esplicitamente alla funzione antisocialista svolta dalle organizzazioni interconfessionali: Nörber le definì ad esempio «unicus et firmus agger contra fluctus socialismi exstructus»,[63] mentre Bettinger rimarcò il loro ruolo nell'impedire il passaggio in massa degli operai cattolici

60. Per un'analisi dettagliata dei contenuti dei *Gutachten* cfr. Tacchi, *Curia romana*, pp. 370-377, e soprattutto Id., *Vatikanische Quellen*.
61. *Gutachten* di Keppler, 6 luglio 1912, in AAV, Segr. Stato, 1914, rubr. 255, fasc. 13, ff. 107r-110v, qui f. 110v.
62. È il caso ad esempio del cardinale Fischer: «Quantumvis theoretice, ut ita loquar, syndicatus catholici praeferendi essent, tamen considerato rerum statu qui in Germania obtinet ponderataque inprimis Episcoporum vigilantia ne quid mali inrepat, non modo nulla causa subsistere videtur hos syndicatus prohibendi ac damnandi, immo vero [...] valde videtur timendum ne inde funestae sequelae orirentur reique catholicae in Germania damnosae». *Gutachten* di Fischer, 29 giugno 1912, in AAV, Segr. Stato, 1914, rubr. 255, fasc. 13, ff. 43r-44v, qui ff. 44r-v.
63. *Gutachten* di Nörber, 23 giugno 1912, in AAV, Segr. Stato, 1914, rubr. 255, fasc. 13, ff. 95r-97v, qui f. 97r.

nella fila socialdemocratiche.[64] La tesi sostenuta dai *Berliner* di un sindacalismo rigidamente confessionale era per lo più giudicata impraticabile in relazione al territorio tedesco, o almeno a gran parte di esso. Per rassicurare la Santa Sede una decina di vescovi – tutti appartenenti alla Conferenza di Fulda – fece riferimento alle dichiarazioni del 31 ottobre 1911 e del 2 marzo 1912: fra questi i tre membri della *Soziale Kommission*, che per i propri *Gutachten* attinsero a una relazione comune messa a punto verso la metà di giugno.[65] Altra opinione molto diffusa nell'episcopato era che i cattolici iscritti ai sindacati cristiani dovessero militare al contempo negli *Arbeitervereine*, così da poter essere rafforzati nella loro professione religiosa e offrire al clero la possibilità di avvicinarli.[66]

A esprimersi in modo critico nei confronti delle *christliche Gewerkschaften* furono ovviamente Kopp e Korum,[67] ma anche il vicario capitolare di Posen Edward Likowski (1836-1915),[68] il vescovo di Passavia Sigismund von Ow-Felldorf (1855-1936) e quello di Ratisbona Anton von Henle. Nessuno di essi però, si noti, arrivò a domandare al papa una formale e immediata riprovazione dei sindacati interconfessionali. Per il vescovo di Breslavia occorreva comunque produrre un mutamento della loro fisionomia. Nel proprio *Gutachten* Kopp puntò il dito contro il «christianismus [...] communis» di tali organizzazioni[69] e richiamò l'attenzione di Pio X sulla loro sostanziale affinità con la democrazia cristiana murriana, l'americanismo e il sillonismo, sui quali la Santa Sede si era

64. «Per hos syndicatus non solum materalia commoda opificum adversus locupletes heros et ipsos mixtim sociatos congrue et efficienter defensa sunt, sed etiam nostri opifices prohibiti, ne cum fidei religionisque detrimento Socialistarum fluctibus mergerentur; ac potius in fide catholica firmati et roborati sunt». *Gutachten* di Bettinger, 19 luglio 1912, in AAV, Segr. Stato, 1914, rubr. 255, fasc. 13, ff. 16r-21r, qui f. 16v.
65. Si tratta di *Zum Gewerkschaftsstreit. Meinungsäußerung der Sozialen Kommission vom 18. Juni 1912 – Als Manuskript gedruckt*, di cui si trova un esemplare in AAV, Segr. Stato, 1914, rubr. 255, fasc. 11, ff. 35r-39r. Fu Frühwirth a inoltrare il documento alla Santa Sede dopo averlo ricevuto da Bertram: cfr. Frühwirth a Merry del Val, 30 giugno 1912, ibid., f. 33r.
66. Quest'idea, come si ricorderà, era stata espressa già nei «Grundsätze» definiti dalla Conferenza di Fulda nel dicembre 1910: cfr. *supra*, pp. 88-89.
67. Il vescovo di Treviri inviò il proprio parere solo a inizio ottobre: cfr. *Gutachten* di Korum, s.d. (allegato a una lettera a Merry del Val del 5 ottobre 1912), in AAV, Segr. Stato, 1914, rubr. 255, fasc. 14, ff. 29r-33v.
68. «Syndicatibus christianis sive interconfessionalibus in occidentalibus et meridionalibus provinciis Germaniae divulgatis, quorum catholici et acatholici operarii insimul participes sunt, numquam amicus eram». *Gutachten* di Likowski, 1° luglio 1912, in AAV, Segr. Stato, 1914, rubr. 255, fasc. 13, ff. 91r-92r, qui f. 91r. Fra il 1906 e il 1914 l'arcidiocesi di Gnesen-Posen conobbe un periodo di sedivacanza dovuta all'incapacità della Santa Sede e del governo prussiano di trovare un'intesa sul successore dell'arcivescovo Florian von Stablewski (1841-1906).
69. *Gutachten* di Kopp, 6 luglio 1912, in AAV, Segr. Stato, 1914, rubr. 255, fasc. 12, ff. 119r-121r, qui ff. 120r-v.

già pronunciata.[70] Per questa via i sindacati cristiani furono di fatto associati all'eresia modernista: ciononostante Kopp non si spinse a richiedere una loro condanna, come auspicato invece dai *Berliner*. Piuttosto, egli suggerì al papa di avallare autoritativamente le prime tre tesi approvate dalla Conferenza di Fulda nell'agosto del 1900,[71] e di lasciare al contempo ai vescovi tedeschi la facoltà di tollerare le *christliche Gewerkschaften* «tam diu [...] quam pericula a S. Sede Apostolica significata non prodeant et Summus Pontifex non cogitur [sic!] declarare, eas admitti non posse».[72] Ciò a cui il cardinale mirava in prima istanza non era la scomparsa dei sindacati, ma la loro 'cattolicizzazione': metterli di fronte alla necessità di rispettare le tesi suddette significava infatti voler determinare una modificazione del loro carattere.[73] Come sempre era alla sfera dei principi che andava la priorità di Kopp, il quale avrebbe avuto altre occasioni per manifestare lo stesso avviso alla Santa Sede nel corso dell'estate del 1912.

L'11 luglio Frühwirth riferì al segretario di Stato che l'agitazione nella Germania cattolica si manteneva ancora viva, e che perdurava il timore di una decisione pontificia ai danni del movimento sindacale cristiano. Volendo favorire il ritorno alla calma, il nunzio propose che Pio X, qualora dall'esame finora fatto della controversia sindacale avesse ritenuto di «poter concedere agli operai cattolici di continuare a far parte e di ascriversi alle *chr*[*istliche*] *Gewerkschaften*», lo comunicasse ai vescovi in occasione del loro prossimo incontro a Fulda, significandogli quindi che la cosa era rimessa alla loro prudenza. La medesima comunicazione sarebbe stata da trasmettere all'episcopato di Baviera tramite l'arcivescovo di Monaco.[74] È probabile che le simpatie di Frühwirth per i sindacati cristiani incidessero sull'iniziativa, e tuttavia occorre notare altresì come egli precisasse di non voler condizionare il giudizio del pontefice, ma solo suggerire un *modus operandi* utile a stemperare la tensione nella Germania cattolica. A determinare la sollecitudine del nunzio era non da ultimo la constatazione dell'avvicinarsi del mese di ottobre, epoca in cui si sa-

70. «Attamen non sufficit ut sodalitiorum christianorum causa examinetur, sed fundamentum in quo posita sunt inquirendum est, quod non est aliud nisi democratia christiana, americanismus et sillonismus, de quibus S. Sedes Apostolica jam dijudicavit. Quae studia omnia contendunt, ut religionem e vita publica amoveant, diversitatem religionum exstinguant, zelum fidei diminuant, confessiones adaequent, auctoritatem ecclesiasticam contemnent, reverentiam erga Summum Pontificem deleant». Ibid., f. 120v.
71. Cfr. *supra*, p. 28.
72. *Gutachten* di Kopp, 6 luglio 1912 (come nota 69), f. 121r.
73. Dello stesso avviso era Adolf Franz, stretto collaboratore di Kopp e autore della lettera pastorale dell'agosto 1900. In una missiva a Ludwig von Pastor del giugno 1912 egli si espresse nel modo seguente: «Meines Erachtens müßte man ähnlich vorgehen wie gegen den Sillon in Frankreich und fordern, dass die christlichen Gewerkschaften sich in katholische langsam umbilden» (citato in Brack, *Deutscher Episkopat*, p. 265, nota 36).
74. Frühwirth a Merry del Val, 11 luglio 1912, in AAV, Segr. Stato, 1914, rubr. 255, fasc. 11, ff. 76r-77r, qui f. 76v.

rebbe tenuto un congresso generale delle *christliche Gewerkschaften*: «Se prima di quel tempo la posizione non fosse chiarita, vi sono da temere spiacevoli conseguenze».[75] In tal modo il domenicano indicò di fatto una scadenza temporale per l'intervento di Roma. Dal canto suo la Santa Sede rispose di non voler anticipare nulla ai vescovi, ma di essere intenzionata a lasciarli discutere liberamente e ad agire solo dopo la Conferenza episcopale prevista per inizio agosto. Non si parlava più di sottoporre loro alcuni spunti di riflessione, come nella lettera di Merry del Val del 14 giugno.[76] All'episcopato era insomma riconosciuta piena autonomia – almeno quanto a un primo momento – nella definizione di una soluzione del *Gewerkschaftsstreit*, compito cui la successiva assemblea dei vescovi non avrebbe potuto sottrarsi.[77] In questa decisione si può certo scorgere un gesto di rispetto nei confronti dei prelati tedeschi, ma essa dovette dipendere soprattutto dalla volontà di Roma di non accollarsi direttamente la responsabilità di tollerare i sindacati cristiani.[78] Ormai infatti la Curia si era senz'altro resa conto, tramite le relazioni dei vescovi medesimi, dell'entità del sostegno alle organizzazioni interconfessionali e delle ragioni che vi stavano alla base, convincendosi così dell'inopportunità di una loro proibizione. Si può ipotizzare, allora, che Pio X e i suoi più stretti collaboratori volessero attendere i pronunciamenti sulle *christliche Gewerkschaften* per poi intervenire a posteriori a correggere e 'moderare' le decisioni dell'episcopato: questa modalità avrebbe permesso fra l'altro di rispettare il limite di ottobre suggerito dal nunzio.

Un evento imprevisto, però, fece sì che Roma dovesse scegliere un'altra strada per esprimersi sulla controversia sindacale. Il 26 luglio Kopp, affidandosi a un telegramma, informò la Curia di come la Conferenza episcopale fosse stata aggiornata a causa delle gravi condizioni di salute del cardinale Fischer, il quale sarebbe scomparso di lì a pochi giorni.[79] Con quella stessa data giunsero alla Segreteria di Stato anche due lettere inviate sempre dal vescovo di Breslavia. Una, riallacciandosi al telegramma, riferiva che la riunione

75. Ibid., f. 77r. Si tratta dell'ottavo congresso nazionale dei sindacati cristiani che avrebbe avuto luogo a Dresda fra il 6 e il 10 ottobre.
76. Cfr. Merry del Val a Frühwirth, 16 luglio 1912, in AAV, ANM, b. 258, fasc. 1, ff. 204r-v.
77. Il 15 giugno Kopp – parzialmente ripresosi dalla sua malattia – aveva informato il segretario di Stato del fatto che la Conferenza di Fulda si sarebbe riunita il 7 agosto e che avrebbe discusso dell'attività sociale dei cattolici tedeschi, dunque anche della controversia sindacale. Cfr. Kopp a Merry del Val, 15 giugno 1912, in AAV, Segr. Stato, 1914, rubr. 255, fasc. 10, ff. 99r-100r.
78. Al riguardo cfr. Brack, *Deutscher Episkopat*, p. 294.
79. Cfr. Kopp a Merry del Val, 26 luglio 1912 (telegramma), in AAV, Segr. Stato, 1914, rubr. 255, fasc. 11, f. 88r. La stessa notizia sarebbe stata trasmessa dal nunzio tre giorni più tardi: cfr. Frühwirth a Merry del Val, 29 luglio 1912, in AAV, Segr. Stato, 1914, rubr. 255, fasc. 12, f. 4r. L'arcivescovo di Colonia morì il 30 luglio.

dell'episcopato avrebbe avuto luogo solo in novembre;[80] l'altra – verosimilmente redatta prima degli altri documenti – pregava Pio X di non permettere ai vescovi di pronunciarsi «sans conditions» per i sindacati cristiani, dato che la maggior parte di loro non avrebbe ammesso i pericoli connessi con «leur interconfessionalisme et leur tendances purement économiques».[81] Rispetto alla proposta formulata nel *Gutachten* del 6 luglio, il cardinale ora auspicava che il Vaticano dichiarasse di poter riconoscere soltanto le organizzazioni non in contraddizione con le prime tre tesi dell'agosto 1900, «donc il ne peut pas approuver une autre organisation».[82]

Lo spostamento della Conferenza di Fulda e la scomparsa di uno dei due porporati tedeschi, assieme al perdurare delle turbolenze in Germania, alle pressioni diplomatiche e all'avvicinarsi dell'appuntamento di ottobre segnalato da Frühwirth, portarono la Santa Sede a modificare i propri piani. Si dovette optare per un intervento diretto: è nei giorni tra fine luglio e inizio agosto, così, che occorre individuare l'origine dell'enciclica «Singulari quadam». Perché fu scelta questa forma? Una risposta può essere data solo in via ipotetica: probabilmente vi era la consapevolezza di come servisse un provvedimento dall'autorevolezza superiore alla nota del gennaio 1906 per riuscire dove questa aveva fallito, nel tentativo, cioè, d'indurre una pace duratura fra i cattolici tedeschi. D'altra parte, proprio a fine luglio fu consegnata al pontefice una lunga relazione in latino di Franz von Savigny, recatosi personalmente a Roma.[83] Il documento[84] esponeva gli errori di principio dei sindacati cristiani dal punto di vista dei *Berliner* e proponeva al riguardo due rimedi: da un lato una «pronuntiatio doctrinae verae de principiis christianis in dubium vocatis», dall'altro una «applicatio congrua istius doctrinae et practica».[85] Per istruire i vescovi tedeschi sulle verità cattoliche da seguire la Santa Sede sarebbe potuta ricorrere, a detta di Savigny, a «litteris Encyclicis».[86] È interessante rilevare per inciso come agli occhi dell'aristocratico berlinese i principi 'gladbachisti' avessero ormai trovato adepti an-

80. Cfr. Kopp a Merry del Val, 26 luglio 1912, in AAV, Segr. Stato, 1914, rubr. 255, fasc. 12, f. 8r. Stando al cardinale, fu Fischer a proporre lo spostamento al mese di novembre: Kopp per parte sua ne fu contento. In proposito vedasi Brack, *Deutscher Episkopat*, pp. 294-295.
81. Kopp a Merry del Val, 26 luglio 1912, in AAV, Segr. Stato, 1914, rubr. 255, fasc. 12, ff. 6r-7v, qui f. 6r.
82. Ibid., f. 7v.
83. Cfr. *Germania – Berlino e M.Gladbach. Viaggio del bar. Franc. von Savigny a Roma – Luglio 1912*, in AAV, Fondo Benigni, b. 11, f. 138r.
84. Relazione di Savigny (allegata a una lettera a Pio X del 26 luglio 1912), in AAV, Segr. Stato, 1914, rubr. 255, fasc. 12, ff. 84r-108v.
85. Ibid., f. 100v.
86. Ibid., f. 107r.

che al di fuori della Germania: per l'esattezza in Olanda, Belgio, Francia, Svizzera, Austria, Polonia, Spagna e Italia.

Attorno alla metà di agosto Merry del Val trasmise a Kopp e a Frühwirth «lo schema di una Lettera che il S. Padre si propone[va] di dirigere agli Arcivescovi e ai Vescovi della Germania sulla questione operaia»:[87] ambedue furono pregati di esaminarlo e di far conoscere le proprie osservazioni in merito. A redigere questa bozza dell'enciclica – in lingua italiana – fu Eugenio Pacelli, che da tempo seguiva le vicende tedesche per conto della Segreteria di Stato.[88] Il fatto che la Santa Sede si rivolgesse al nunzio di Monaco e al presidente della Conferenza di Fulda può spiegarsi appunto con l'importanza dei loro ruoli, come pure con l'intenzione di sottoporre il documento a un simpatizzante di ciascuna delle due correnti opposte nel *Gewerkschaftsstreit*, così da confrontarsi con i giudizi scaturiti da entrambi i punti di vista. Nell'arco di pochi giorni sia Kopp che Frühwirth inviarono le proprie proposte di modifica. Il primo, in particolare, era dell'avviso che l'enciclica dovesse pretendere dai sindacati il riconoscimento del fatto che «non ci sono questioni ed azioni meramente economiche, ma ogni azione umana deve avere a fondamento la religione, la quale per i cattolici non può essere che la religione cattolica»: le *christliche Gewerkschaften*, inoltre, avrebbero dovuto obbedire ai precetti dell'autorità ecclesiastica in tutto ciò che toccava la fede e i costumi.[89] Questa pretesa di una confessionalizzazione *de facto* dei sindacati cristiani quale condizione per poterli ammettere non sarebbe stata accolta dalla Santa Sede, contrariamente alle altre osservazioni formulate da Kopp. Quanto ai suggerimenti del nunzio, essi andarono principalmente nella direzione di salvaguardare l'autonomia dei sindacati medesimi e di stornare il rischio che le parole del papa suscitassero polemiche con il mondo protestante: Frühwirth ricordò peraltro il congresso previsto per inizio ottobre, augurandosi che l'enciclica fosse resa nota prima di allora.[90]

L'11 settembre il segretario di Stato spedì ai suoi interlocutori una versione aggiornata del documento pontificio, stavolta in lingua latina:[91] Kopp e Frühwirth furono nuovamente invitati a prenderne visione e a trasmettere il

87. Merry del Val a Frühwirth, 16 agosto 1912, in AAV, ANM, b. 258, fasc. 2, ff. 8r-v, qui f. 8r; Merry del Val a Kopp, 16 agosto 1912 (minuta), in AAV, Segr. Stato, 1914, rubr. 255, fasc. 12, f. 29r.

88. Lo stesso Pacelli, il 7 agosto, scrisse a monsignor Benigni: «Si sta ora preparando la decisione, *saltem pro nunc*, della famosa questione oper[aia] tedesca; è cosa ardua sotto molti rispetti». Pacelli a Benigni, 7 agosto 1912, in AAV, Fondo Benigni, b. 36, f. 45r.

89. Kopp a Merry del Val, 22 agosto 1912, in AAV, Segr. Stato, 1914, rubr. 255, fasc. 12, ff. 34r-36r, qui f. 35v. Il documento fu redatto dal vescovo di Breslavia in italiano.

90. Cfr. Frühwirth a Merry del Val, 24 agosto 1912, in AAV, Segr. Stato, 1914, rubr. 255, fasc. 12, ff. 18r-19r.

91. La versione italiana di questo secondo «Schema» è da attribuire ancora una volta a Pacelli: cfr. AAV, Segr. Stato, 1914, rubr. 255, fasc. 14, ff. 43r-48r. La minuta della traduzione

proprio parere. Al vescovo di Breslavia, inoltre, fu riferita l'intenzione di Pio X di promulgare l'enciclica entro la fine del mese, «ossia prima del congresso generale delle *Gewerkschaften*».[92] La risposta inviata dal cardinale costituì un estremo tentativo di convincere il papa ad accogliere il suo punto di vista. I sindacati cristiani avrebbero dovuto modificare i propri principi: occorreva precisare, perciò, che gli operai cattolici potevano essere membri solamente di «associazioni che stanno sul fondamento della religione e che questa religione per i cattolici non possa essere che la cattolica».[93]

Coerentemente con lo svolgersi del processo redazionale, il nunzio di Monaco e il vescovo di Breslavia ricevettero per primi il definitivo testo latino dell'enciclica, il quale recava la data del 24 settembre.[94] In qualità di presidente della Conferenza di Fulda, Kopp fu incaricato d'inviare una copia della «Singulari quadam» a tutti gli altri vescovi di Germania. Egli non era soddisfatto del contenuto del documento, tanto da dubitare dell'opportunità della sua pubblicazione: in proposito, a suo avviso, avrebbe dovuto decidere l'episcopato in occasione della Conferenza di novembre.[95] Il limite d'inizio ottobre indicato dal nunzio e condiviso dalla Santa Sede non venne perciò rispettato (!).

L'enciclica, oltre a stigmatizzare «una specie di cristianesimo vago e non definito, che si suol chiamare interconfessionale»,[96] conteneva una sintetica riaffermazione del punto di vista cattolico sulla questione sociale: pur agendo «nell'ordine delle cose terrene», i cristiani non dovevano trascurare i beni soprannaturali, né alimentare l'odio fra le classi; tutte le azioni umane restavano soggette «al giudizio e alla giurisdizione della Chiesa», e la stessa questione sociale – con le connesse controversie «circa il metodo e la durata del lavoro, la fissazione del salario, e lo sciopero» – non poteva considerarsi di natura meramente economica, e dunque tale da non rientrare nella sfera di competenza dell'autorità ecclesiastica.[97] Pio X esprimeva chiaramente la propria predilezione per le associazioni operaie «che sono state costituite prendendo come

latina è conservata invece in AAV, Ep. ad Princ., Positiones et Minutae, b. 159, fasc. «1912», sottofasc. «1912 – Appendice nn. 1-13», n. 9, ff. 1r-5v.

92. Merry del Val a Kopp, 11 settembre 1912 (minuta), in AAV, Segr. Stato, 1914, rubr. 255, fasc. 14, ff. 4r-v.

93. Kopp a Merry del Val, 11 [sic!] settembre 1912, in AAV, Segr. Stato, 1914, rubr. 255, fasc. 14, ff. 13r-14r, qui f. 13v.

94. Cfr. Merry del Val a Frühwirth, 25 settembre 1912, in AAV, ANM, b. 258, fasc. 2, f. 28r; Merry del Val a Kopp, 26 settembre 1912 (minuta), in AAV, Segr. Stato, 1914, rubr. 255, fasc. 14, ff. 26r-27r.

95. Cfr. Brack, *Deutscher Episkopat*, pp. 299-300; Heitzer, *Georg Kardinal Kopp*, pp. 210-211.

96. Pio X, *Singulari quadam* (24 settembre 1912), in Lora, Simionati (a cura di), *Enchiridion delle Encicliche*, vol. 4, pp. 438-449, qui p. 439.

97. Ibid., p. 441.

principale fondamento la religione cattolica, e che seguono apertamente le direttive della Chiesa»:[98] agli *Arbeitervereine* confessionali diffusi in Germania il papa destinava il proprio elogio e augurava un crescente sviluppo. Se la collaborazione fra cattolici e protestanti non era ritenuta illecita in via di principio, tuttavia era associata a possibili pericoli per la fede dei primi: di conseguenza si auspicava che essa passasse attraverso «quel genere di patto opportunamente escogitato che si chiama *Cartello*».[99] Di fronte alle richieste dei vescovi e alla «speciale situazione del cattolicesimo in Germania», tuttavia, il pontefice dichiarava che si poteva «tollerare e permettere» l'adesione dei cattolici ai sindacati cristiani, «fino a che per nuove circostanze tale tolleranza non cess[asse] di essere opportuna o lecita».[100] Occorreva però che fossero osservate alcune «precauzioni» volte a stornare i pericoli connessi con quelle organizzazioni. La prima cautela indicata dal papa era la contemporanea iscrizione degli operai sindacalizzati agli *Arbeitervereine* cattolici: un punto contestato da Kopp nelle sue osservazioni alle bozze dell'enciclica, che però corrispondeva a un pensiero largamente condiviso all'interno dell'episcopato. Le *christliche Gewerkschaften*, inoltre, dovevano astenersi «da qualsiasi manifestazione teorica o pratica, contrastante con la dottrina e i precetti della Chiesa e dell'autorità ecclesiastica competente»,[101] mentre i vescovi, dal canto loro, erano tenuti a vigilare sul comportamento degli stessi sindacati e dei cattolici che vi militavano. In conclusione dell'enciclica, quindi, Pio X esortava alla concordia e ordinava ai cattolici tedeschi di cessare ogni polemica: da un lato non era bene accusare «di fede sospetta» quanti volevano appartenere ai sindacati interconfessionali dove questi erano permessi – un evidente riferimento ai *Berliner* –, dall'altro sarebbero state «altamente da riprovare» eventuali iniziative ai danni delle organizzazioni schiettamente cattoliche.[102]

La «Singulari quadam» segnava un netto discostamento dalla linea di neutralità che la Santa Sede aveva assunto in precedenza riguardo al *Gewerkschaftsstreit*: la preferenza per l'opzione confessionale era chiaramente manifestata, così come le riserve nei confronti dei sindacati cristiani. La tolleranza ufficiale di questi ultimi rappresentò a conti fatti una concessione forzata[103] e un imporsi del punto di vista espresso dalla maggioranza dei vescovi nei *Gutachten* (l'enciclica del resto faceva esplicita menzione del ruolo consultivo dell'episcopato). Ciò dovette apparire a Roma come il male minore: l'alternativa coincideva con l'acuirsi della tensione in Germania, con un probabile conflitto

98. Ibid., p. 443.
99. Ibid.
100. Ibid., p. 445.
101. Ibid.
102. Ibid., p. 447.
103. Appunto di «notgedrungene[s] Zugeständni[s]» parla Brack, *Deutscher Episkopat*, p. 297.

con il governo e con un serio danno al prestigio dell'autorità ecclesiastica. Si optò dunque per riconoscere la competenza dell'episcopato nel valutare la situazione locale e per tener conto delle sue osservazioni circa la particolarità del contesto tedesco e il pericolo incarnato dal movimento socialista. L'iniziativa-della Santa Sede fu il risultato delle polemiche scaturite dagli eventi di fine maggio e della mobilitazione dei vescovi a inizio giugno: ma fu anche, e forse soprattutto, una conseguenza dell'incapacità dello stesso episcopato di trovare una soluzione autonoma alla controversia sindacale, a causa delle divisioni che lo caratterizzavano. Senza dubbio la Curia romana avrebbe volentieri fatto a meno di un'ingerenza diretta, specie alla luce del difficile equilibrio diplomatico con lo Stato tedesco. Il ricordo delle reazioni avutesi agli atti pontifici contro il modernismo, culminate nella vicenda dell'enciclica «Editae saepe» del 1910, consigliava cautela. Nell'estate del 1912, d'altra parte, la Santa Sede doveva fare i conti con uno scenario internazionale alquanto complicato: alle tensioni con la Francia anticlericale si erano sommate, infatti, quelle con il Portogallo repubblicano[104] e con la Spagna del primo ministro José Canalejas (1854-1912)[105] – il tutto mentre in Italia perdurava l'annosa 'Questione romana'. L'eventuale stagliarsi di una linea di conflitto con la Germania avrebbe dunque accentuato l'isolamento di Roma nel quadro europeo, oltre che danneggiato la Chiesa tedesca. Questa constatazione contribuì certo a determinare la ritrosia di Pio X a pronunciarsi sui sindacati cristiani, nonché a indurlo infine a una soluzione che non contemplasse la loro condanna.

La Conferenza di Fulda riunitasi fra il 5 e il 7 novembre approntò la traduzione tedesca della «Singulari quadam»,[106] della cui pubblicazione la Santa Sede fu informata il 9 del mese.[107] A quel punto «L'Osservatore Romano»[108] e gli «Acta Apostolicae Sedis»[109] riportarono l'originale testo latino. Fra l'estate e l'autunno del 1912 la promulgazione dell'enciclica non fu comunque l'unica

104. Alla proclamazione della *Primeira República* nel 1910, connotata fin da subito da una legislazione marcatamente anticlericale, era seguita la legge di separazione fra Stato e Chiesa del 1911, condannata da Pio X con l'enciclica «Iamdudum in Lusitania» (24 maggio 1911). Cfr. Wheeler, *Republican Portugal*.
105. Con la promulgazione della *Ley del candado* nel dicembre 1910 il governo spagnolo proibì per due anni l'impianto di nuove congregazioni religiose nel paese, cosa che portò a un netto peggioramento delle relazioni diplomatiche con la Santa Sede. Cfr. Cárcel Ortí, *Negociaciones hispano-vaticanas*.
106. Per il testo tedesco dell'enciclica cfr. KAB (a cura di), *Texte zur katholischen Soziallehre*, pp. 81-86.
107. Cfr. Frühwirth a Merry del Val, 9 novembre 1912 (telegramma cifrato), in AAV, Segr. Stato, 1914, rubr. 255, fasc. 14, f. 35r.
108. Cfr. *Sanctissimi Domini Nostri Pii Divina Providentia Papae X Epistola Encyclica ad episcopos Germaniae*, in *L'Osservatore Romano*, 10 novembre 1912.
109. Cfr. *Acta Apostolicae Sedis* 4 (1912), pp. 657-662. Il fascicolo degli «Acta» con il testo dell'enciclica uscì il 15 novembre.

iniziativa gravida di conseguenze per il *Gewerkschaftsstreit*. Dopo la scomparsa del cardinale Fischer vi era da designare un successore per la sede episcopale di Colonia, culla del 'bachemismo'. Il 6 settembre Kopp fornì ragguagli a Merry del Val sui candidati per la successione individuati dal Capitolo metropolitano della città renana: si trattava di Schulte, Bertram, Schäfer e di altri tre prelati, fra cui il vescovo di Münster Felix von Hartmann (1851-1919). Proprio quest'ultimo, a detta del vescovo di Breslavia, costituiva l'unico candidato adatto ad amministrare l'importante arcidiocesi:[110] Hartmann d'altronde era ritenuto un conservatore piuttosto incline alla *Berliner Richtung*; nel suo *Gutachten* egli non aveva contestato il diritto a esistere dei sindacati cristiani, ma si era mostrato preoccupato circa l'idea di una comune conoscenza delle cose soprannaturali («communis rerum cognitio christiana») da parte di cattolici e protestanti.[111] L'11 settembre, ovvero lo stesso giorno in cui da Roma fu spedito lo 'schema' in latino della «Singulari quadam», il segretario di Stato informò Kopp di come il papa concordasse con il suo giudizio e di come desiderasse che Hartmann fosse eletto alla sede di Colonia. Il cardinale fu invitato a far conoscere al Capitolo metropolitano «tale sovrano desiderio del Sommo Pontefice».[112] A seguito dell'intervento di Pio X, così, il 29 ottobre il vescovo di Münster fu scelto quale successore del defunto Fischer.[113] Il fatto che la Santa Sede affiancasse la promulgazione della «Singulari quadam» con l'elezione di Hartmann è da spiegare, con ogni probabilità, con il suo proposito di controbilanciare quanto concesso a proposito dei sindacati cristiani e d'indirizzare il *Gewerkschaftsstreit* su binari a lei congeniali: era lecito supporre, infatti, che il nuovo arcivescovo avrebbe assunto un atteggiamento diverso dal predecessore riguardo alle organizzazioni interconfessionali, più severo. Gli eventi, tuttavia, avrebbero presto disatteso questa previsione.

## 3. Il mancato pronunciamento sullo *Zentrumsstreit*

Nell'inverno del 1912 Hermann Roeren annunciò pubblicamente le proprie dimissioni da ogni incarico politico.[114] Egli continuava a sostenere che l'attività

110. Cfr. Kopp a Merry del Val, 6 settembre 1912, in AAV, Segr. Stato, 1913, rubr. 255, fasc. 1, ff. 165r-v.

111. *Gutachten* di Hartmann, 5 agosto 1912, in AAV, Segr. Stato, 1914, rubr. 255, fasc. 13, ff. 60r-65r, qui f. 64r.

112. Cfr. Merry del Val a Kopp (minuta), 11 settembre 1912, in AAV, Segr. Stato, 1913, rubr. 255, fasc. 1, f. 170r.

113. Sull'elezione arcivescovile di Colonia del 1912 vedasi Hirschfeld, *Die Bischofswahlen*, pp. 90-100.

114. Cfr. Frühwirth a Merry del Val, 31 marzo 1912, in AAV, Segr. Stato, 1912, rubr. 255, fasc. 1, ff. 167r-v.

del Zentrum dovesse estrinsecarsi «im Einklang» con i principi della religione cattolica, ma ormai era arrivato a convincersi dell'impossibilità di difendere tale posizione dall'interno del partito.[115] La sua scelta destò molto scalpore e attirò fra l'altro l'attenzione di monsignor Benigni.[116] Bitter nel frattempo non era stato candidato alle elezioni di gennaio, mentre il conte Oppersdorff, dopo essere riuscito a farsi eleggere in un collegio orientale a maggioranza polacca, aveva visto respinta la propria richiesta di essere ammesso nel gruppo parlamentare centrista del nuovo *Reichstag*. Con la rinuncia di Roeren, dunque, il fronte integralista perse ogni contatto con il Zentrum al parlamento nazionale. Questo non comportò ad ogni modo la fine dello *Zentrumsstreit*: semplicemente, da allora l'opposizione alla 'linea Bachem' si sviluppò al di fuori del partito. Alla testa di quanti furono polemicamente ribattezzati come *Quertreiber* («piantagrane») si pose lo stesso Oppersdorff, che andò radicalizzandosi nel proprio isolamento. Nel settembre del 1911, d'altro canto, alcuni sacerdoti e laici della Slesia – nella diocesi di Breslavia – avevano costituito la *Katholische Aktion*, raggruppamento integralista che risultava ideologicamente affine all'*Osterdienstagskonferenz*.[117] Il suo leader era il parroco Paul Nieborowski (1873-1948), che con l'obiettivo di proteggere la Germania «ab illa peste modernismi» diede alle stampe, a partire dal febbraio 1912, il periodico «Das katholische Deutschland».[118] Kopp tuttavia prese subito le distanze da questa pubblicazione, non volendo vedere associato il proprio nome agli attacchi contro il Zentrum.

La controversia sulla natura del partito tornò alla ribalta fra il giugno e il luglio del 1912, sommandosi alle turbolenze del *Gewerkschaftsstreit* originate dal caso dei due telegrammi di Merry del Val.[119] Dopo le dimissioni di Roeren la rivista «Klarheit und Wahrheit» di Oppersdorff, nata a inizio anno, aveva sostenuto che nella *Zentrumsfraktion* non fosse rimasta alcuna personalità disposta ad attenersi ai principi cattolici:[120] si trattava di un'affermazione infamante per il Zentrum, contro la quale volle protestare pubblicamente Felix

115. «Die Auseinandersetzungen [...] haben ergeben, dass eine Verteidigung des von mir vertretenen Grundsatzes, selbst den fortgesetzten Provocationen gegenüber, für mich in meiner Stellung als Mitglied der Fraktion als ausgeschlossen gelten muss». *Erklärung!* (febbraio 1912, senza indicazione del giorno), in AAV, Segr. Stato, 1912, rubr. 255, fasc. 1, ff. 173r-v, qui f. 173r.
116. Cfr. Roeren a Benigni, 27 aprile 1912, in AAV, Fondo Benigni, b. 8, ff. 454r-455r (da cui si evince che il fondatore del *Sodalitium Pianum* scrisse a Roeren dopo le sue dimissioni).
117. In proposito si veda Krueckemeyer, *Zentrum und Katholizismus*, pp. 277-302; Ross, *Beleaguered Tower*, p. 65.
118. Nieborowsi a Merry del Val, 4 marzo 1912, in AAV, Segr. Stato, 1912, rubr. 162, fasc. 7, ff. 5r-v, qui f. 5r.
119. Cfr. *supra*, pp. 118-119.
120. Cfr. Frühwirth a Merry del Val, 25 giugno 1912, in AAV, Segr. Stato, 1912, rubr. 255, fasc. 2, ff. 20r-v.

Porsch (1853-1930), leader del ramo slesiano del partito e presidente del gruppo centrista alla Camera dei deputati prussiana.[121] Le successive discussioni furono amplificate dall'intromettersi della «Cölner Correspondenz» di Kaufmann, tanto da indurre il nunzio di Monaco a richiamare l'attenzione della Santa Sede sullo *Zentrumsstreit*. Il 1° luglio, mentre i *Gutachten* dei vescovi tedeschi pervenivano a Roma, Frühwirth invitò il proprio superiore a valutare l'opportunità di porre fine alla controversia, e a tal riguardo suggerì due possibili strade: o una sua intervista al «Bayerischer Kurier», in cui si dichiarasse che il papa desiderava la cessazione della «polemica che da tanto tempo dura relativamente al Centro», o un invito all'episcopato che si sarebbe radunato a Fulda a «prendere in proposito un'opportuna ed efficace risoluzione e [a] renderla poi pubblica».[122] Il rappresentante della Santa Sede temeva che un riacutizzarsi dello *Zentrumsstreit* dovuto allo scontro fra Porsch e Oppersdorff potesse ripercuotersi sullo stato della controversia sindacale, e ciò in un momento particolarmente delicato visto l'atteso intervento del pontefice.[123] I suoi sforzi s'indirizzarono non solo ad allontanare questa eventualità, ma addirittura a far sì che i due problemi trovassero soluzione nello stesso lasso di tempo.

Fra le opzioni proposte dal nunzio, Merry del Val scelse la seconda: il 5 luglio Frühwirth ottenne il permesso di scrivere ai due cardinali tedeschi in merito allo *Zentrumsstreit*, affinché essi potessero intendersi «praticamente sul da fare coi loro colleghi nell'episcopato».[124] Pochi giorni più tardi, Kopp e Fischer furono dunque sollecitati a discutere l'argomento «nella prossima Conferenza di Fulda» – che ancora era prevista per inizio agosto – e a prendere delle decisioni al riguardo.[125] Si delineava una prospettiva inedita: l'assemblea dei vescovi non era stata solita interessarsi alla sfera strettamente politica, né si era mai confrontata in dettaglio con lo *Zentrumsstreit*. «Trattandosi di un affare così attinente alla politica interna del paese» – sosteneva però il nunzio – «è forse più prudente che di esso si occupi, se ciò è ritenuto utile ed opportuno, l'episcopato».[126] Quest'ultima annotazione doveva rispecchiare il giudizio della Santa Sede: un diretto intervento del papa nella vita politica tedesca

121. Sulla figura di Porsch cfr. Leugers-Scherzberg, *Die Modernisierung des Katholizismus*; Id., *Felix Porsch*.
122. Frühwirth a Merry del Val, 1° luglio 1912, in AAV, Segr. Stato, 1912, rubr. 255, fasc. 2, ff. 97r-98v, qui f. 98r.
123. Cfr. Frühwirth a Merry del Val, 2 luglio 1912, in AAV, Segr. Stato, 1912, rubr. 255, fasc. 2, ff. 100r-v.
124. Merry del Val a Frühwirth, 5 luglio 1912, in AAV, ANM, b. 260, fasc. 2, ff. 21r-v, qui f. 21v.
125. Frühwirth a Fischer/Kopp, 9 luglio 1912 (traduzione italiana inoltrata dal nunzio alla Segreteria di Stato), in AAV, Segr. Stato, 1914, rubr. 255, fasc. 11, f. 71r. Per la minuta dell'originale tedesco cfr. AAV, ANM, b. 260, fasc. 2, ff. 22r-v.
126. Ibid.

avrebbe immancabilmente provocato le reazioni del governo e dell'opinione pubblica protestante, e inoltre sarebbe andato a vantaggio di quanti accusavano il Zentrum di dipendere da Roma; quella di affidarsi ai vescovi era senz'altro una via più discreta, e dunque si optò per ricorrere a un semplice input esterno. Ad ogni modo, il differimento della Conferenza di Fulda rimandò tutto al mese di novembre. Il nunzio tornò a invocare una soluzione dello *Zentrumsstreit* due settimane prima di quell'appuntamento:

> «Come già altre volte riferii all'Eminenza Vostra, ora che la questione operaia è risoluta e che le relative polemiche sono cessate, sarebbe utilissimo se anche le polemiche sul Centro e sulla sua natura venissero a finire. Io stesso ben so che anche nel Centro vi sarebbero cose da rimediare, però gli attacchi continuati ed esagerati come quelli che vengono fatti dalla *Kölner Korrespondenz* [sic!], dalla *Katholische Deutschland*, dalla *Klarheit und Wahrheit* ecc. sono di grandissimo danno alla causa cattolica qui in Germania».[127]

Frühwirth, come detto, coltivava la speranza di poter archiviare assieme la controversia sindacale e quella relativa al Zentrum: con il conflitto fra «Hochland» e «Der Gral» ormai passato in secondo piano, ciò avrebbe significato in pratica la fine dell'*Integralismusstreit*. Da un lato, tuttavia, il suo giudizio sullo stato della «questione operaia» era troppo ottimistico, dall'altro i suoi sforzi per veder concluso lo *Zentrumsstreit* si sarebbero risolti in un nulla di fatto. Rivolgendosi a Merry del Val, il nunzio ribadì l'importanza di una discussione dei vescovi su quest'ultimo argomento; «l'avvenuta morte del compianto card[inale] Fischer», però, suscitava in lui dei timori: tutto ora era nelle mani di Kopp, che in relazione al *Gewerkschaftsstreit* si era tradizionalmente distinto per un chiaro atteggiamento dilatorio all'interno della Conferenza di Fulda. Di conseguenza l'ex Generale dei domenicani avrebbe voluto scrivere di nuovo al vescovo di Breslavia, benché a suo parere una lettera del segretario di Stato sarebbe risultata più efficace, specie se in essa si fosse dichiarato che il papa desiderava «che l'episcopato riunito trov[asse] mezzi pratici per far tornare la calma tra i cattolici nel campo politico e per far cessare le polemiche in proposito».[128] «È probabile» – così sempre Frühwirth – «che la lettera già da me inviata all'E.mo Signor Card[inale] Kopp [il 9 luglio] sia sufficiente, però ritengo che la cosa è troppo grave da lasciar passare l'imminente Conferenza senza aver fatto per parte mia tutto il possibile perché la questione venga discussa e risoluta».[129]

All'intraprendenza e alla determinazione del nunzio fece da contraltare il disinteresse della Santa Sede. Il 26 ottobre Merry del Val si limitò a ri-

127. Frühwirth a Merry del Val, 21 ottobre 1912, in AAV, Segr. Stato, 1912, rubr. 255, fasc. 7, ff. 8r-9r, qui f. 8r-v.
128. Ibid., f. 8v.
129. Ibid., f. 9r.

spondere a Frühwirth che quanto da lui riferito sarebbe stato tenuto nel «debito conto»:[130] nessun accenno alla possibilità di una nuova lettera al vescovo di Breslavia, tantomeno da parte di Roma. Cosa era cambiato? Forse, dopo il compromesso trovato nella controversia sindacale con la «Singulari quadam», la Curia voleva evitare di agitare ulteriormente le acque con un immediato pronunciamento episcopale sullo *Zentrumsstreit*, che per giunta era prevedibile che non sarebbe stato tenero verso gli integralisti: d'altra parte si può anche supporre che essa tendesse a sottovalutare l'entità della questione politica, preferendo che l'assemblea dei vescovi concentrasse le proprie forze sulla soluzione del *Gewerkschaftsstreit*, percepito come un problema più urgente.

Al momento della Conferenza di Fulda, così, nulla si era aggiunto alla lettera inviata dal nunzio a Kopp durante estate: lettera che di per sé non si rivelò uno sprone sufficiente. L'8 novembre lo stesso Kopp riferì alla Santa Sede di come la riunione appena conclusa si fosse svolta «avec une pleine concorde dans tous les points»:[131] ma in realtà la trattazione – o meglio non trattazione – di uno di quei punti era stata fonte di vivi malumori, come si apprende da una missiva del vescovo di Rottenburg e da un'altra del vescovo di Metz. Dopo la Conferenza Keppler scrisse a Frühwirth informandolo del fatto che l'episcopato non fosse riuscito a prendere decisioni sullo *Zentrumsstreit* per la contrarietà di Kopp ad affrontare l'argomento: «Il presidente differì la cosa fino all'ultimo momento, quando cioè mancavano solo dieci minuti per andare alla funzione di chiusura. Egli cercò di troncare a priori qualunque discussione».[132] Fra i prelati solo Korum si era mostrato dalla parte del vescovo di Breslavia, sostenendo che «la conferenza per principio non si deve occupare di cose politiche».[133] Un tale contegno, sempre secondo Keppler, era da spiegare con il proposito d'impedire iniziative dirette contro il fronte integralista: «Noi lasciammo Fulda sotto la dolorosa impressione che il cardinale per timore, il vescovo di Treviri per convinzione, tengono la mano sopra per proteggere la così detta 'azione cattolica'» – cioè il già citato raggruppamento formatosi in Slesia sotto la guida di Nieborowski.[134] Rammarico per la palesatasi impossibilità di giungere a una soluzione fu espresso pure da Benzler il 12 novembre, in una lettera destinata

130. Merry del Val a Frühwirth, 26 ottobre 1912 (minuta), in AAV, Segr. Stato, 1912, rubr. 255, fasc. 7, f. 10r.

131. Kopp a Merry del Val, 8 novembre 1912, in AAV, Segr. Stato, 1914, rubr. 255, fasc. 15, f. 83r.

132. Keppler a Frühwirth, 8 novembre 1912 (traduzione italiana inoltrata dal nunzio alla Santa Sede), in AAV, Segr. Stato, 1914, rubr. 255, fasc. 14, ff. 137r-v, qui f. 137r. L'originale tedesco è conservato in AAV, ANM, b. 262, fasc. 21, ff. 1r-2r.

133. Ibid., f. 137v.

134. Ibid. Cfr. inoltre Busemann, *Katholische Laienemanzipation*, p. 324.

ancora una volta al nunzio.[135] La Conferenza episcopale dell'autunno 1912 si contraddistinse così non solo per la traduzione tedesca della «Singulari quadam», ma anche per il mancato pronunciamento sullo *Zentrumsstreit*: quest'ultimo comunque avrebbe perso d'intensità successivamente, a tutto vantaggio delle discussioni sull'effettiva ricezione dell'enciclica nelle diocesi tedesche.

135. Cfr. Benzler a Frühwirth, 12 novembre 1912, in AAV, ANM, b. 262, fasc. 21, ff. 5r-6r. La traduzione italiana trasmessa dal nunzio alla Santa Sede è conservata in AAV, Segr. Stato, 1912, rubr. 255, fasc. 7, f. 109r.

# V. Tensioni fra la Santa Sede e l'episcopato tedesco

## 1. L'enciclica 'tradita'

Nelle settimane successive alla pubblicazione della «Sigulari quadam» in Germania, la Santa Sede si adoperò per impedire interventi di parte cattolica che potessero riaccendere le polemiche e compromettere così quella pacificazione che si credeva finalmente prossima a realizzarsi nel *Gewerkschaftsstreit*. A metà novembre Merry del Val incaricò il nunzio di bloccare l'uscita di un libro di Joseph Froberger «sulla campagna internazionale di calunnie contro i cattolici tedeschi»;[1] pochi giorni più tardi l'uditore della Rota Romana Franz Xaver Heiner (1849-1919) fu invitato a non dare alle stampe un suo commento sulla recente enciclica.[2] Ancor più significativo è il fatto che il 17 novembre Frühwirth fosse espressamente messo al corrente della «volontà del Santo Padre [...] che i cattolici tedeschi si asten[essero] in qualsiasi modo dall'iniziare sui pubblici fogli polemiche» attorno alla «Singulari quadam»,[3] e che in pari tempo fosse sollecitato ad «ammonire convenientemente» i direttori di quei giornali che si discostassero «dalla linea di condotta voluta da Sua Santità».[4] Roma pretendeva il silenzio e si sforzava d'imporlo. Il nunzio si adeguò a queste istruzioni, e recependo una lamentela del segretario di Stato richiamò intanto all'ordine la «Kölnische

1. Merry del Val a Frühwirth, 15 novembre 1912, in AAV, ANM, b. 262, fasc. 20, ff. 1r-v, qui f. 1r. A segnalare l'imminente pubblicazione di Froberger alla Santa Sede fu Albert Maria Weiss: cfr. Weiss a Merry del Val, 9 novembre 1912, in AAV, Segr. Stato, 1912, rubr. 255, fasc. 7, ff. 70r-v.
2. Cfr. Merry del Val a Frühwirth, 25 novembre 1912 (minuta), in AAV, Segr. Stato, 1912, rubr. 255, fasc. 7, f. 94r.
3. Merry del Val a Frühwirth, 17 novembre 1912, in AAV, ANM, b. 258, fasc. 2, ff. 53r-54r, qui f. 53r.
4. Ibid., f. 53v.

Volkszeitung»:[5] egli tuttavia era dell'opinione che per il bene della pace occoresse «agire prontamente e fortemente» anche nei confronti di altre testate, e nello specifico verso l'«Österreichs katholisches Sonntagsblatt», la «Cölner Correspondenz» e «Das katholische Deutschland».[6] Il giornale di Mauss e quello di Nieborowski avrebbero dovuto essere «completamente riformati», mentre nel caso del periodico di Kaufmann si giudicava necessaria addirittura la sua cessazione.[7] La Santa Sede ad ogni modo non assecondò queste valutazioni e non ricorse a misure drastiche, limitandosi a far ammonire il giornale austriaco[8] e quello edito a Francoforte.[9] I fogli integralisti rispondevano al concetto di stampa di Pio X, che dunque non era intenzionato a 'riformarli': da essi si pretendeva l'attenzione a evitare polemiche sterili se non dannose, ma in generale non vi era alcuna volontà d'intervenire duramente nei loro confronti. Di ciò, suo malgrado, dovette rendersi conto lo stesso nunzio di Monaco.

Chi non lesinò attacchi alle *christliche Gewerkschaften* dopo la pubblicazione dell'enciclica fu la stampa socialista, in ciò spalleggiata da giornali vicini al *Verband* berlinese. Nonostante il regime di tolleranza sancito dal papa, i dirigenti del movimento sindacale cristiano non erano soddisfatti delle disposizioni della «Singulari quadam»: per giunta, l'elezione di Hartmann alla sede di Colonia faceva temere per la futura attività delle organizzazioni interconfessionali, che ora non potevano più contare sulla protezione di Fischer.[10] Con l'obiettivo di discutere la situazione determinata dal documento pontificio, il 26 novembre si tenne a Essen – in Vestfalia – un congresso straordinario delle *christliche Gewerkschaften*. Intravedendo la possibilità che tale iniziativa desse luogo a polemiche, lo stesso giorno il nunzio sottopose alla Santa Sede il testo di una dichiarazione che a suo avviso avrebbe dovuto essere rilasciata quanto prima:

> «Circa la questione operaia in Germania il Santo Padre ha parlato chiaramente nella sua enciclica *Singulari quadam* ed attende che i cattolici tedeschi, sotto la guida dei loro vescovi, diano fedele esecuzione alle norme ivi contenute astenendosi da ogni commento non autorizzato e da qualsiasi ulteriore pubblica polemica».[11]

5. Cfr. Frühwirth a Merry del Val, 21 novembre 1912, in AAV, Segr. Stato, 1914, rubr. 255, fasc. 14, f. 167r.
6. Frühwirth a Merry del Val, 21 novembre 1912, in AAV, Segr. Stato, 1914, rubr. 255, fasc. 14, ff. 169r-v, qui f. 169r.
7. Ibid., f. 169v.
8. Cfr. Merry del Val a Frühwirth, 26 novembre 1912, in AAV, ANM, b. 258, fasc. 2, ff. 85r-v.
9. Cfr. Merry del Val a Hartmann, dicembre 1912 [senza indicazione del giorno] (minuta), in AAV, Segr. Stato, 1914, rubr. 255, fasc. 15, f. 49r.
10. Cfr. Brack, *Deutscher Episkopat*, pp. 304-306.
11. Frühwirth a Merry del Val, 26 novembre 1912, in AAV, Segr. Stato, 1914, rubr. 255, fasc. 14, ff. 180r-v, qui f. 180v.

Frühwirth fece pubblicare la traduzione tedesca della dichiarazione suddetta la sera del 30 novembre, dopo aver ricevuto l'assenso di Merry del Val.[12] Quest'ultimo gli ordinò tuttavia di effettuare una modifica, ovvero di sopprimere le parole «sotto la guida dei loro vescovi». «Tali parole», come spiegò poi il segretario di Stato in una comunicazione del 1° dicembre,

> «avrebbero potuto lasciare supporre che la Santa Sede sanzionava le interpretazioni date [...] dai vescovi tedeschi ad alcuni punti dell'enciclica *Singulari quadam*. I prelati suddetti non erano a ciò autorizzati; ed inoltre le loro interpretazioni [...] non corrispondevano esattamente alla lettera, né allo spirito dell'enciclica stessa, indebolendone alcune prescrizioni, delle quali temo possa forse essere frustrato lo scopo».[13]

Cos'era successo? Perché questa chiara dissociazione dall'episcopato di Germania? La risposta è da trovare nei giorni precedenti al 26 novembre. Temendo che all'imminente appuntamento di Essen i sindacati cristiani si esprimessero contro la «Singulari quadam», Schulte prese contatti con il loro segretario generale Adam Stegerwald, che nell'occasione chiese delucidazioni su alcuni passaggi dell'enciclica che la stampa socialista sfruttava contro le *Gewerkschaften*. Il vescovo di Paderborn fornì tutti i chiarimenti richiesti, e della cosa ebbe poi modo d'informare Kopp. In quelle settimane il cardinale si stava sforzando di assecondare il tentativo di pacificazione attuato dalla Santa Sede, anche limitando l'iniziativa dei *Berliner*: Schulte comunque non poté non restare sorpreso quando egli gli consigliò di utilizzare l'interpretazione data a Stegerwald al fine di tranquillizzare i sindacati cristiani.[14] Lo stesso Kopp propose alcune modifiche al testo messo a punto dal vescovo di Paderborn e sostenne che esso avrebbe potuto essere presentato al congresso di Essen come l'opinione comune dell'episcopato della Conferenza di Fulda – il cardinale contava infatti sull'approvazione degli altri prelati, ai quali inviò la versione definitiva dell'interpretazione il 24 novembre.[15]

12. Cfr. Merry del Val a Frühwirth, 30 novembre 1912 (minuta di telegramma cifrato), in AAV, Segr. Stato, 1914, rubr. 255, fasc. 14, f. 174r; Frühwirth a Merry del Val, 30 novembre 1912 (telegramma cifrato), ibid., f. 184r.
13. Merry del Val a Frühwirth, 1° dicembre 1912, in AAV, ANM, b. 258, fasc. 2, ff. 104r-v.
14. «Ihrer Auslegung pflichte ich bei; es wird vielleicht noch nötig werden, dass wir von ihr Gebrauch machen. Je weniger sich die christlichen Gewerkschaften in Deuteleien und Erörterungen über die Enzyklika ergehen und einlassen, desto besser ist es für den Frieden». Kopp a Schulte, 21 novembre 1912 (copia), in AAV, ANM, b. 258, fasc. 2, ff. 62r-v, qui f. 62r.
15. «Diese [...] Erläuterungen könnten die Führer am Dienstag schon benutzen und sich sogar berufen, dass sie sich mit diesen Erklärungen in Übereinstimmung mit den Bischöfen wüssten. Wenn auch nur wir zwei dabei gewirkt haben, würden doch alle zustimmen, und ich würde allen mitteilen, was wir den christlichen Gewerkschaften mitgeteilt haben». Kopp a Schulte, 22 novembre 1912 (copia), in AAV, ANM, b. 258, fasc. 2, ff. 64r-v.

L'interpretazione esposta a Essen si componeva di cinque punti concernenti altrettanti passi della «Singulari quadam», e allentava alcuni vincoli dell'enciclica in un senso favorevole ai sindacati cristiani. Il punto dalle implicazioni più rilevanti era senz'altro il secondo, che riferiva a situazioni diverse da quella della Germania l'esortazione pontificia a costituire e aiutare le organizzazioni confessionali «non solo nei paesi cattolici, ma anche in tutti gli altri, dovunque si ritenga possibile venire incontro per mezzo di esse ai bisogni dei soci».[16] Era prodotta insomma una 'eccezionalizzazione' del contesto tedesco, per il quale il papa aveva ammesso le *christliche Gewerkschaften*: non solo, ma Stegerwald rilevò come l'enciclica non avesse prescritto di suddividere il territorio delle singole diocesi in aree riservate al *Verband* berlinese e aree dove i sindacati cristiani potevano invece esistere. L'interpretazione di Schulte e Kopp, i cui nomi furono esplicitamente menzionati a Essen, toglieva così ogni ipotizzabile limite alla diffusione geografica delle organizzazioni interconfessionali (nella stessa direzione andava pure il quinto punto). Essa inoltre asseriva che il carattere morale della questione sociale non implicava il diretto intervento dell'autorità ecclesiastica a risolvere i problemi connessi con le vertenze sindacali, e che il dovere dei vescovi di vigilare sulle *christliche Gewerkschaften* non concerneva l'attività economica di quest'ultime. Come osservato giustamente da Wilfried Loth, l'interpretazione del novembre 1912 vanificò il tentativo di Pio X di ridurre i sindacati cristiani a una ben delimitata anomalia e trasformò la «Singulari quadam» in un riconoscimento dello *status quo*:[17] si spiegano così le precedenti affermazioni di Merry del Val, che testimoniano come il 30 novembre la Santa Sede fosse a conoscenza di quanto avvenuto a Essen e non ne fosse affatto felice.[18]

Negli ambienti integralisti l'interpretazione di Essen fu giudicata come un affronto all'autorità del papa,[19] e lo stesso dovette avvenire all'interno della Curia romana. Dopo essersi manifestata nel caso delle misure contro il moderni-

Sull'origine dell'interpretazione dei vescovi cfr. Brack, *Deutscher Episkopat*, pp. 307-313.

16. Pio X, *Singulari quadam* [come cap. IV, nota 96], p. 443.
17. Cfr. Loth, *Bischof Karl Joseph Schulte*, p. 355.
18. Verosimilmente la Curia romana apprese in maniera autonoma dell'interpretazione di Essen, attraverso la «Kölnische Volkszeitung»: il 28 novembre il nunzio trasmise una copia del giornale con i cinque punti letti da Stegerwald al congresso dando per scontato che in Vaticano si fosse già informati sull'argomento. Cfr. Frühwirth a Merry del Val, 28 novembre 1912, in AAV, Segr. Stato, 1914, rubr. 255, fasc. 15, ff. 2r-v.
19. Nieborowski, ad esempio, affrescò il congresso straordinario di Essen come «la mort de 'Berlin' et un coup mortel pour l'autorité papale chez nous»: cfr. Nieborowski a Merry del Val, 27 novembre 1912, in AAV, Segr. Stato, 1914, rubr. 255, fasc. 15, ff. 102r-103r, qui f. 102v.

smo, la tendenza dell'episcopato tedesco ad 'eludere' le prescrizioni pontificie si ripropose attraverso Schulte e Kopp: ma stavolta non si trattava del tentativo di conseguire una qualche dispensa, bensì dell'esegesi pubblica e non autorizzata – la Santa Sede non aveva ricevuto alcun preavviso – di un importante documento magisteriale, che seguiva alla richiesta formulata nei *Gutachten* di tollerare i sindacati cristiani in considerazione della peculiarità del contesto tedesco. L'iniziativa di fine novembre si prestava inoltre ad apparire come uno schiaffo agli sforzi vaticani di placare gli animi, giacché era facile prevedere che essa avrebbe suscitato reazioni fra i *Berliner*.[20] Il 5 dicembre Frühwirth scrisse a Merry del Val evidenziando la delicatezza del momento:

> «In così grave situazione io non ardisco pronunziarmi in nessun modo: debbo però dire che se l'interpretazione data sui cinque punti si lascia correre essa sarà creduta legittima, verrà messa in pratica e col tempo sarà difficile di ritirarla. D'altra parte tale interpretazione sembra aver calmato i liberali, i protestanti, le *chr*[*istliche*] *Gewerkschaften*, e forse anche il Cancelliere, ritirarla o smentirla pubblicamente potrebbe essere causa di gravi noie al governo».[21]

Le parole del nunzio sono indicative del fatto che la Santa Sede si trovasse in un'impasse: essa non intendeva approvare l'interpretazione di Essen, percepita come una menomazione della «Singulari quadam»; sconfessarla avrebbe significato però compromettere l'autorità episcopale in Germania e rinfocolare le polemiche, se non addirittura avvicinare uno scontro con il governo tedesco. Stando a un articolo apparso il 1° dicembre sulla «Frankfurter Zeitung», il cancelliere Bethmann Hollweg aveva sostenuto in un colloquio con un dirigente del Zentrum che l'enciclica era stata l'ultima ingerenza vaticana ad essere tollerata: un altro intervento avrebbe condotto all'immediata rottura delle relazioni diplomatiche con Roma.[22] Probabilmente fu anche per timore di questa eventualità che la Santa Sede decise infine di non pronunciarsi sull'interpretazione: non solo non si ebbero dichiarazioni pubbliche, ma neppure comunicazioni private all'episcopato. Pio X lasciò correre: ad ogni modo il 12 dicembre Frühwirth fu incaricato di dire a Schulte «che la Santa

20. Un ulteriore attestato della volontà della Santa Sede d'impedire nuove turbolenze in Germania coincide con una comunicazione di Pacelli del 2 dicembre, nella quale monsignor Benigni fu pregato «di non toccare affatto sulla *Correspondance de Rome* la questione dei sindacati di Germania ed in modo particolare le interpretazioni date dai vescovi all'enciclica *Singulari quadam*». Pacelli a Benigni, 2 dicembre 1912, in AAV, Fondo Benigni, b. 36, f. 39r.
21. Frühwirth a Merry del Val, 5 dicembre 1912, in AAV, Segr. Stato, 1914, rubr. 255, fasc. 15, ff. 21r-22r, qui f. 21v.
22. Cfr. Brack, *Deutscher Episkopat*, p. 317. In verità pare che Bethmann Hollweg non arrivasse a ventilare uno scenario così drammatico: il 3 dicembre la «Kölnische Volkszeitung» smentì la ricostruzione fornita dalla «Frankfurter Zeitung» (cfr. ibid., p. 332).

Sede non p[oteva] prendere alcuna responsabilità delle suddette interpretazioni, non avendole in precedenza conosciute».[23]

A complicare ancor più il quadro fu l'incoerenza di Kopp. Dopo essersi mostrato sorprendentemente amichevole nei confronti dei sindacati cristiani e aver spinto per l'uso pubblico dell'interpretazione elaborata da Schulte e per la sua attribuzione alla Conferenza di Fulda, il 1° dicembre egli informò il vescovo di Paderborn della propria volontà di ritirare l'adesione all'interpretazione stessa, giudicata ora «inefficace» («wirkungslos») e «disorientante» («verwirrend»). Per spiegare tale retromarcia il cardinale chiamò in causa le discussioni avutesi al congresso di Essen e i successivi commenti della stampa cattolica, nonché la dichiarazione del cancelliere tedesco riportata dalla «Frankfurter Zeitung».[24] Quest'ultima fu probabilmente la causa scatenante della reazione emotiva di Kopp, che volle smarcarsi dall'interpretazione temendo di ritrovarsi in mezzo a un prossimo conflitto fra *Kaiserreich* e Santa Sede. Tuttavia il vescovo di Breslavia non rese pubblica la propria presa di distanza, forse per non suscitare malcontento fra i dirigenti del movimento sindacale cristiano e per non apparire inaffidabile.[25] Non solo l'episcopato tedesco, ma anche la Santa Sede fu lasciata all'oscuro della decisione del 1° dicembre: quello stesso giorno Kopp scrisse a Merry del Val in merito all'articolo della «Frankfurter Zeitung», e però non fece alcun accenno all'interpretazione, né al suo proposito di non sostenerla più.[26] Sarebbe stato Frühwirth, quattro giorni più tardi, a ragguagliare la Curia sul comportamento dell'anziano cardinale, dopo un colloquio avuto con Schulte presso la Nunziatura di Monaco. Il vescovo di Paderborn domandò che il papa fosse messo al corrente del ritiro dell'adesione da parte di Kopp[27] e fece avere al nunzio la corrispondenza intrattenuta col vescovo di Breslavia nelle settimane precedenti, la quale fu inoltrata a Roma il 6 dicembre assieme alla relativa traduzione italiana:[28] per questa via la Santa Sede arrivò a disporre di un quadro completo sull'origine dell'interpretazione di Es-

23. Merry del Val a Frühwirth, 12 dicembre 1912, in AAV, ANM, b. 258, fasc. 2, ff. 148r-v.
24. «Nachdem ich aber die Verhandlungen des Essener Kongresses, den vorangegangenen Commentar des Dr. Trimborn, die Auslassungen der Dortmunder *Tremonia* und anderer Zentrumsblätter – und heute den Ausspruch des Herrn Reichskanzlers gegenüber dem Vertreter der *Frankfurter Zeitung* gelesen habe, bedauere ich, mich an den Maßnahmen zur Beruhigung der christlichen Gewerkschaften beteiligt zu haben – es ist alles unnütz und führt nur zum Nachteil der Kirche. Ich werde auch die Interpretation in den 5 Punkten nicht weiter vertreten, da solche nicht allein wirkungslos, sondern verwirrend ist». Kopp a Schulte, 1° dicembre 1912 (copia), in AAV, ANM, b. 258, fasc. 2, ff. 108r-v, qui f. 108r.
25. Cfr. Loth, *Bischof Karl Joseph Schulte*, p. 356.
26. Cfr. Kopp a Merry del Val, 1° dicembre 1912, in AAV, Segr. Stato, 1914, rubr. 255, fasc. 14, ff. 190r-v.
27. Cfr. Frühwirth a Merry del Val, 5 dicembre 1912 (come nota 21), f. 21r.
28. Cfr. Frühwirth a Merry del Val, 6 dicembre 1912, in AAV, Segr. Stato, 1914, rubr. 255, fasc. 15, ff. 25r, 27r-29v.

sen, sul coinvolgimento di Kopp e sul suo (quasi) immediato passo indietro. Il cardinale ad ogni modo non fu sollecitato a fornire chiarimenti circa il proprio operato: anche per questo egli avrebbe potuto supporre, in seguito, che solo Schulte fosse a conoscenza del suo ritiro dall'interpretazione.

L'inizio del 1913 fu connotato da una relativa calma nel *Gewerkschaftsstreit*, che più o meno sarebbe durata fino all'autunno.[29] Allo scontro aperto fra le due *Richtungen* riguardo all'ammissibilità dei sindacati cristiani si sostituì la denuncia integralista del 'tradimento' della «Singulari quadam»: i dirigenti del *Verband* berlinese erano dell'avviso che il senso dell'enciclica fosse stato svisato dall'interpretazione di Essen e che la tolleranza condizionata riconosciuta dal papa alle organizzazioni interconfessionali fosse divenuta in pratica un'approvazione. Quest'idea trovò accoglienza anche nel *Sodalitium Pianum*. Una velina del gennaio 1913 lamentava ad esempio come «l'enciclica a favore delle organizzazioni cattoliche» si fosse trasformata nell'«enciclica a favore dei sindacati cristiani»:[30] la colpa «di questo inaudito *sabotage* della parola papale» era attribuita alla «maggior parte dell'episcopato tedesco, da Paderborn a Monaco»; neppure Kopp scampava al biasimo dei cattolici 'integrali', in quanto era noto il suo coinvolgimento nella vicenda di fine novembre.[31] Un altro documento dell'aprile successivo osservava similmente come la «Singulari quadam» fosse rimasta «lettre morte dans l'Allemagne presque entière».[32]

Nel frattempo il vescovo di Breslavia aveva ripreso la tradizionale posizione intransigente nei confronti dei sindacati cristiani: si ha l'impressione che dopo il voltafaccia del 1° dicembre egli credesse di aver cancellato, quasi come con un colpo di spugna, la propria responsabilità nella genesi dell'interpretazione riferita da Stegerwald. Alla Santa Sede Kopp scrisse il 20 gennaio 1913 che le speranze prodotte dalla «Singulari quadam» non si erano ancora realizzate, e addirittura volle notare che «le congrès d'Essen au mois [de] novembre 1912 respire l'esprit de l'opposition et de l'interprétation irrespectueux [sic!]»:[33] ma egli non diceva nulla del ruolo giocato a ridosso del congresso medesimo, né del suo successivo mutamento d'opinione. La maggior parte dell'episcopato e del clero, secondo lui, abusava delle parole del papa per favorire i sindacati interconfessionali e attaccare i *Berliner*: Kopp affermava fra l'altro che il vescovo di Rottenburg aveva vietato le organizzazioni berlinesi nella sua diocesi accordando una preferenza esclusiva alle *christliche Gewerkschaften*, e che un

29. Cfr. Heitzer, *Georg Kardinal Kopp*, p. 224.
30. *La Singulari quadam in Germania – Assolutamente segreto*, in AAV, Fondo Benigni, b. 3, ff. 405r-407r, qui f. 405r.
31. Cfr. ibid.
32. *Echos d'Allemagne, 7 avril 1913*, in AAV, Fondo Benigni, b. 15, ff. 261r-262r, qui f. 261r.
33. Kopp a Merry del Val, 20 gennaio 1913, in AAV, Segr. Stato, 1914, rubr. 255, fasc. 15, ff. 43r-44r, qui f. 43r.

giornale vicino a queste ultime si era permesso di criticare una recente lettera pastorale di Korum. L'enciclica inoltre non avrebbe dissolto i pericoli che minacciavano la fede cattolica: sempre a detta di Kopp, infatti, «les messieurs à München-Gladbach» – ossia i dirigenti del *Volksverein* – stavano facendo progetti «pour l'interconfessionalisme universel».[34] Merry del Val ringraziò il cardinale per queste informazioni, specificando di seguire «con molto interesse» ma anche «con viva preoccupazione» ciò che concerneva il movimento sindacale cristiano, e di sperare che esso non si ponesse «in antagonismo colle norme saggiamente fissate dal Santo Padre nell'enciclica *Singulari quadam*».[35] Nessun accenno alla vicenda dell'interpretazione.

All'interno della Curia non si era tranquilli riguardo all'effettiva osservanza del documento pontificio. A seguito della lettera di Kopp il segretario di Stato ordinò al nunzio di approfondire il caso delle critiche indirizzate a Korum:[36] quanto ai fatti segnalati per Rottenburg, lo stesso Frühwirth si affrettò a darne conto alla Santa Sede prima ancora che questa prendesse l'iniziativa, essendone venuto a conoscenza tramite la «Kölnische Volkszeitung». Dopo aver contattato il vescovo Keppler,[37] il nunzio riferì di come una circolare inviata dalla direzione diocesana degli *Arbeitervereine* ai sacerdoti locali avesse raccomandato i sindacati cristiani «perché le sezioni professionali di Berlino non hanno dato e non possono dare risultati pratici favorevoli agli operai».[38] Keppler aveva deplorato che tale documento, destinato a un uso esclusivamente interno, fosse divenuto di dominio pubblico: a Frühwirth tuttavia aveva confermato che le cose stessero proprio così, «e che le associazioni del sistema di Berlino non po[tessero] essere fondate nel Württemberg».[39] Considerazioni concrete continuavano a essere anteposte a ragioni di principio: l'impotenza delle organizzazioni legate al *Verband* berlinese rendeva ineludibile il ricorso ai sindacati cristiani se non si voleva che gli operai cattolici affidassero le proprie speranze di miglioramento economico alle organizzazioni socialiste. Nella diocesi di Rottenburg – come del resto in altre – si optò quindi per mantenere lo *status quo* precedente alla «Singulari quadam»: in-

34. Ibid., f. 43v.
35. Merry del Val a Kopp, 26 gennaio 1913 (minuta), in AAV, Segr. Stato, 1914, rubr. 255, fasc. 15, f. 45r.
36. Cfr. Merry del Val a Frühwirth, 26 gennaio 1913, in AAV, ANM, b. 258, fasc. 3, ff. 20r-v. A esser presa di mira dal periodico «Bergknappe» non fu una pastorale, bensì una circolare del vescovo di Treviri risalente alla fine di dicembre: cfr. Frühwirth a Merry del Val, 29 gennaio 1913, in AAV, Segr. Stato, 1914, rubr. 255, fasc. 16, ff. 2r-3r.
37. Cfr. Frühwirth a Keppler, 18 gennaio 1913 (minuta), in AAV, ANM, b. 258, fasc. 3, f. 13r; Keppler a Frühwirth, 19 gennaio 1913, ibid., ff. 14r-v.
38. Frühwirth a Merry del Val, 21 gennaio 1913, in AAV, Segr. Stato, 1914, rubr. 255, fasc. 15, ff. 110r-111r, qui f. 110r-v.
39. Ibid., f. 111r.

dubbiamente l'interpretazione del novembre 1912 facilitò tale operazione. Le informazioni trasmesse dal nunzio di Monaco non piacquero alla Santa Sede, che da un lato stigmatizzò «la critica così severa e non perfettamente equa del sistema sindacale berlinese», dall'altro lamentò come la circolare di Rottenburg non avesse riportato tutte le condizioni necessarie per la tolleranza dei sindacati cristiani.[40] Ciò che si temeva – e che si voleva evitare – era la dilatazione del *tolerari posse* sancito dall'enciclica fino a farne un'aperta approvazione delle organizzazioni interconfessionali: un timore accresciuto dalle narrazioni integraliste che affrescavano proprio uno scenario di questo tipo.

Il rispetto delle prescrizioni della «Singulari quadam» passava giocoforza dall'episcopato: ne era ben consapevole Kopp, che nel marzo 1913 suggerì alla Santa Sede di far conoscere «sans détour et palliation» i suoi giudizi e i suoi desideri in merito alle questioni religiose e politico-sociali della Germania.[41] L'occasione poteva essere quella delle visite *ad limina*[42] che diversi vescovi tedeschi avrebbero compiuto nel corso dell'anno: in sostanza il cardinale indicò a Pio X una possibile modalità per correggere ciò che non andava, e in primis per rimediare al fatto che l'enciclica fosse rimasta nel complesso «sans effet».[43] Si trattava per giunta di una soluzione che non prevedeva un pronunciamento pubblico della Santa Sede, e che dunque non avrebbe rischiato di produrre reazioni immediate da parte del governo tedesco. Purtroppo non è dato conoscere i contenuti delle visite *ad limina* che ebbero luogo durante il 1913, con la parziale eccezione di quella effettuata da Kopp in novembre:[44] d'altro canto le *relationes* presentate a Roma da alcuni vescovi più coinvolti nella controversia sindacale – mi riferisco a Bertram,[45] Schulte,[46] Korum[47] e

40. Merry del Val a Frühwirth, 27 gennaio 1913, in AAV, ANM, b. 258, fasc. 3, ff. 22r-v, qui f. 22r.
41. Kopp a Merry del Val, 24 marzo 1913, in AAV, Segr. Stato, 1914, rubr. 255, fasc. 16, ff. 24r-25v, qui f. 24r.
42. Con l'espressione visita *ad limina* s'intende il viaggio che periodicamente i vescovi cattolici dovevano – e ancora devono – effettuare a Roma (*ad limina Apostolorum*, cioè alle tombe degli apostoli Pietro e Paolo) per illustrare al papa la situazione della loro diocesi: a tal fine essi recavano con sé un'apposita relazione compilata. Sull'uso di questa tipologia documentale in ambito storiografico vedasi Menozzi, *L'utilizzazione delle "relationes ad limina"*.
43. Kopp a Merry del Val, 24 marzo 1913 (come nota 41), f. 24v.
44. Cfr. *infra*, pp. 150-154.
45. Cfr. relazione di Bertram, 1° ottobre 1913 (allegata a una lettera alla Congregazione concistoriale del 9 ottobre 1913), in AAV, Cong. Concist., Relationes Dioecesium, b. 386, fasc. «1913» (senza numerazione dei fogli).
46. Cfr. relazione di Schulte, s.d. (allegata a una lettera a De Lai del 7 novembre 1913), in AAV, Cong. Concist., Relationes Dioecesium, b. 595, fasc. «1913» (senza numerazione dei fogli).
47. Cfr. relazione di Korum, s.d., in AAV, Cong. Concist., Relationes Dioecesium, b. 872, fasc. «1913» (senza numerazione dei fogli).

allo stesso Kopp[48] – non contengono riferimenti al confronto tra *Kölner* e *Berliner*, né al problema dell'applicazione pratica della «Singulari quadam».

## 2. Il cardinale Kopp a Roma

L'autunno del 1913 vide il tentativo di dar vita a una forma di coordinamento interno alla galassia integralista di lingua tedesca. Fu nel novembre di quell'anno che il barone Johann Nepomuk Di Pauli (1874-1931), esponente di punta dei conservatori tirolesi, sottopose al conte Oppersdorff il progetto di un incontro fra i leader del 'movimento' finalizzato a favorire i legami tra le singole realtà locali e a instaurare così una collaborazione più organica.[49] Da una maggiore intesa ci si riprometteva evidentemente un miglior risultato nella lotta contro la *Kölner Richtung*, che agli occhi degli integralisti si presentava come un fenomeno transnazionale. Oppersdorff aderì alla proposta e chiese all'interlocutore una lista di possibili partecipanti, a suo avviso da limitare a un numero ristretto.[50] I nomi indicati inizialmente da Di Pauli furono sette: oltre a lui e a Oppersdorff sarebbero stati da coinvolgere Roeren, Mauss, l'editore degli «Historisch-politische Blätter» Georg Jochner (1860-1923), un dirigente del *Verband* berlinese e un rappresentante dell'integralismo svizzero (Weiss o Decurtins). L'incontro avrebbe dovuto discutere dei passi necessari per giungere a un'«unificazione del movimento cattolico integrale» e a una «più stretta presa di contatto con Roma e con i vescovi che stanno dalla nostra parte».[51] Ovviamente la cosa non mancò d'interessare monsignor Benigni, tenuto al corrente degli sviluppi dallo stesso Oppersdorff. La corrispondenza fra quest'ultimo e Di Pauli proseguì nelle settimane successive, con entrambi che riconobbero la necessità della discrezione: a tal fine l'editore della «Klarheit und Wahrheit» consigliò di riunirsi nella sua residenza di Oberglogau, in Slesia, durante gli ultimi giorni di dicembre.[52] Una lieve divergenza di opinioni si manifestò solo riguardo alle figure da contattare.[53]

48. Cfr. relazione di Kopp, s.d. (allegata a una lettera a Pio X del 15 novembre 1913), in AAV, Cong. Concist., Relationes Dioecesium, b. 951, fasc. «1913» (senza numerazione dei fogli).
49. Cfr. Di Pauli a Oppersdorff, 14 novembre 1913 (copia), in AAV, Fondo Benigni, b. 27, f. 187r.
50. Cfr. Oppersdorff a Di Pauli, 18 novembre 1913 (copia), in AAV, Fondo Benigni, b. 27, f. 189r.
51. Originale tedesco: «Vereinheitlichung der integral-katholischen Bewegung [...]. Engere Fühlungnahme mit Rom und den zu uns stehenden Bischöfen». Di Pauli a Oppersdorff, 20 novembre 1913 (copia), in AAV, Fondo Benigni, b. 29, ff. 93r-94r, qui f. 93r.
52. Cfr. Di Pauli a Oppersdorff, 5 dicembre 1913 (copia), in AAV, Fondo Benigni, b. 27, ff. 6r-7r; Oppersdorff a Di Pauli, 12 dicembre 1913 (copia), ibid., ff. 8r-10r.
53. Cfr. Di Pauli a Oppersdorff, 14 dicembre 1913 (copia), in AAV, Fondo Benigni, b. 27, ff. 449r-v.

Con ogni probabilità il pianificato incontro non ebbe mai luogo: del suo effettivo svolgimento non si trova attestazione. A far fallire l'iniziativa fu forse l'improvviso riaccendersi del *Gewerkschaftsstreit* nella seconda metà di dicembre,[54] o forse l'esistenza di alcune linee di frattura nello stesso integralismo germanofono. Fra queste, la principale vedeva protagonisti Oppersdorff e i dirigenti del *Verband* berlinese. Nel settembre del 1913 il conte slesiano lamentò il fatto che l'organizzazione guidata da Fournelle, malgrado il favore sempre accordatole da «Klarheit und Wahrheit», non facesse nulla a sua volta per sostenere il periodico, a corto di abbonamenti.[55] L'autunno portò quindi a un deciso raffreddamento del rapporto fra le due parti.[56] All'epoca i *Berliner* avevano divergenze anche con la rivista «Stände-Ordnung» di Coblenza: ma in questo caso il problema era di natura teorica. Fondata nel 1906, la «Stände-Ordnung» aspirava a un ordine economico basato sulla piccola proprietà e rimproverava al *Verband* berlinese di considerare la questione sociale come una mera questione operaia, trascurando altre categorie di lavoratori: se da un lato essa non accettava il moderno sistema di produzione capitalistico, dall'altro escludeva il ricorso alla legislazione sociale, considerata quale via al socialismo di Stato.[57] Le peculiari posizioni della rivista rendevano di fatto impossibile il dispiegarsi di un'attività che andasse sino in fondo nella stessa direzione: se dialogo vi era, era soprattutto per la comune ostilità al 'gladbachismo'.

Allargando lo sguardo, occorre notare poi come gli ultimi mesi del 1913 fossero cosparsi di avvenimenti infausti per il fronte integralista. Anton Mauss incorse in una denuncia dei gesuiti viennesi a seguito di un articolo dell'«Österreichs katholisches Sonntagsblatt» che aveva accusato la Compagnia di Gesù di operare a favore della *Kölner Richtung*:[58] gli sviluppi di questa vicenda danneggiarono gravemente l'immagine del sacerdote all'interno del *Sodalitium Pianum*.[59] In settembre venne a mancare inoltre il cardinale José de Calasanz Vives y Tutó (1854-1913), prefetto della Congregazione per i religiosi e sostenitore della causa integralista all'interno della Curia romana:[60] solo due mesi più tardi sarebbe scomparso quindi Friedrich

54. Cfr. *infra*, pp. 155-157.
55. Cfr. Oppersdorff a Fleischer, 24 settembre 1913 (copia), in AAV, Fondo Benigni, b. 29, ff. 328r-334r.
56. Cfr. ad esempio Oppersdorff a Fleischer, 13 novembre 1913 (copia), in AAV, Fondo Benigni, b. 29, ff. 363r-377r.
57. Cfr. Kirchesch a Oppersdorff, 11 dicembre 1913 (copia), in AAV, Fondo Benigni, b. 28, ff. 330r-347r. Il parroco Franz Kirchesch (1873-1931) era uno dei redattori della «Stände-Ordnung».
58. Al riguardo vedasi Tacchi, *The Modernist Crisis*, pp. 255-261; Weiss, *Modernismus und Antimodernismus*, pp. 97-102.
59. Cfr. Poulat, *Intégrisme*, pp. 423-424 e p. 429.
60. Per informazioni biografiche su questa figura cfr. Raurell, *L'antimodernisme*; Wolf (a cura di), *Prosopographie*, vol. L-Z, pp. 1556-1562.

Speiser (1853-1913), sacerdote svizzero membro della dieta centrale della rete clandestina di Benigni. Lo stesso monsignore umbro definì tale perdita «un désastre autant pour notre œuvre que pour l'Église en général».[61] In questa fase i rapporti del *Sodalitium Pianum* con i suoi contatti tedeschi non erano dei migliori: una circolare interna del gennaio 1914 avrebbe puntato il dito contro alcuni «egoïstes» e «opportunistes», con ciò intendendo riferirsi fra l'altro a Kaufmann e Nieborowski.[62] Anche Oppersdorff tuttavia non godeva più della stessa fiducia accordatagli in passato.[63] Parlare di galassia integralista, in conclusione, non significa rimandare a un blocco perfettamente omogeneo e compatto: a partire soprattutto dall'autunno del 1913 le frizioni non mancarono né all'interno del mondo germanofono né lungo la direttrice che collegava Roma al *Kaiserreich*. E questo, senza dubbio, rappresentò un fattore di debolezza.

Nel novembre dello stesso 1913 il cardinale Kopp compì la propria visita *ad limina*. Il suo arrivo in Vaticano fu preceduto di poco da quello di Schulte, particolarmente osteggiato dagli integralisti in quanto «autore principale della interpretazione-tradimento dell'enciclica *Singulari quadam*».[64] I contenuti del soggiorno romano del vescovo di Paderborn non sono noti: di conseguenza non sappiamo neppure se egli discutesse con Pio X e con il segretario di Stato dei fatti risalenti a un anno prima. Nel caso di Kopp è possibile disporre invece di maggiori informazioni. A Roma[65] egli lasciò la *relatio* prevista per la visita,[66] ma anche altri quattro documenti. Uno era un «esposto circa i pericoli derivanti alla religione cattolica dalla così detta *Kölner Richtung*», recapitato a Merry del Val e purtroppo non conservatosi fra le carte vaticane.[67] L'attenzione della Santa Sede fu inoltre indirizzata sul *Volksverein*, che al solito costituiva per Kopp il principale centro di promozione dell'interconfessionalismo in Germania. Il cardinale portò con sé una lettera originale dell'arcivescovo Hartmann, in cui si accennava a una risoluzione presa in agosto dalla Conferenza di Fulda proprio riguardo al *Volksverein*. Essendo sorto un contra-

61. Benigni a Oppersdorff, 14 novembre 1913 (minuta), in AAV, Fondo Benigni, b. 36, ff. 113r-v, qui f. 113r.
62. Poulat, *Intégrisme*, p. 399. Cfr. anche ibid., p. 403.
63. Nell'ottobre del 1913 la «Klarheit und Wahrheit» pubblicò il programma del *Sodalitium Pianum* apportandovi alcune modifiche: il tutto senza informare preventivamente Benigni, che non fu affatto felice dell'iniziativa. In merito cfr. ibid., pp. 134-137.
64. *Ottobre 1913*, in AAV, Fondo Benigni, b. 19, f. 180r.
65. La visita *ad limina* di Kopp si svolse nella settimana fra il 19 e il 26 novembre: cfr. *L'E.mo Kopp a Roma*, in *L'Osservatore Romano*, 20 novembre 1913; *La partenza del Cardinale Kopp*, ibid., 27 novembre 1913.
66. Cfr. *supra*, pp. 147-148.
67. Cfr. Merry del Val a Kopp, 6 dicembre 1913 (minuta), in AAV, Segr. Stato, 1914, rubr. 255, fasc. 16, f. 166r.

sto fra quest'ultimo e il *Frauenbund*,[68] l'episcopato aveva concordato che quanto deciso già nel 1909[69] dovesse essere riproposto all'organizzazione di Mönchengladbach.[70] Fu Hartmann a svolgere tale compito in prima persona. Nella lettera da lui indirizzata a Kopp, tuttavia, si metteva in guardia contro la tendenza del *Volksverein* – o meglio di alcuni suoi dirigenti – a sottrarsi il più possibile all'influenza dell'autorità ecclesiastica.[71] Per l'arcivescovo di Colonia era al contrario indispensabile che l'episcopato potesse disporre di uno stretto controllo sull'organizzazione: più stretto di quanto stabilito quattro anni prima. A questo interessante documento Kopp affiancò una propria relazione, anch'essa consegnata durante la visita *ad limina*: egli vi lamentava apertamente come il *Volksverein* si applicasse «a favoreggiare ed a aiutare tutte le tendenze che hanno per fine la moderna [sic!] del cattolicesimo», negando invece il proprio sostegno alle associazioni del *Verband* berlinese.[72] Il vescovo di Breslavia proiettò insomma serie ombre sull'organizzazione di Mönchengladbach: e senz'altro, esibendo la lettera di Hartmann, egli intese far apparire la propria denuncia ancor più credibile. Ma perché Kopp compì questo passo alla fine del 1913? È lecito supporre, al riguardo, che l'intervento della Conferenza di Fulda e i successivi passi dell'arcivescovo di Colonia portassero il cardinale a sostare sulla sua tradizionale inquietudine circa il 'gladbachismo', peraltro accresciuta dalla convinzione che neppure l'enciclica «Singulari quadam» fosse riuscita a imbrigliare i sindacati interconfessionali.

L'ultimo documento da esaminare coincide con una lettera in data 20 novembre, che Kopp consegnò personalmente al pontefice. Tale missiva merita attenzione per due motivi. Intanto, il cardinale vi accennava all'origine dell'interpretazione di Essen, argomento su cui comunque la Santa Sede disponeva da tempo di dettagliate informazioni:

> «Mox diaria liberalia et praecipue socialdemocratica contra Encyclicam *Singulari quadam* vehementissime agitabant eamque depravare et in pejus vertere conabantur quamobrem Episcopi coactos se viderunt, Epistolae verba amplius et ac-

68. Fondato a Colonia nel 1903, il *Katholischer Frauenbund* era l'organizzazione nazionale delle donne cattoliche tedesche. In proposito vedasi Breuer, *Frauenbewegung*.
69. Cfr. *supra*, pp. 59-60.
70. Cfr. *Protokoll der Bischofskonferenz* [19-21 agosto 1913], in Gatz (a cura di), *Akten*, pp. 207-218, in particolare p. 212.
71. «Namentlich muss der Volksverein, das erscheint unumgänglich notwendig, zu dem Episkopate in dem rechten Verhältnisse sich befinden und nicht, wie es unverkennbar wenigstens von einzelnen Leitern des Volksvereins angestrebt wird, dem Einflusse der Bischöfe unter allerhand Vorwänden sich möglichst zu entziehen suchen». Hartmann a Kopp, 10 novembre 1913, in AAV, Segr. Stato, 1914, rubr. 255, fasc. 16, ff. 149r-151v, qui f. 149v. La traduzione italiana di questo documento si trova sia ibid., ff. 158r-163v, sia in ASRS, AA.EE.SS., *Germania*, pos. 1580, fasc. 835, ff. 38r-42v.
72. Relazione di Kopp, s.d., in Segr. Stato, 1914, rubr. 255, fasc. 16, ff. 154r-155v, qui f. 155r.

curatius interpretari. Dolendum est quod rectores istarum syndicalium christianarum consociationum hac interpretatione in sensu obliquo abutebantur».[73]

Era la prima volta che Kopp informava per iscritto la Santa Sede di quanto accaduto nel novembre 1912: nel farlo, tuttavia, egli presentò l'interpretazione come un'iniziativa dell'episcopato piuttosto che sua e di Schulte, al contempo associando gli sviluppi che potevano essere dispiaciuti al pontefice a un 'abuso' perpetrato dai dirigenti del movimento sindacale cristiano. Il vescovo di Breslavia, in altre parole, tenne lontana da sé qualunque responsabilità personale. In secondo luogo, egli incolpò le *christliche Gewerkschaften* di aver disatteso le disposizioni dell'enciclica, sostenute in ciò da molti vescovi («plurimi episcopi») che avrebbero continuato a promuovere attivamente le stesse organizzazioni interconfessionali.[74] Il problema era appunto l'episcopato: come poteva il gregge cattolico orientarsi correttamente in materia sociale, vedendo i propri pastori favorire quei sindacati cristiani a malapena tollerati dal papa? Per ovviare a questo inconveniente e ottenere il pieno rispetto della «Singulari quadam», Kopp sottopose a Pio X tre proposizioni che a suo avviso avrebbero dovuto essere inviate ai vescovi di Germania per un utilizzo non pubblico («ad intimum usum»).[75] Stando alla prima di tali proposizioni, l'aperta raccomandazione delle *christliche Gewerkschaften* da parte dei vescovi non si accordava né con il testo né con il senso dell'enciclica;[76] la seconda affermava che gli stessi presuli, qualora fossero sorte difficoltà in relazione alla questione sociale (ovvero sindacale), non avrebbero dovuto decidere in modo autonomo ma rivolgersi alla Santa Sede e attendere il giudizio di quest'ultima.[77] La terza proposizione, infine, sosteneva che le associazioni operaie indicate dal papa come convenienti e meritevoli d'approvazione erano soltanto quelle legate al *Verband* berlinese.[78] Con questa iniziativa Kopp intendeva rimediare al 'tradimento' dell'enciclica denunciato dagli integralisti, portando il papa a ribadire la preferibilità delle organizzazioni confessionali dal punto di vista cattolico e a limitare i margini di manovra dei vescovi tedeschi, verso i

73. Kopp a Pio X, 20 novembre 1913, in AAV, Segr. Stato, 1914, rubr. 255, fasc. 19, ff. 106r-107v, qui f. 106v.
74. Ibid.
75. Ibid., f. 107v.
76. «Non respondere sensui et verbo Encyclicae *Singulari quadam* quod Episcopi syndicatus christianos publice commendare solent». Ibid.
77. «Non concordare Sanctissimi Domini intentionibus, quod Episcopi, si rerum difficultas in quaestione sociali oriatur, ipsi decidunt, sed tenentur rem ad S. Sedem Apostolicam cum sua opinione deferre, a qua dijudicabitur». Ibid.
78. «Societates operariorum quas Sanctissimus Dominus pluries (exempli gratia die Pentecostes 1912), praesertim autem in Encyclica *Singulari quadam* maxime probandas aptissimasque habendas esse declaravit, significari tantum eas quae centrum habent et directionem Berolini». Ibid.

quali il cardinale nutriva – con poche eccezioni – una notevole sfiducia. È tuttavia significativo che nella sua lettera egli scegliesse di glissare completamente sul proprio ruolo in quell'interpretazione che tanto aveva contribuito a determinare la situazione segnalata al pontefice. Ma Kopp fece lo stesso anche a voce? Ovvero: nella settimana in cui fu a Roma, ebbe modo di trattare personalmente dell'interpretazione con Pio X e Merry del Val? Questi ultimi lo interpellarono al riguardo?

Da poco rientrato a Breslavia, il cardinale accolse una richiesta dei dirigenti berlinesi e inviò al papa un loro esposto assieme ad alcuni materiali allegati. Tale documentazione gli era stata indirizzata già l'8 novembre,[79] ma egli, a credere alle sue parole, se ne occupò solo dopo la conclusione della visita *ad limina*. Vedendo che il suo nome vi era esplicitamente menzionato a proposito della discussa interpretazione di Essen, Kopp decise di descrivere a Pio X i termini del proprio coinvolgimento, in una missiva datata 4 dicembre: Schulte gli aveva mandato il testo dell'interpretazione perché egli desse il proprio assenso (una ricostruzione che il vescovo di Paderborn avrebbe sempre smentito!); tale assenso, inizialmente concesso, era stato però subito revocato a seguito del congresso straordinario di Essen, colpevole di aver mutato «in contrarium» il senso di quanto comunicato a Stegerwald.[80] Ancora una volta Kopp rigettava ogni responsabilità diretta: egli non diceva che la proposta d'impiegare le osservazioni pensate per calmare i sindacati cristiani era venuta da lui, al pari dell'idea di presentarle come l'opinione comune dell'episcopato; a confronto con il vescovo di Paderborn, il cardinale si attribuiva un ruolo sostanzialmente passivo. All'incontro di Essen era addebitato uno stravolgimento dell'interpretazione che in verità non aveva avuto luogo: non si specificava, infine, che la ritrattazione del 1° dicembre 1912 fosse avvenuta in forma esclusivamente privata. Tornando ai quesiti sopra formulati, il fatto che Kopp si esprimesse così a circa una settimana dal suo rientro in Germania potrebbe far supporre che egli, durante il proprio soggiorno romano, non approfondisse il tema dell'interpretazione rispetto alla lettera del 20 novembre. Eppure, in due documenti risalenti al febbraio del 1914 e destinati a personalità tedesche, lo stesso Kopp sostiene di essere stato interrogato sulla vicenda nei giorni della visita *ad limina*.[81] In una comunicazione indirizzata a Merry del

79. Cfr. Fournelle a Kopp, 8 novembre 1913 (copia), in AAV, Fondo Benigni, b. 27, ff. 451r-465r. A fine settembre lo stesso Fournelle si era recato in pellegrinaggio a Roma, dove aveva avuto occasione di parlare tanto con Pio X che con monsignor Pacelli.

80. Kopp a Pio X, 4 dicembre 1913, in AAV, Segr. Stato, 1914, rubr. 255, fasc. 19, ff. 15r-16r, qui f. 15v.

81. Cfr. Kopp ad August von Trott zu Solz (*Kultusminister* prussiano), 1° febbraio 1914 (copia), in AAV, Segr. Stato, 1914, rubr. 255, fasc. 21, ff. 40r-44r, in particolare f. 42v; Kopp a Schulte, 10 febbraio 1914 (copia), ibid., ff. 62r-63v, in particolare f. 62v.

Val, d'altro canto, egli afferma di aver dato spiegazioni sull'interpretazione in un paio di occasioni, nella lettera cioè del 20 novembre e in quella del 4 dicembre 1913: nessun accenno a eventuali colloqui intrattenuti in Vaticano.[82] Benché dunque appaia del tutto sensato ritenere che il vescovo di Breslavia parlasse dell'operazione sua e di Schulte al cospetto del papa, gli elementi disponibili non consentono di avere al riguardo un'assoluta certezza.

L'esposto dei *Berliner* inoltrato da Kopp alla Santa Sede[83] lamentava una serie di circostanze responsabili, agli occhi dei cattolici 'integrali', di aver annullato l'effetto della «Singulari quadam» in Germania. Fondamentale in questo senso sarebbe stata l'interpretazione di Essen: si riproponeva insomma la retorica dell'enciclica 'tradita' che ormai da mesi contrassegnava il campo integralista. Al fine di rimediare alla situazione descritta nell'esposto, i *Berliner* pregavano il papa di voler impartire ai vescovi tedeschi una serie d'istruzioni che andavano nella stessa direzione delle tre proposizioni suggerite da Kopp: fra l'altro sarebbe stato necessario dichiarare che non era lecito raccomandare e promuovere i sindacati interconfessionali e che ogni atteggiamento ostile verso le associazioni del *Verband* berlinese, le uniche approvate dal pontefice, doveva immediatamente cessare. Per suffragare le considerazioni formulate nell'esposto, Fournelle e soci vi allegarono una voluminosa raccolta di documenti ordinati sotto il titolo di «Matériaux relatifs à l'accueil fait en Allemagne à l'Encyclique *Singulari quadam*»:[84] è qui che si trova più volte menzionato il nome di Kopp, sempre a proposito dell'interpretazione del novembre 1912. Il 17 dicembre Merry del Val scrisse al vescovo di Breslavia di aver consegnato «nelle Auguste Mani del Santo Padre» la lettera da lui inviata due settimane prima assieme all'esposto dei *Berliner* e ai relativi allegati, assicurando che la Santa Sede avrebbe preso in esame tali documenti. Circa l'interpretazione non si diceva nulla.[85] Ad ogni modo l'argomento sarebbe tornato prepotentemente alla ribalta nelle settimane successive, che avrebbero visto Kopp rimanere impigliato nelle contraddizioni da lui stesso accumulate.

82. Cfr. Kopp a Merry del Val, 25 gennaio 1914, in AAV, Segr. Stato, 1914, rubr. 255, fasc. 20, ff. 17r-v.
83. Cfr. Fournelle e altri dirigenti berlinesi a Pio X, 8 novembre 1913, in AAV, Segr. Stato, 1914, rubr. 255, fasc. 19, ff. 35r-51r.
84. Di questa raccolta si trovano più copie in AAV, Segr. Stato, Spoglio Pio X, b. 6, fasc. 27; b. 7, fascc. 29 e 30 (sempre senza numerazione dei fogli). Essa ebbe una continuazione («Matériaux relatifs à l'accueil fait en Allemagne à l'Encyclique *Singulari quadam* – Continuation pour le mois de Juin, Juillet, Août, Septembre, Octobre 1913») inviata a Roma in un secondo momento: cfr. AAV, Segr. Stato, 1914, rubr. 255, fasc. 17 (rilegata come f. 3r); AAV, Segr. Stato, Spoglio Pio X, b. 6, fasc. 27 (senza numerazione dei fogli).
85. Merry del Val a Kopp, 17 dicembre 1913 (minuta), in AAV, Segr. Stato, 1914, rubr. 255, fasc. 19, f. 53r.

## 3. La Curia al cospetto di un episcopato (ancora) diviso

Nella seconda metà del dicembre 1913 andò in scena a Colonia un processo intentato dalla dirigenza nazionale dei sindacati cristiani contro alcuni giornali socialdemocratici e contro la protestante «Wartburg», rivista edita a Lipsia. A dare origine al cosiddetto *Gewerkschaftsprozess* fu la tesi, sostenuta appunto da testate ostili alle organizzazioni interconfessionali, secondo cui quest'ultime avevano stabilito di sottomettersi all'autorità ecclesiastica dopo la «Singulari quadam», o meglio di 'cattolicizzarsi'.[86] Le *christliche Gewerkschaften* reagirono con la querela. Fra coloro che dovettero testimoniare vi fu il vescovo Schulte, ascoltato a Paderborn per sei ore: in tale occasione egli espose i passaggi che avevano condotto all'interpretazione di Essen, parlando dunque anche della corrispondenza da lui intrattenuta all'epoca con Kopp (ma non del ritiro dell'adesione da parte del cardinale). Grazie ai resoconti della stampa, la sua deposizione divenne immediatamente nota al pubblico. Il procedimento giudiziario si concluse il 22 dicembre: gli imputati furono condannati a pagare un'ammenda, ad eccezione del redattore della «Wartburg» che ritrattò le proprie affermazioni.

In parallelo all'apertura del *Gewerkschaftsprozess* si verificò un episodio che avrebbe portato a una nuova ondata di polemiche nell'ambito della controversia sindacale, dopo mesi di relativa calma. Il 18 dicembre l'arcivescovo Hartmann tenne un discorso davanti ai presidi degli *Arbeitervereine* della sua diocesi: un intervento nel quale egli ricordò come l'enciclica papale avesse dato la preferenza alle associazioni confessionali, ma dove al contempo si sosteneva che di fronte alla militanza di centinaia di migliaia di operai cattolici nelle organizzazioni socialdemocratiche sussistesse il dovere di promuovere e curare i sindacati cristiani («die christlichen Gewerkschaften zu fördern und zu pflegen»).[87] Per gli integralisti fu un vero shock: da loro Hartmann era sempre stato percepito come un alleato, tanto che dalla sua elezione a Colonia si erano ripromessi un decisivo contributo nella lotta alla *Kölner Richtung*. Ora, invece, lo stesso Hartmann esortava i propri sacerdoti ad appoggiare i sindacati interconfessionali, e per giunta lo faceva pubblicamente. I *Berliner* non si limitarono a commentare sulla loro stampa, ma optarono per protestare direttamente presso la Santa Sede. Due giorni dopo il discorso in questione, Fournelle inviò a Pio X un esposto che si collocava sulla scia di quello da poco trasmesso a Roma dal cardinale Kopp:

86. Al riguardo vedasi Brack, *Deutscher Episkopat*, pp. 337-340; Deuerlein, *Der Gewerkschaftsstreit*, pp. 65-67; Heitzer, *Georg Kardinal Kopp*, p. 225.
87. Cfr. Brack, *Deutscher Episkopat*, p. 343. Fra le carte vaticane è conservata una traduzione italiana del discorso di Hartmann, basata su un articolo della «Kölnische Volkszeitung»: cfr. AAV, Segr. Stato, 1914, rubr. 255, fasc. 19, ff. 64r-65r.

alla luce dell'intervento di Hartmann egli pregò il pontefice di volersi pronunciare, ora più che mai, affinché il contenuto della «Singulari quadam» venisse pienamente rispettato in Germania.[88] A questa nuova supplica il segretario generale del *Verband* berlinese unì la traduzione di una lettera spedita il 19 dicembre a Kopp, anch'essa incentrata sul discorso di Colonia.[89] In pari tempo i *Berliner* ricorsero alla mediazione del padre Esser per far pervenire al pontefice altro materiale dalla Germania e persuaderlo a una dichiarazione pubblica.[90]

A rimanere particolarmente colpito dalle parole di Hartmann fu il vescovo di Breslavia, che scrivendo il 20 dicembre a Merry del Val parlò della «déception la plus douloureuse que je n'aie subi dans ces derniers temps».[91] La sua però non era soltanto delusione: Kopp si sentì personalmente tradito. Rivolgendosi al segretario di Stato, egli disse di considerare pericolosa una rapida elevazione dell'arcivescovo di Colonia al rango cardinalizio, giacché l'opinione pubblica avrebbe potuto interpretare tale promozione come un assenso alla sua condotta. Soprattutto, poi, Kopp sottolineò l'urgenza di ricorrere alle proposizioni da lui suggerite in novembre,[92] onde impedire nuove raccomandazioni dei sindacati cristiani.[93] A suo avviso la Santa Sede doveva esigere da Hartmann una pubblica ritrattazione che rendesse manifesto come episcopato e clero non avessero il dovere di patrocinare e favorire le organizzazioni interconfessionali: tale punto di vista fu espresso senza mezzi termini in una lettera inviata a fine dicembre a monsignor Pacelli.[94] In quel momento è molto probabile che Kopp concepisse l'uso delle proposizioni comunicate al papa non solo come un argine a ulteriori pronunciamenti ritenuti contrari allo spirito della «Singulari quadam», ma anche come un implicito ammonimento all'arcivescovo di Colonia.

88. Cfr. Fournelle a Pio X, 20 dicembre 1913, in AAV, Segr. Stato, 1910, rubr. 255, fasc. 4, ff. 178r-182r.
89. Cfr. Fournelle a Kopp, 19 dicembre 1913 (traduzione francese), in AAV, Segr. Stato, 1910, rubr. 255, fasc. 4, ff. 184r-187r. Copia dell'originale tedesco trovasi in AAV, Fondo Benigni, b. 36, ff. 514r-517r.
90. Cfr. Fournelle a Esser, 23 dicembre 1913 (copia), in AAV, Fondo Benigni, b. 36, ff. 467r-468r; Fournelle a Esser, 24 dicembre 1913 (copia), ibid., ff. 469r-470r; Fournelle a Esser, 30 dicembre 1913 (copia), ibid., ff. 524r-527r; Fournelle a Esser, 31 dicembre 1913 (copia), ibid., ff. 528r-541r.
91. Kopp a Merry del Val, 20 dicembre 1913, in AAV, Segr. Stato, 1914, rubr. 255, fasc. 19, ff. 60r-61r, qui ff. 60r-60v.
92. Cfr. *supra*, p. 152.
93. «À présent, Éminence, il est inévitable de publier les trois injonctions que Sa Sainteté a approuvées pour instruire les évêques secrètement, pour empêcher des recommandations ultérieures des syndicats». Kopp a Merry del Val, 20 dicembre 1913 (come nota 91), f. 60v.
94. Cfr. Kopp a Pacelli, 29 dicembre 1913, in AAV, Segr. Stato, 1914, rubr. 255, fasc. 19, ff. 82r-v.

La Santa Sede condivise lo sbigottimento del vescovo di Breslavia di fronte al discorso di Hartmann: il 2 gennaio 1914 Merry del Val associò questo a una «penosa sorpresa, giacché non prevedevasi da parte dell'arcivescovo di Colonia simili parole a vantaggio di organizzazioni, le quali presentano indubbiamente dei pericoli per la purezza della fede».[95] Il giudizio di Roma, ad ogni modo, risultava più mite di quello di Kopp. Hartmann infatti aveva parlato a lungo degli *Arbeitervereine* confessionali, della necessità di farvi ascrivere gli operai cattolici sindacalizzati, nonché del dovere di attenersi fedelmente alle prescrizioni del pontefice:

> «Dimodoché il discorso in parola sembra piuttosto da disapprovarsi per ciò che omette, per i malintesi e per le false interpretazioni a cui può dare, ed effettivamente ha dato luogo, non essendovi abbastanza rilevate tutte le cautele e condizioni, sotto le quali i sindacati misti sono tollerati, né essendovi posto sufficientemente in evidenza il favore del Santo Padre per le organizzazioni basate sul terreno confessionale».[96]

Se peccato vi era, insomma, si trattava di un peccato di omissione. Il segretario di Stato informò Kopp del fatto che Hartmann era già stato «convenientemente avvertito» delle mancanze riscontrate nel suo intervento e invitato a rettificare quanto detto, in modo da fugare le errate interpretazioni e impedire gli abusi.[97] Inoltre, lo stesso Merry del Val annunciò il prossimo invio a tutti i vescovi tedeschi delle proposizioni presentate dal cardinale all'epoca della sua visita *ad limina*.

Con una lettera indirizzata il 1° gennaio 1914 a Otto Müller (1870-1944), leader della federazione degli *Arbeitervereine* della diocesi di Colonia, Hartmann cercò di calmare le acque e di spiegare il senso delle sue precedenti affermazioni.[98] Questo tentativo di correggere il tiro non riuscì però ad appagare gli integralisti: all'interno del *Sodalitium Pianum* e del *Verband* berlinese il giudizio in proposito fu negativo.[99] Kopp, dal canto suo, fece sapere alla Santa Sede di considerare la nuova dichiarazione di Hartmann come «abso-

95. Merry del Val a Kopp, 2 gennaio 1914 (minuta), in AAV, Segr. Stato, 1914, rubr. 255, fasc. 19, ff. 62r-63v, qui ff. 62r-v.
96. Ibid., ff. 62v-63r.
97. Ibid., f. 63r. La minuta della comunicazione fatta a Hartmann non è purtroppo conservata fra le carte vaticane. Quasi certamente tale comunicazione avvenne per mezzo del cardinale Willem Marinus van Rossum (1854-1932), contattato verso fine dicembre dallo stesso arcivescovo di Colonia: cfr. van Rossum a Merry del Val, 29 dicembre 1913, in AAV, Segr. Stato, 1914, rubr. 255, fasc. 19, f. 57r. Sul prelato olandese, a suo tempo coinvolto nella genesi del giuramento antimodernista, cfr. Weiss, *Der Glaubenswächter*.
98. Cfr. Brack, *Deutscher Episkopat*, pp. 350-351; Heitzer, *Georg Kardinal Kopp*, p. 229.
99. Cfr. ad esempio *Remarques sur la lettre de Mgr. l'Archevêque de Cologne*, in AAV, Fondo Benigni, b. 37, ff. 15r-19r.

lument insuffisante».[100] Agli occhi del cardinale la vicenda non poteva essere chiusa in questo modo: era sempre necessaria una chiara ritrattazione da parte dell'arcivescovo di Colonia, in cui questo ammettesse di essersi posto in contraddizione con il testo dell'enciclica «Singulari quadam». Kopp ribadì tale opinione scrivendo di nuovo a Merry del Val il 7 gennaio[101] e a De Lai tre giorni più tardi.[102] Proprio nel contesto delle polemiche suscitate dal secondo intervento di Hartmann, d'altra parte, la Santa Sede indirizzò ai vescovi tedeschi una circolare *sub secreto Sancti Officii* a firma del segretario di Stato e in data 8 gennaio. Si tratta di un documento del quale diversi studiosi hanno segnalato l'esistenza,[103] tuttavia sempre ignorandone l'origine. La circolare segreta, infatti, riportava in forma parzialmente modificata le proposizioni suggerite da Kopp nel mese di novembre. Essa coincideva con il primo intervento vaticano in Germania dopo la promulgazione della «Singulari quadam», intervento che avvenne appunto al riparo dagli occhi del grande pubblico. Il motivo della segretezza lo si apprende dallo stesso Merry del Val, che circa due mesi più tardi avrebbe chiamato in causa l'intenzione di «non provocare ingiustificati allarmi, malevole insinuazioni ed inutili polemiche da parte della stampa»:[104] la Santa Sede volle muoversi con cautela, verosimilmente perché preoccupata non solo delle possibili reazioni dei giornali, ma anche di quelle delle autorità politiche del *Kaiserreich*. Al contempo essa accolse le indicazioni del vescovo di Breslavia, nella cui ottica le proposizioni erano da destinare «ad intimum usum».[105]

Rispetto al testo sottoposto a Pio X, come detto, la circolare presentava una serie di variazioni.[106] La prima proposizione rispondeva al senso di quella formulata da Kopp, e però non conteneva più l'esplicito riferimento agli «episcopi»: sottolineando il fatto che la raccomandazione pubblica dei sindacati cristiani non concordasse con la «Singulari quadam», essa suonava

100. Kopp a Merry del Val, 3 gennaio 1914 (telegramma), in AAV, Segr. Stato, 1914, rubr. 255, fasc. 19, f. 59r.

101. Cfr. Kopp a Merry del Val, 7 gennaio 1914, in AAV, Segr. Stato, 1914, rubr. 255, fasc. 19, ff. 110r-111r.

102. Cfr. Kopp a De Lai, 10 gennaio 1914, in AAV, Cong. Concist., Positiones, fasc. «Köln 1» (senza numerazione dei fogli).

103. Cfr. Brack, *Deutscher Episkopat*, pp. 356-357; Heitzer, *Georg Kardinal Kopp*, p. 231; Loth, *Katholiken im Kaiserreich*, p. 265; Rivinius, *Der Streit*, pp. 203-204 (nota 81).

104. Merry del Val a Frühwirth, 4 marzo 1914, in AAV, ANM, b. 258, fasc. 4, ff. 165r-167r, qui f. 166v.

105. Cfr. *supra*, p. 152.

106. Nel citare dalla circolare dell'8 gennaio 1914 mi rifaccio alla copia conservata in AAV, Segr. Stato, 1914, rubr. 255, fasc. 19, ff. 93r-94r. L'invio ai vescovi avvenne direttamente dal Vaticano, con l'eccezione dei presuli bavaresi: questi ultimi ricevettero la circolare attraverso il nunzio di Monaco (cfr. Merry del Val a Frühwirth, 11 gennaio 1914, in AAV, ANM, b. 258, fasc. 4, f. 2r).

come un richiamo a Hartmann, benché non fosse menzionato il nome di alcun prelato.[107] Il secondo punto sosteneva ancora che i vescovi non dovessero risolvere le eventuali difficoltà senza prima aver udito il parere della Santa Sede, ma mentre Kopp aveva alluso alle difficoltà «in quaestione sociali», ora invece si parlava di «difficultates inter catholicos circa interpretationem et executionem memoratae Encyclicae».[108] Ovviamente il bersaglio polemico era l'interpretazione di Essen, mai digerita nella Curia romana. L'ultima proposizione, infine, ricordava come il papa avesse approvato le associazioni meramente cattoliche: ma *tutte*, e non soltanto quelle legate al *Verband katholischer Arbeitervereine (Sitz Berlin)*, come invece specificato a suo tempo dal vescovo di Breslavia.[109] Nel tentativo di garantire il pieno rispetto dell'enciclica in Germania e di evitare nuove prese di posizione dell'autorità ecclesiastica a favore delle *christliche Gewerkschaften*, la Santa Sede seguì dunque la strada suggerita da Kopp, preoccupandosi tuttavia di filtrare il punto di vista di quest'ultimo attraverso il proprio.

Il 13 gennaio Merry del Val informò il cardinale dell'avvenuto invio della circolare segreta, e in tale occasione si soffermò sulla recente condotta di Hartmann. Secondo il segretario di Stato la lettera inviata dall'arcivescovo di Colonia a Otto Müller costituiva un tentativo di rimediare – almeno in parte – alla spiacevole impressione suscitata dal discorso del 18 dicembre: al danno certo non era stato ancora apportato un completo rimedio, ma d'altronde una ritrattazione clamorosa avrebbe inferto un duro colpo al prestigio di Hartmann medesimo.[110] La Santa Sede si mostrava piuttosto comprensiva nei confronti dell'arcivescovo, a differenza di quanto aveva fatto Kopp. Questo, peraltro, fu invitato a considerare come la propria autorità fosse ancora sfruttata a sostegno della controversa interpretazione del novembre 1912:

> «À ce propos je remarque que la réponse attribuée à Votre Éminence immédiatement après la publication de la *Singulari* au sujet de l'interprétation des évêques publiée par M. Stegerwald au congrès d'Essen, est toujours exploitée à l'avantage de München-Gladbach, et que même tout récemment, à l'occasion du procès sur

107. «Neque verbis neque sententiae eiusdem Encyclicae congruit Syndicatus mistos, quos christianos appellant, prae consociationibus mere catholicis publice commendari». Ibid., f. 93r.
108. «Non concordat cum Beatissimi Patris mente ac voluntate difficultates inter catholicos circa interpretationem et executionem memoratae Encyclicae, praesertim quae ad ordinem principiorum spectant, a locorum Ordinariis, inconsulta Sede Apostolica, definiri». Ibid.
109. «Societates operariorum, quae Sanctissimus Dominus pluries, praecipue vero in supra dicta Epistola Encyclica, maxime probandas provehendasque declaravit, sunt tantummodo consociationes mere catholicae». Ibid.
110. «Sans doute le remède n'est pas complet et nous l'avons fait remarquer à Mgr. de Hartmann; d'un autre côté il lui était difficile de faire une rétractation absolue et tapageuse sans perdre de son prestige». Merry del Val a Kopp, 13 gennaio 1914 (minuta), in AAV, Segr. Stato, 1914, rubr. 255, fasc. 19, ff. 118r-v, qui f. 118r.

les *christliche Gewerkschaften*, on a voulu rappeler explicitement cette réponse de Votre Éminence en la mettant aussi en rapport avec le discours de Mgr. de Hartmann. Je me demande si Votre Éminence ne trouvera pas opportun et peut-être nécessaire d'écarter cet obstacle qui s'abrite sous Son nom et de préciser Sa pensée avec l'autorité dont Sa parole jouit à juste titre dans toute l'Allemagne».[111]

Con queste parole Merry del Val portò alla luce le contraddizioni del vescovo di Breslavia, che da tempo aveva ritirato il proprio consenso all'interpretazione di Essen ma senza palesarlo pubblicamente – Roma ad ogni modo sapeva –, e che malgrado l'equivoco così prodotto e la responsabilità detenuta nel 'depotenziamento' della «Singulari quadam» non si era trattenuto dal puntare il dito contro un collega nell'episcopato. In quel momento fra l'altro il segretario di Stato non doveva essere ancora a conoscenza del fatto che lo stesso Kopp, l'11 gennaio, avesse pubblicato in forma anonima sulla «Klarheit und Wahrheit» un durissimo contributo contro l'arcivescovo di Colonia.[112] L'intervento ospitato dalla rivista integralista di Oppersdorff si apriva bollando come «totalmente sbagliato» («gänzlich verfehlt») il chiarimento fornito con la lettera d'inizio anno da Hartmann.[113] Questo – osservava il cardinale – aveva negato di essersi posto in contraddizione con la «Singulari quadam» nel discorso del 18 dicembre e ricondotto il proprio invito a promuovere i sindacati cristiani alla necessità di proteggere i lavoratori dal socialismo: per Kopp ciò costituiva un esempio di come il fine giustificasse i mezzi. Con veemenza egli rinfacciò a Hartmann di aver disatteso il testo dell'enciclica papale fuorviando così il popolo cattolico: anziché negarlo, l'arcivescovo di Colonia avrebbe dovuto ammetterlo apertamente.[114] La situazione era drammatica: le due sedi episcopali più importanti della Germania si trovavano l'una contro l'altra. Il sospetto che Kopp fosse l'autore dell'articolo della «Klarheit und Wahrheit» prese a circolare subito dopo l'11 gennaio: e quando la Santa Sede ricevette una conferma in proposito, non poté non rendersi conto del pericolo cui era esposto il prestigio dell'autorità ecclesiastica in territorio tedesco.

111. Ibid., f. 118v.
112. Fournelle scrisse a Esser il 10 gennaio per informarlo di come l'articolo d'imminente pubblicazione fosse da attribuire al vescovo di Breslavia (cfr. Fournelle a Esser, 10 gennaio 1914 [copia], in AAV, Fondo Benigni, b. 28, ff. 46r-47r): difficile credere tuttavia che il domenicano potesse riferire la cosa a Merry del Val prima del giorno 13. Successivamente sarebbe stato il cardinale van Rossum a suggerire al segretario di Stato che l'autore dell'intervento sulla «Klarheit und Wahrheit» fosse proprio Kopp: cfr. van Rossum a Merry del Val, 18 gennaio 1914, in AAV, Segr. Stato, 1914, rubr. 255, fasc. 20, f. 7r.
113. *Die neue Erklärung des Herrn Erzbischof von Cöln*, p. 13.
114. «Möge der Herr Erzbischof nun ehrlich und offen erklären: Meine Worte stehen nicht im Einklange mit der Enzyklika; diese enthält nicht die Pflicht, die christlichen Gewerkschaften zu fördern und zu pflegen, sondern im Gegenteil verbietet dieses». Ibid.

Kopp tuttavia non si limitò all'attacco a Hartmann. Con un secondo intervento apparso il 25 gennaio sempre sulla «Klarheit und Wahrheit» finì per causare problemi anche a Schulte. Preventivamente concordato con Oppersdorff[115] e stavolta non più anonimo, il contributo dava conto all'opinione pubblica del fatto che il cardinale avesse ritirato la propria adesione all'interpretazione di Essen già all'inizio del dicembre 1912: si trattava di un passaggio cruciale, visto che fino a quel momento l'episcopato aveva dovuto supporre che l'interpretazione valesse ancora per tutti. Kopp forniva la propria ricostruzione della genesi del controverso documento, definendo Schulte come un «amico di vecchia data» («langjährige[r] Freund») dei dirigenti dei sindacati cristiani e addossando su di lui l'intera responsabilità della vicenda. «Un'elaborazione del signor vescovo di Paderborn da me approvata cedendo alle pressanti circostanze»: questa, a detta di Kopp, era stata l'interpretazione.[116] Al pari che in passato egli ridusse al minimo la portata del proprio ruolo. Le parole dell'anziano presidente della Conferenza di Fulda misero Schulte in una difficile posizione: da un lato egli apparve come l'unico artefice effettivo dell'operazione da tempo stigmatizzata dagli integralisti; dall'altro si stagliò su di lui l'ombra dell'accusa di spergiuro, in quanto il racconto di Kopp non collimava in toto con quello fornito dal vescovo durante il *Gewerkschaftsprozess* di Colonia. Nell'episcopato tedesco si aprì una nuova crepa: l'intervento sulla «Klarheit und Wahrheit» alimentò inoltre le polemiche della stampa di vario colore e generò apprensione nel governo di Berlino.[117]

Con la pubblica esternazione del passo indietro compiuto oltre un anno prima, Kopp ritenne di aver corrisposto a un *ordine* impartitogli dal segretario di Stato il 13 gennaio. Il giorno stesso dell'uscita del suo contributo egli informò Merry del Val di aver illustrato «selon Votre ordre, [...] l'origine de cette interprétation-là et ma rétractation absolue».[118] Il cardinale non era nella miglior disposizione d'animo nei confronti del proprio interlocutore, e non mancò di farlo trasparire: egli non capiva perché il braccio destro di Pio X si fosse mostrato tanto attento al prestigio di Hartmann quando questo non aveva fatto nulla per riposizionarsi nel solco della «Singulari quadam» dopo il discorso del 18 dicembre, «car sa lettre du 2 [sic!] de ce mois n'a pas corrigé ce discours, mais plutôt ratifié»;[119] quanto a sé, Kopp riteneva invece di essere stato obbligato a esporsi pubblicamente: «Ce maniement inégal de Votre lettre du 13 de ce mois m'a fort

115. Si veda la copia del carteggio fra Kopp e Oppersdorff risalente ai giorni 18-21 gennaio 1914 e conservata in AAV, Fondo Benigni, b. 26, ff. 404r-415r.
116. Originale tedesco: «Eine Ausarbeitung des Herrn Bischofs von Paderborn, der ich den dringenden Umständen nachgebend zustimmte». *Für die Enzyklika*, p. 34.
117. Cfr. Brack, *Deutscher Episkopat*, p. 381.
118. Kopp a Merry del Val, 25 gennaio 1914 (come nota 82), f. 17r.
119. Ibid., f. 17v.

surpris. Jusqu'ici j'ai cru que le prestige de l'un évêque ait la même valeur que de l'autre auprès du St. Siège!».[120] Fra tutti i vescovi tedeschi solo Kopp, verosimilmente, poteva sentirsi autorizzato a esprimersi in questo modo di fronte al segretario di Stato vaticano, che tuttavia non prese bene le sue insinuazioni. Il 29 gennaio Merry del Val precisò di non aver dato alcun ordine: la responsabilità per l'intervento sulla «Klarheit und Wahrheit» era esclusivamente del cardinale. Egli denotò inoltre una diversa visione del comportamento di Hartmann, «car sa lettre du 2 [sic!] de ce mois était quelque chose».[121] Certamente il prestigio di un vescovo aveva lo stesso valore di quello di un altro, ma in pari tempo «le prestige de l'autorité épiscopale chez un évêque» interessava «le prestige de tous les autres».[122] La risposta del segretario di Stato era pacata nei toni e andava a considerare nel merito quanto riferito in precedenza da Kopp: tuttavia è indubbio che il vescovo di Breslavia avesse seriamente danneggiato la propria immagine agli occhi della Santa Sede, per niente compiaciuta della modalità da lui scelta per manifestare il ritiro dall'interpretazione di Essen.

Nel frattempo Schulte avvertiva la necessità di salvaguardare la propria persona e il proprio prestigio episcopale. Del resto, venuto a sapere delle manovre di Kopp già prima del 25 gennaio, egli aveva comunicato al nunzio di Monaco l'intenzione di non stare in silenzio di fronte a una dichiarazione che lo avesse compromesso.[123] In seguito all'intervento della «Klarheit und Wahrheit» la stampa anticattolica prese ad accusare il vescovo di Paderborn di aver taciuto particolari importanti nella sua deposizione come testimone durante il *Gewerkschaftsprozess* di Colonia: lo stesso Schulte, perciò, fece intendere a Kopp come vi fosse il rischio di un nuovo procedimento giudiziario che avrebbe potuto coinvolgere tutti i membri della Conferenza di Fulda e portare a conoscenza del pubblico «gli affari più interni e importanti dell'episcopato e della Santa Sede»,[124] dal momento che egli, in assenza di un pronunciamento con cui il cardinale avesse ristabilito la verità dei fatti, avrebbe dovuto querelare la suddetta stampa per tutelare il proprio nome e allontanare da sé il più o meno esplicito addebito di spergiuro. Era una sorta di *aut-aut*: Kopp poteva scegliere di continuare a negare ogni responsabilità o poteva chiudere l'incidente ed evitare un dibattito

120. Ibid.
121. Merry del Val a Kopp, 29 gennaio 1914 (minuta), in AAV, Segr. Stato, 1914, rubr. 255, fasc. 20, ff. 33r-34r, qui f. 33v.
122. Ibid., f. 34r.
123. «Soeben höre ich zuverlässig, Herr Kardinal werde eine Erklärung an die Öffentlichkeit geben. Sollte das zutreffen und ich dabei bloßgestellt werden, so kann ich nicht schweigen». Schulte a Frühwirth, 23 gennaio 1914, in AAV, Segr. Stato, 1914, rubr. 255, fasc. 20, f. 37r. Fu lo stesso nunzio a trasmettere questo documento alla Santa Sede il 24 gennaio.
124. Originale tedesco: «Die internsten und wichtigsten Angelegenheiten des Episkopates und des Hl. Stuhles». Schulte a Kopp, 1° febbraio 1914 (copia), in AAV, Segr. Stato, 1914, rubr. 255, fasc. 20, ff. 114r-116v, qui f. 114v.

processuale che minacciava di avere conseguenze deleterie per la Chiesa cattolica tedesca. Alla fine il vescovo di Breslavia, provato nello spirito e nel corpo, acconsentì a sottoscrivere una dichiarazione propostagli da Schulte, che venne pubblicata sul «Westfälisches Volksblatt» il 3 febbraio e trasmessa a Roma da Frühwirth il giorno seguente:[125]

> «Da un confronto degli atti del Signor Vescovo di Paderborn coi miei è risultato che all'interpretazione a me mandata il 20 novembre 1912, perché ne prendessi conoscenza, io liberamente ho aderito, e che dietro libera risoluzione l'additai il 22 novembre 1912 al Vescovo di Paderborn come una di cui i capi delle *Gewerkschaften* nel Congresso di Essen potessero dichiarare che essi sapevano che la dichiarazione era approvata dai Vescovi. In tale stato di cose riconosco inoltre che la mia lettera diretta il 1° dic[embre] 1912 al Vescovo di Paderborn non poteva avere quel significato che ad essa è stato dato nella mia lettera diretta al Sig. Conte Oppersdorff. Sarebbe stato necessario che io avessi ritirato la mia deliberazione del 22 nov[embre] avanti all'Episcopato come tale. Io posso assicurare che con la mia lettera al Conte di Oppersdorff non ho in alcun modo voluto offendere il Sig. Vescovo di Paderborn, né procurargli qualsiasi fastidio».[126]

Per Kopp fu una capitolazione. Schulte dal canto suo si ritenne soddisfatto, accantonando il proposito di ricorrere alle vie legali.[127] Nuove noie al vescovo di Paderborn vennero tuttavia dall'Italia, e per la precisione da «L'Unità Cattolica» di Firenze. Il 6 febbraio, infatti, il giornale integralista bollò la recente dichiarazione di Kopp come un semplice espediente finalizzato a salvare l'onore del più giovane collega.[128] Tale commento indignò Schulte, che non era disposto a far passare come un 'favore' quella che per lui era stata invece la riparazione di un torto. Di conseguenza egli si rivolse a Frühwirth, pregandolo di chiedere alla Santa Sede che venisse pretesa una ritrattazione da «L'Unità Cattolica»:[129] ma al solito Roma si mostrò restia a un atto d'imperio nei confronti della stampa integralista. Merry del Val rispose al nunzio di non giudicare opportuno un provvedimento in merito a «un apprezzamento personale della direzione di un foglio fiorentino non ufficiale»;[130] in ogni caso, poi, il compito della rettifica sarebbe spettato al vescovo di Breslavia, «dal quale la

125. Cfr. Frühwirth a Merry del Val, 4 febbraio 1914, in AAV, Segr. Stato, 1914, rubr. 255, fasc. 20, ff. 104r-v.
126. Ibid. Per l'originale testo tedesco vedasi Brack, *Deutscher Episkopat*, p. 390.
127. Cfr. Schulte a Frühwirth, 3 febbraio 1914 (telegramma), in AAV, ANM, b. 258, fasc. 4, f. 36r.
128. Cfr. *Il Cardinale di Breslavia ed il Vescovo di Paderborn*, in *L'Unità Cattolica*, 6 febbraio 1914.
129. Cfr. Schulte a Frühwirth, 7 febbraio 1914, in AAV, Segr. Stato, 1914, rubr. 255, fasc. 20, ff. 102r-v; Frühwirth a Merry del Val, 8 febbraio 1914, ibid., ff. 137r-v.
130. Merry del Val a Frühwirth, 14 febbraio 1914, in AAV, ANM, b. 258, fasc. 4, ff. 88r-89r, qui f. 88v.

dichiarazione è stata emessa e di cui nel commento in discorso si è voluto interpretare il pensiero».[131]

Anche dopo la precisazione fatta dal segretario di Stato il 29 gennaio, Kopp perseverò tenacemente nel sostenere che il suo intervento sulla «Klarheit und Wahrheit» riguardo all'interpretazione di Essen fosse scaturito da una richiesta della Santa Sede. A ben vedere ciò equivaleva a condividere con il centro della Chiesa cattolica la responsabilità per le polemiche che si erano avute in Germania e per il trattamento riservato a Schulte di fronte all'opinione pubblica. Quando il nunzio informò la Segreteria di Stato del fatto che la «Germania» di Berlino aveva ospitato tale ricostruzione nelle sue colonne,[132] Merry del Val sentì il bisogno di metterlo al corrente della corrispondenza recentemente intrattenuta con Kopp. In una lunga lettera datata 13 febbraio,[133] egli chiarì fra l'altro come

> «la Santa Sede non avrebbe in alcuna guisa potuto approvare che l'E[minentissi]mo Kopp emettesse una dichiarazione così inesatta e manchevole da abbisognare di una ritrattazione, né che si servisse di un organo come la *Klarheit und Wahrheit*, il quale pochi giorni prima aveva vivamente attaccato (con un articolo che si è poi affermato aver per autore lo stesso Eminentissimo) Mons. de Hartmann».[134]

Al termine del resoconto fornito al nunzio, Merry del Val lasciò quindi intendere la propria disapprovazione per il contegno del vescovo di Breslavia. Più che una constatazione, le sue parole parevano un'accusa:

> «Da questa dettagliata esposizione la S[ignoria] V[ostra] potrà facilmente rilevare con quanto poco fondamento il più volte nominato E[minentissi]mo, dopo gli attacchi e l'insuccesso subiti, voglia ora, dinanzi alla pubblica opinione, far ricadere sulla Santa Sede la responsabilità di un atto, senza dubbio inopportuno sia per la sostanza come per la forma; responsabilità la quale invece gli appartiene tutta intera».[135]

Da sole, ad ogni modo, le informazioni trasmesse a Frühwirth non modificavano il fatto che in Germania continuasse a circolare la voce secondo cui Kopp aveva agito d'accordo con la Santa Sede.[136] Ma perché allora non dissipare l'equivoco di fronte all'opinione pubblica, magari con una nota su «L'Osservatore Romano»? La risposta a questo interrogativo è offerta sempre da Merry del Val, che il 25 febbraio volle fornire ulteriori chiarimenti al nunzio

131. Ibid., f. 89r.
132. Cfr. Frühwirth a Merry del Val, 11 febbraio 1914 (telegramma cifrato), in AAV, Segr. Stato, 1914, rubr. 255, fasc. 20, f. 84r.
133. Cfr. Merry del Val a Frühwirth, 13 febbraio 1914, in AAV, ANM, b. 258, fasc. 4, ff. 79r-82v.
134. Ibid., f. 82r.
135. Ibid., f. 82v.
136. Cfr. Frühwirth a Merry del Val, 19 febbraio 1914, in AAV, Segr. Stato, 1914, rubr. 255, fasc. 21, ff. 30r-v.

di Monaco: sebbene per lui sarebbe stato facile smentire, «anche pubblicamente», le asserzioni del vescovo di Breslavia, ciò tuttavia veniva evitato in quanto avrebbe inferto «maggior nocumento al prestigio (già in qualche modo scosso) del summenzionato E[minentissi]mo», nonché alimentato nuove «aspre ed interminabili polemiche» e indebolito forse «anche la dottrina e le prescrizioni» dell'enciclica «Singulari quadam», che la Santa Sede invece intendeva conservare «intatta in ogni sua parte».[137] A trattenere la Curia da una dichiarazione pubblica, insomma, fu ancora una volta la preoccupazione di salvaguardare il prestigio della Chiesa cattolica in Germania – nel caso specifico in relazione all'indiscussa figura apicale nell'episcopato tedesco – e la volontà di non smuovere troppo le acque, di per sé già agitate. Il documento del 25 febbraio, inoltre, svelò al nunzio come la «Singulari quadam», se fosse stata redatta secondo i desideri di Kopp, «avrebbe avuto ben altra portata e contenute prescrizioni assai severe» in merito ai sindacati cristiani.[138]

Tre giorni più tardi Frühwirth si disse «stupefatto» del contegno del cardinale e ricondusse le sue esagerazioni nel valutare la situazione del cattolicesimo tedesco all'«influenza dei noti agitatori».[139] Il suo atteggiarsi a «vittima di Roma» dopo i fatti di gennaio metteva la Santa Sede «in difficile posizione avanti al governo, avanti ai vescovi e innanzi ai fedeli»:[140] ma Kopp, per l'appunto, poteva «essere solo scusato», giacché «del tutto preso dal Sig. Savigny e colleghi».[141] Il nunzio non mirava tanto a giustificare il vescovo di Breslavia, quanto piuttosto ad additare, una volta di più, le conseguenze nefaste dell'attività dei cattolici 'integrali' in Germania: se la Chiesa stava attraversando circostanze difficili era proprio a causa loro e della loro stampa, che «per combattere il modernismo» aveva introdotto addirittura «la pubblica censura contro l'operato dei vescovi» giudicati non in sintonia con la volontà papale;[142] occorreva invece aver fiducia nell'episcopato, e tenere presente che le narrazioni integraliste sul contesto tedesco non corrispondevano al vero.

Il rapporto fra Kopp e la Santa Sede, già compromesso, subì un ultimo duro colpo attorno alla metà di febbraio. Un mese prima, quando ancora sulla «Klarheit und Wahrheit» era apparso solo l'intervento anonimo contro l'arcivescovo Hartmann, il cardinale s'incontrò con Oppersdorff in un hotel di Berlino. Lo stesso conte slesiano si preoccupò poi d'inviare a Umberto Benigni il sunto

137. Merry del Val a Frühwirth, 25 febbraio 1914, in AAV, ANM, b. 258, fasc. 4, ff. 140r-141v, qui f. 141v.
138. Ibid., f. 140v.
139. Frühwirth a Merry del Val, 28 febbraio 1914, in AAV, Segr. Stato, 1914, rubr. 255, fasc. 21, ff. 120r-123r, qui f. 120r.
140. Ibid., f. 121r.
141. Ibid.
142. Ibid., f. 121v.

del colloquio avuto con il porporato,[143] che, tradotto in francese,[144] fu portato a cognizione della Segreteria di Stato e della Congregazione concistoriale.[145] Da tale documento era possibile apprendere come Kopp avesse rivelato all'interlocutore l'esistenza di «instructions secrètes» che il papa avrebbe spedito ai vescovi tedeschi: il riferimento era alla circolare datata 8 gennaio. Non si trattava di un particolare di poco conto: era la prova che l'anziano cardinale aveva confidato a un laico – e non dei più prudenti – qualcosa che la Santa Sede voleva restasse assolutamente celato. La conoscenza di questo fatto all'interno delle sole stanze vaticane poteva bastare a suscitare malumori nei confronti di Kopp: ma il punto è che il documento giunse presto all'attenzione del pubblico. Fu il «Düsseldorfer Tageblatt» a venirne in possesso e a esporne i contenuti il 18 febbraio,[146] mettendo in apprensione i membri del *Sodalitium Pianum* e precipitando il vescovo di Breslavia al centro di un nuovo scandalo. Qualche giornale tedesco, di fronte all'entità della cosa, parlò di una mistificazione: ma intanto le autorità politiche si mossero per procacciarsi maggiori informazioni. A fine mese, non a caso, Frühwirth raccontò a Merry del Val di essere stato contattato dal governo bavarese proprio in merito alla circolare segreta.[147]

Kopp morì il 4 marzo all'età di 76 anni. Le ultime settimane della sua vita furono funestate dalle vicissitudini descritte, oltre che da una salute da tempo assai deficitaria. È possibile che proprio il deteriorarsi delle condizioni fisiche a partire dal 1909 incidesse sul carattere di per sé autoritario del cardinale, accentuandone la rigidità e l'indisponibilità al compromesso,[148] e privandolo per giunta delle energie mentali necessarie a far fronte a determinate situazioni. Quel che è certo è che specie per via del contegno assunto nel *Gewerkschaftsstreit* Kopp finì per minare la propria posizione sia all'interno dell'episcopato tedesco che di fronte alla Santa Sede:[149] la perdita, nell'autunno del 1910, di un importante intermediario presso la Curia romana come De Montel contribuì senz'altro a tale esito. È significativo che Merry del Val, parlando con il rappresentate prussiano in Vaticano attorno alla metà di marzo, affermasse che per la

143. Cfr. *Meine Entrevue mit Card. Kopp ins Hotel Royal in Berlin*, in AAV, Fondo Benigni, b. 24, ff. 161r-171r.
144. Cfr. *Entrevue du Comte Oppersdorff avec S. Ém. le Cardinal Kopp à Berlin, 15 janvier 1914, à l'hôtel Royal*, in AAV, Fondo Benigni, b. 24, ff. 173r-175r. Il testo francese è riportato peraltro in Poulat, *Intégrisme*, pp. 405-408.
145. Cfr. AAV, Segr. Stato, 1914, rubr. 255, fasc. 20, f. 71r (questa copia del documento è però incompleta); AAV, Cong. Concist., Positiones, fasc. «Köln 1» (senza numerazione dei fogli).
146. Cfr. Frühwirth a Merry del Val, 18 febbraio 1914, in AAV, Segr. Stato, 1914, rubr. 255, fasc. 21, ff. 35r-v (con allegato al f. 37r).
147. Cfr. Frühwirth a Merry del Val, 28 febbraio 1914, in AAV, Segr. Stato, 1914, rubr. 255, fasc. 21, ff. 72r-v.
148. Cfr. Aschoff, *Kirchenfürst*, p. 128.
149. Cfr. Brack, *Deutscher Episkopat*, pp. 428-429.

purezza del ricordo di Kopp sarebbe stata preferibile una morte sopraggiunta con tre mesi d'anticipo.[150] Lo stesso segretario di Stato, replicando alla lettera dove il nunzio aveva ricondotto le esagerazioni del cardinale all'influsso dei *Berliner*, lasciò intendere chiaramente come il punto di vista degli integralisti non fosse del tutto sovrapponibile a quello della Santa Sede:

> «Posso per altro assicurarla che la Santa Sede ha saputo fin da principio vagliare le informazioni del Signor Cardinale Kopp e di altri eccessivi, e nelle sue decisioni non si è lasciata affatto influenzare dalle loro vedute passionate né dalle loro insistenti richieste, ma si è regolata come lo indicava l'esame obbiettivo e sereno degli avvenimenti. [...] Tuttavia, pur non essendo pessimisti od esagerati, non si può non essere preoccupati dalle tendenze che si sono venute manifestando in non pochi dei capi più influenti delle grandi organizzazioni politiche e sociali, tendenze che soprattutto cercano manifestamente limitare od anche escludere nelle organizzazioni medesime l'ingerenza dell'Autorità ecclesiastica, ed in maniera speciale della Santa Sede».[151]

Nel passo viene ammesso il pericolo dell'*Entklerikalisierung* associato alla *Kölner Richtung*, e ciò non soltanto in relazione alla controversia sindacale, ma anche a quella sul Zentrum: un indizio di come all'interno della Curia romana sussistesse una visione d'insieme dell'*Integralismusstreit*. Al contempo però Merry del Val teneva a precisare che la Santa Sede aveva sempre mantenuto un'indipendenza di giudizio, non cedendo alle «vedute passionate» degli integralisti. Colpisce, in particolare, l'uso del termine «eccessivi»:[152] in pratica si dava voce all'idea che «il Signor Cardinale Kopp» – non 'Eminentissimo'! – e altri come lui fossero andati troppo oltre con le proprie valutazioni e i propri allarmismi. Ma era il punto di vista della Santa Sede, ossia di Pio X, o piuttosto si esprimeva una sensibilità maturata in seno alla sola Segreteria di Stato? Rispondere a questa domanda non è semplice. Proprio tra il febbraio e il marzo 1914 l'integralismo trovò una decisa espressione in due articoli del gesuita Giulio Monetti (1874-1948) pubblicati su «La Civiltà Cattolica», nei quali era stigmatizzato il concetto di sindacalismo:[153] da più parti si temette un imminente pronunciamento pontificio contro l'azione sindacale come tale. Pio X in effetti benedisse l'iniziativa: a prestare ascolto al padre Giuseppe Chiaudano (1858-1915), nuovo direttore della rivista romana, il papa approvò e ad-

150. Cfr. ibid., p. 430; Heitzer, *Georg Kardinal Kopp*, p. 248 (nota 228).
151. Merry del Val a Frühwirth, 6 marzo 1914, in AAV, ANM, b. 258, fasc. 4, ff. 169r-170v, qui ff. 169r-v.
152. Nella minuta del documento in questione si trovava in origine «esagerati», poi cancellato e sostituito appunto con «eccessivi»; sempre nella prima stesura si parlava di vedute «eccessive», cambiato successivamente in «passionate»: cfr. AAV, Segr. Stato, 1914, rubr. 255, fasc. 21, ff. 141r-142r, qui f. 141r.
153. Cfr. [Monetti], *Sindacalismo cristiano?*

dirittura encomiò gli interventi di Monetti.[154] Come affermato da Émile Poulat, si trattò dell'ultima grande battaglia del pontificato di Giuseppe Sarto,[155] che fino al termine della propria vita non rinunciò mai a sostenere convintamente la linea integralista. Sempre nei primi mesi del 1914 divenne evidente, però, come non tutti gli ambienti della Chiesa cattolica vedessero di buon occhio gli 'integrali', e in particolare i loro metodi. Al riguardo si distinsero in primo luogo porzioni importanti della Compagnia di Gesù: a inizio gennaio fece molto clamore un articolo di «Études» – la rivista dei gesuiti francesi – volto a denunciare le manovre della stampa integralista, cui era rinfacciata un'opera meramente distruttiva.[156] Nel caso di Merry del Val è da escludere una sostanziale divergenza di principio rispetto a Pio X e l'integralismo: d'altra parte, vi sono gli estremi per credere che il segretario di Stato arrivasse a maturare una certa insofferenza verso coloro che, con un'azione aggressiva e spregiudicata, erano responsabili di causare non pochi grattacapi alla Santa Sede e di lederne l'immagine agli occhi dell'opinione pubblica. Le parole pronunciate a proposito di Kopp e degli altri «eccessivi» sarebbero da leggere come un sintomo di questa insofferenza, o meglio stanchezza. Nel luglio del 1914 il ministro plenipotenziario bavarese informò il proprio governo di come le vedute circa gli integralisti fossero completamente mutate nella Segreteria di Stato rispetto a un anno prima:[157] nell'ambito di questo processo, senza dubbio, la condotta assunta da Kopp nei mesi precedenti alla sua scomparsa giocò un ruolo importante. Ma tale 'cambiamento' potrebbe essere da interpretare in pari tempo come il riflesso di un dato di fatto, ossia del manifesto naufragio delle posizioni integraliste. Anche, e forse soprattutto, in Germania.

154. Cfr. Chiaudano a Wernz, 9 maggio 1914, in ARSI, Civiltà Cattolica, 1003, fasc. 5, n. 14. Franz Xaver Wernz (1842-1914) fu Generale della Compagnia di Gesù dal settembre 1906 alla morte.

155. Cfr. Poulat, *La dernière bataille*. Sulla vicenda vedasi inoltre Zussini, *Luigi Caissotti di Chiusano*, pp. 145-196.

156. Cfr. Les Études, *Critiques négatives*. Al riguardo si veda Tacchi, *The Modernist Crisis*, pp. 261-267. A detta di Ludwig Pastor il papa ebbe a deplorare tale intervento di «Études»: cfr. Pastor, *Tagebücher – Briefe – Erinnerungen*, p. 592.

157. Cfr. Loth, *Katholiken im Kaiserreich*, p. 269.

# VI. La fine dell'*Integralismusstreit*

## 1. La sconfitta dei cattolici 'integrali'

La morte di Kopp rappresentò un trauma per gli integralisti tedeschi, e tuttavia non fu l'unico fra l'inverno e la primavera del 1914. Allora l'insofferenza di vari settori della Germania cattolica arrivò a esprimersi in forme anche clamorose, segno di come la pazienza verso gli *ultrà* del cattolicesimo romano avesse ormai raggiunto il punto di saturazione. A essere stanchi delle continue polemiche riconducibili alla stampa integralista erano innanzi tutto i vescovi: poco prima della scomparsa del cardinale di Breslavia, l'episcopato – o per meglio dire parte di esso – si rese artefice di un'iniziativa pensata per porre fine alle discussioni connesse all'interpretazione dell'enciclica «Singulari quadam». Al cospetto della contrapposizione pubblica fra Kopp e Schulte, gli arcivescovi di Colonia e Friburgo si attivarono per giungere quanto prima a una Conferenza episcopale straordinaria. L'urgenza del momento non ammetteva a loro avviso esitazioni, Kopp invece si mostrò restio a convocare i vescovi per un'assemblea generale:[1] alla fine, perciò, Hartmann si risolse a indire una Conferenza della sola provincia ecclesiastica del basso Reno (*niederrheinische Kirchenprovinz*).

Il 13 febbraio si riunirono a Colonia Schulte, Bertram, Korum, il vescovo di Osnabrück Hubertus Voß (1841-1914), quello di Münster Johannes Poggenburg (1862-1933) e ovviamente lo stesso Hartmann. In tale circostanza i sei presuli approvarono una lettera pastorale che puntualizzava i contenuti della «Singulari quadam» dopo tutti i commenti seguiti all'interpretazione del novembre 1912: la questione sociale era in primo luogo una questione morale e religiosa («eine sittliche und religiöse Frage»);[2] anche nelle problematiche

1. Cfr. Brack, *Deutscher Episkopat*, pp. 394-397.
2. Cito dal testo della pastorale del 13 febbraio 1914 pubblicato nel «Kirchliches Amtsblatt der Diözese Münster» (anno 48, n. 5), il quale è conservato in AAV, ANM, b. 258, fasc. 4, ff. 129r-130r, qui f. 129r.

definite 'puramente economiche' venivano toccati spesso aspetti etici e religiosi, cosa che chiamava in causa il giudizio dell'autorità ecclesiastica e la obbligava a vigilare sui cattolici iscritti alle organizzazioni di tipo sindacale; sulla base dei principi espressi nella «Singulari quadam» la Chiesa doveva raccomandare e promuovere in prima istanza le associazioni confessionali, e questo valeva pure per i vescovi delle diocesi tedesche; dove esistevano o potevano essere introdotti in modo pacifico *Arbeitervereine* capaci di riportare un sufficiente successo nella difesa degli interessi economici degli operai cattolici, non era da approvare che questi ultimi si unissero ai sindacati interconfessionali[3] (con ciò era di fatto 'corretto' il secondo punto dell'interpretazione di Essen, anche se, fissando la condizione di un'introduzione *pacifica* delle associazioni confessionali, si garantiva comunque un pretesto per continuare a sostenere i sindacati cristiani, specie nelle diocesi occidentali a maggioranza cattolica); dove le *christliche Gewerkschaften* rappresentavano al contrario l'unica speranza per i lavoratori, questi potevano militarvi previo il rispetto di una serie di precauzioni, a cominciare dalla simultanea appartenenza agli *Arbeitervereine* cattolici. Sulla scia della circolare segreta di gennaio, inoltre, i vescovi della *niederrheinische Kirchenprovinz* specificarono come solo alla Santa Sede spettasse il diritto di commentare le disposizioni dell'enciclica «Singulari quadam»:[4] l'interpretazione di Essen non era formalmente abrogata, e tuttavia era chiaro che nessuno avrebbe più potuto appellarvisi in futuro.

Sul piano dei contenuti teorici il documento del febbraio 1914 sembrava voler soddisfare soprattutto gli integralisti: non è un caso che Korum – che solo pochi giorni prima aveva progettato di redigere una lettera contro i sindacati cristiani – accettasse di sottoscriverlo. L'intenzione di offrire l'immagine di un episcopato unito e di scongiurare un nuovo inasprimento del *Gewerkschaftsstreit* indusse a evitare toni accesi e riferimenti espliciti. D'altra parte non vi è dubbio sul fatto che gli appelli ad abbandonare le polemiche, presenti nell'ultima parte della pastorale, avessero per destinatari precipui gli stessi cattolici 'integrali': i vescovi infatti, oltre a condannare ogni eccesso nella critica e negli attacchi («jede Maßlosigkeit in Kritik und Angriffen»),[5] affermarono che non rientrava fra le competenze di giornali e sodalizi cattolici giudicare se un'organizzazione andava contro ai principi proclamati dalla Chiesa, né se un vescovo

3. «Wo katholische Arbeitervereine, die zugleich den gewerkschaftlichen Interessen der arbeitenden Klassen dienen, mit einem zum Schutz der wirtschaftlichen Interessen genügenden Erfolge eingeführt sind, oder friedlich eingeführt werden können, da wäre es in keiner Weise zu billigen, dass katholische Arbeiter sich interkonfessionellen Gewerkschaften anschlössen». Ibid., f. 129v.
4. «In derselben Ehrfurcht und Dankbarkeit anerkennt auch der Episkopat, dass dieselbe höchste Autorität, die solche Normen aufgestellt hat, zur authentischen Auslegung derselben allein zuständig ist». Ibid., f. 130r.
5. Ibid.

seguiva fedelmente le istruzioni della Santa Sede; far ciò equivaleva ad alimentare le divisioni nel campo cattolico («die Uneinigkeit in katholischen Kreisen zu fördern»).[6] L'identikit tracciato in tal modo corrispondeva chiaramente a quello degli integralisti, ormai avvezzi ad attaccare singoli prelati facendosi scudo dell'autorità pontificia. Il testo della lettera pastorale della *niederrheinische Kirchenprovinz* fu inviato a Merry del Val il 15 febbraio:[7] pochi giorni più tardi «L'Osservatore Romano» ne diede un ampio sunto in italiano.[8] All'arcivescovo di Colonia Pio X comunicò la propria soddisfazione per il documento, mentre il segretario di Stato gli fece sapere di non ritenere opportune nuove decisioni della Santa Sede a proposito della controversia sindacale.[9]

La pastorale collettiva segnò in effetti un riavvicinamento fra Roma e l'episcopato tedesco: non condusse alla fine del *Gewerkschaftsstreit*, ma almeno ricucì lo strappo prodotto dall'interpretazione di Essen. In primavera, quindi, l'iniziativa dei vescovi avrebbe ottenuto un aperto riconoscimento da parte della Curia romana, sebbene provocato da un input esterno. In apprensione per le possibili conseguenze di un commento del vescovo di Coira Georg Schmid von Grüneck (1851-1932) riguardo ai sindacati cristiani,[10] Hartmann manifestò al cardinale van Rossum il desiderio di poter dichiarare pubblicamente che la pastorale godeva dell'approvazione della Santa Sede. Il porporato olandese si fece latore di questa richiesta a Merry del Val,[11] che acconsentì mosso dall'intenzione di evitare nuove discussioni in Germania.[12] Quale mezzo per rendere noto il *placet* di Roma furono scelte le «Stimmen aus Maria Laach», che ormai da tempo avevano abbandonato il precedente corso integralista. Fu il loro direttore, il padre Hermann Muckermann (1877-1962), a redigere un breve contributo che dopo essere stato riveduto dai vescovi di Hildesheim e Paderborn fu pubblicato nel quaderno di giugno della rivista gesuita.[13] Oltre a dare la notizia dell'approvazione accordata dal pontefice alla lettera pastorale della *niederrheinische Kirchenprovinz*, l'interven-

6. Ibid.
7. Cfr. Frühwirth a Merry del Val, 15 febbraio 1914, in AAV, Segr. Stato, 1914, rubr. 255, fasc. 21, f. 12r.
8. *Un importante documento dell'Episcopato prussiano*, in *L'Osservatore Romano*, 21 febbraio 1914.
9. Al riguardo cfr. Schulte a Frühwirth, 24 febbraio 1914, in AAV, ANM, b. 258, fasc. 4, f. 137r; inoltre Brack, *Deutscher Episkopat*, p. 414.
10. Su questo alfiere dell'integralismo all'interno dell'episcopato svizzero cfr. Metzger, *Die „Schildwache"*, pp. 112-115.
11. Cfr. van Rossum a Merry del Val, 2 maggio 1914, in AAV, Segr. Stato, 1914, rubr. 255, fasc. 17, ff. 77r-v.
12. Cfr. Merry del Val a van Rossum, 6 maggio 1914 (minuta), in AAV, Segr. Stato, 1914, rubr. 255, fasc. 17, f. 79r.
13. Cfr. Muckermann a Wernz, 4 giugno 1914, in ARSI, Prov. Germaniae, 1014, fasc. 16, n. 37.

to accentuò la valenza anti-integralista del documento, sottolineando come questo contenesse «un'energica condanna di tutti quei pubblicisti, che senza dubbio sono da qualificare come la causa principale della mancanza di unità nei circoli cattolici».[14]

I gesuiti tedeschi del resto avevano deciso di fare i conti con i cattolici 'integrali', in ciò seguendo l'esempio dei loro confratelli francesi. Contemporaneamente al commento sulla pastorale collettiva le «Stimmen aus Maria Laach» pubblicarono un contributo dall'eloquente titolo «Der 'integrale' Katholizismus», il quale denunciava un «complesso pubblicistico internazionale» («internationaler publizistischer Konzern») che si era auto-proclamato alfiere del cattolicesimo 'integrale', appunto, e che si atteggiava a guardiano dell'ortodossia lanciando accuse tanto sui cattolici di Germania che su settori della stessa Compagnia di Gesù.[15] La stampa integralista veniva contestata per le sue esagerazioni, per il suo seminare zizzania fra i cattolici, per il suo praticare il sospetto sistematico: per tutto questo e altro ancora, l'integralismo avrebbe meritato un categorico rifiuto («die entschiedenste Ablehnung»).[16] Esso era definito come una «Parteirichtung»[17] che cercava di posizionarsi fra la Santa Sede e il gregge cattolico, e che era responsabile di ferite profonde inferte all'autorità e all'immagine di quella Chiesa che affermava di voler difendere. Il contributo in questione, che Frühwirth si preoccupò d'inviare subito a Roma,[18] ebbe l'approvazione preventiva di Hartmann, Bertram e Schulte, e a credere a Muckermann ottenne poi il plauso di tutti i vescovi di Germania e d'Austria con la sola eccezione di Korum:[19] un segno inequivocabile della ripulsione provata dall'episcopato per gli eccessi dei metodi integralisti, alla quale ormai non era estraneo neppure l'arcivescovo di Colonia. A sostenere risolutamente la linea e l'attività dei cattolici 'integrali' dopo la morte del cardinale Kopp rimase soltanto il vescovo di Treviri.[20]

Nel corso del 1914 fu anche la dirigenza del Zentrum a prendere posizione contro gli integralisti, ossia contro i *Quertreiber*. Meno di una settimana prima

14. Originale tedesco: «Eine scharfe Verurteilung aller solcher Publizisten, die ohne Frage als die Hauptursache der Uneinigkeit in katholischen Kreisen bezeichnet werden müssen». Die Redaktion, *Päpstliche Bestätigung*, p. 357.
15. Die Redaktion, *Der «integrale» Katholizismus*, p. 249.
16. Ibid., p. 257.
17. Ibid., p. 258.
18. Cfr. Frühwirth a Merry del Val, 10 giugno 1914, in AAV, Segr. Stato, 1914, rubr. 255, fasc. 2, f. 96r.
19. Cfr. Muckermann a Wernz, 1° luglio 1914, in ARSI, Prov. Germaniae, 1014, fasc. 20, n. 27.
20. Non potendo più contare sull'aiuto di Kopp, nel maggio 1914 i *Berliner* si rivolsero proprio a Korum affinché questo facesse loro da intermediario presso la Santa Sede. Nello specifico, il vescovo di Treviri chiese che Fournelle fosse ricevuto in udienza dal segretario di Stato vaticano (cfr. Korum a Merry del Val, 12 maggio 1914, in AAV, Segr. Stato, 1914, rubr. 12, fasc. 13, f. 114r), udienza che venne effettivamente concessa il giorno 20.

della lettera pastorale dei vescovi renani venne costituito a Berlino il *Reichsausschuss* del partito, un comitato con l'incarico di dirigere la politica centrista a livello nazionale. Appena nato il nuovo organismo rilasciò una dichiarazione che ribadiva il carattere politico, non confessionale del Zentrum. Quest'ultimo avrebbe dovuto rimanere ciò che era stato e che ancora era («Das Zentrum soll bleiben, wie es war und ist»):[21] chiara appare l'allusione al titolo di uno scritto pubblicato pochi mesi prima da Julius Bachem in risposta a Hermann Roeren.[22] La collaborazione fra cattolici e protestanti era definita funzionale al mantenimento della pace tra le due confessioni cristiane e alla promozione dei comuni interessi. Non stupisce dunque che vi fosse un esplicito appello a evitare tutto ciò che poteva turbare l'unità e il progressivo sviluppo del movimento operaio 'cristiano-nazionale' («die christlich-nationale Arbeiterbewegung»), menzionato in opposizione all'atea Socialdemocrazia.[23] Soprattutto, il *Reichsausschuss* si espresse contro quelle personalità e organi di stampa che da tempo non esitavano ad attaccare anche esponenti benemeriti del partito, generando confusione nell'elettorato cattolico. L'unità era un bene indispensabile: coloro che avevano alimentato sospetti e accuse si erano posti da soli fuori dal Zentrum, e andavano considerati e trattati come suoi nemici.[24] Quest'ultima affermazione non lasciava dubbi sul punto di vista dominante nella dirigenza centrista: anche se non venivano fatti nomi, era ovvio che i bersagli della critica fossero testate come la «Klarheit und Wahrheit» di Oppersdorff e «Das katholische Deutschland» di Nieborowski. Si può dire che la dichiarazione d'inizio febbraio sancisse, in forma pubblica e autorevole, la vittoria della 'linea Bachem' nello *Zentrumsstreit*, il quale affliggeva il cattolicesimo politico tedesco da ormai otto anni: Karl e Julius Bachem figuravano del resto tra i firmatari del documento.

Dagli integralisti la presa di posizione del Zentrum fu letta come un'ulteriore prova del rovinoso deragliamento cui era andato incontro il cattolicesimo romano in Germania: un rapporto inviato da monsignor Benigni a Merry del Val nel marzo del 1914 parlava di un «giuramento 'anticonfessionalista' inventato da quelli che fecero un'accoglienza tanto… fredda al giuramento antimodernista di Pio X».[25] Come se non bastasse, lo sdegno dei cattolici 'integrali' fu

21. *Eine Kundgebung des Reichsausschusses der Zentrumspartei*, in *Kölnische Volkszeitung*, 8 febbraio 1914. La copia del giornale è conservata in AAV, Segr. Stato, 1914, rubr. 255, fasc. 1, f. 11r. Il testo della dichiarazione è riportato pure in Bachem, *Vorgeschichte*, vol. 7, pp. 433-434.
22. Cfr. *supra*, p. 34.
23. *Eine Kundgebung des Reichsausschusses der Zentrumspartei* (come nota 21).
24. «Die Träger dieser Verdächtigungen haben sich selbst außerhalb der Partei gestellt; sie sind als Feinde des Zentrums zu betrachten und zu behandeln». Ibid.
25. *La crisi cattolica in Germania – Il terrorismo sclericalizzatore* (unito a un biglietto di Benigni a Merry del Val del 26 marzo 1914), in AAV, Segr. Stato, 1910, rubr. 255, fasc. 4, ff. 139r-151r, qui f. 144r.

accresciuto attorno alla metà di febbraio da un discorso tenuto a Essen dal sacerdote Theodor Wacker (1845-1921) e quindi pubblicato in una brochure intitolata «Gegen die Quertreiber» («contro i piantagrane»).[26] Davanti a circa quattromila persone, lo storico leader del Zentrum nel Baden espose le ragioni per cui all'autorità ecclesiastica non conveniva che il partito le fosse direttamente sottoposto, ma anche quelle per le quali non era possibile che il Zentrum accettasse di dipendere dai vescovi: di fatto egli tracciò un confine molto netto tra sfera politica e sfera religiosa.[27] Più che l'opinione di una singola personalità, l'intervento del sacerdote rispecchiava il punto di vista maggioritario nel Zentrum. Esso suscitò numerose obiezioni, anche altolocate: l'uditore tedesco della Rota Romana Heiner e l'arcivescovo Hartmann segnalarono l'opuscolo contenente il discorso di Wacker alla Congregazione dell'Indice, che ne decretò la condanna all'inizio di giugno.[28] Tale provvedimento fece molto rumore in Germania: era la prima volta che un leader centrista in carica diveniva oggetto della censura romana. Ciononostante esso non poté modificare i rapporti di forza che da tempo sussistevano nello *Zentrumsstreit* e di cui la dichiarazione del *Reichsausschuss* era stata un'evidente espressione.

Se i pronunciamenti dei vescovi, dei gesuiti e dei dirigenti politici cattolici irritarono gli integralisti, verosimilmente però li colsero meno di sorpresa di quanto non fecero alcuni sacerdoti della diocesi di Breslavia nella primavera del 1914. Dopo la morte di Kopp, infatti, un'insofferenza a lungo repressa nei confronti dei *Quertreiber* giunse infine a palesarsi senza più remore. Il 25 aprile Frühwirth trasmise alla Santa Sede il testo di una dichiarazione emessa giorni prima da una ventina di presidi di *Arbeitervereine* associati al *Verband* berlinese, cui intanto avevano aderito anche altri ecclesiastici. Essa stigmatizzava il sostegno dei *Berliner* all'opposizione al Zentrum condensatasi attorno alle figure di Oppersdorff e Nieborowski: ovvio che il pensiero andasse soprattutto al movimento della *Katholische Aktion*, che proprio in Slesia aveva le sue radici. I firmatari difendevano il partito dell'elettorato cattolico e la sua stampa: un caso indicativo di come nell'ambito dell'*Integralismusstreit* si potesse essere convinti sostenitori del confessionalismo in materia sociale e però non sposare le tesi integraliste in merito all'azione politica. L'identità integralista, cioè, non andrebbe intesa sempre come un qualcosa di monolitico. Alla dirigenza del *Verband katholischer Arbeitervereine (Sitz Berlin)* i sacerdoti 'ribelli' chiesero una dichiarazione pubblica che esprimesse disapprovazione per l'attività di Oppersdorff e Nieborowski, e a tal fine le concessero tre setti-

26. Cfr. *Gegen die Quertreiber*.
27. Cfr. Busemann, *Katholische Laienemanzipation*, pp. 332-334.
28. In proposito si veda ibid., pp. 335-356; Rivinius, *Die Indizierung Theodor Wackers*. A preoccupare particolarmente Hartmann era appunto la diffusione a stampa dell'intervento del sacerdote: del resto «Gegen die Quertreiber» era uscito senza disporre dell'*imprimatur*.

mane di tempo. Il nunzio di Monaco non ebbe dubbi nel motivare la tempistica dell'iniziativa:

> «Si vede chiaramente che la presenza del cardinale Kopp impediva nella diocesi di Breslavia manifestazioni favorevoli al Centro e contrarie ai così detti 'agitatori'; mancato ora il cardinale si comincia ora a far sentire quel movimento che, celato, esisteva da tempo nella diocesi stessa, anzi nella stessa città vescovile».[29]

Con il passare delle settimane il fronte della protesta si allargò: verso la metà di maggio erano circa ottocento i sacerdoti slesiani che avevano aderito alla dichiarazione dei presidi. Se una risposta da parte dei dirigenti berlinesi si ebbe, essa però non fu reputata soddisfacente:[30] lo scontro fra vertice e base della federazione guidata da Fournelle andò avanti, visto pure lo stato di vacanza del seggio episcopale di Breslavia. «Lo scandalo, che si dà ai cattolici ed agli acattolici, è immenso»: così si espresse Frühwirth il 18 maggio, al contempo evidenziando la necessità che il successore di Kopp fosse designato quanto prima.[31] L'elezione di un nuovo vescovo, in effetti, non sarebbe tardata ancora molto: e assieme alla scomparsa di Pio X in agosto avrebbe rappresentato il colpo di grazia per le speranze dei cattolici 'integrali' in Germania.

## 2. L'elezione di Breslavia e la morte di Pio X

Il 27 maggio 1914 Pio X pronunciò un'allocuzione di fronte ai cardinali da lui creati appena due giorni prima: fra di loro vi erano l'arcivescovo di Colonia Hartmann e l'arcivescovo di Monaco Bettinger, con i quali la Germania tornò ad avere due porporati all'interno del proprio episcopato. L'intervento rappresentò una sorta di testamento del pontefice, nonché un manifesto di quell'orientamento integralista e antimodernista dal quale egli non si distanziò mai.[32] Sarto disse di confidare nell'aiuto dei nuovi cardinali per «resistere ai subdoli assalti» cui era esposta la Chiesa, «non tanto per parte di aperti nemici, ma specialmente degli stessi suoi figli»:[33] occorreva vigilare affinché fosse conservata «l'integrità e la purezza» del *depositum fidei* in un tempo in cui con molta facilità si adottavano «certe idee di conciliazione della fede con lo spi-

29. Frühwirth a Merry del Val, 25 aprile 1914, in AAV, Segr. Stato, 1914, rubr. 255, fasc. 17, ff. 71r-v.
30. Cfr. Frühwirth a Merry del Val, 16 maggio 1914, in AAV, Segr. Stato, 1914, rubr. 255, fasc. 18, ff. 138r-139r.
31. Frühwirth a Merry del Val, 18 maggio 1914, in AAV, Segr. Stato, 1914, rubr. 255, fasc. 18, ff. 150r-151r, qui f. 150v.
32. In proposito si veda quanto riferito da Pastor, *Tagebücher – Briefe – Erinnerungen*, p. 599.
33. *Allocutio habita occasione impositionis bireti noviis Cardinalibus die XXVII maii MXMXIV*, in *Acta Apostolicae Sedis* 6 (1914), pp. 260-262, qui p. 260.

rito moderno», cosa che in ultima istanza avrebbe condotto alla «perdita totale» della fede medesima.[34] Se il papa non aveva mancato di far sentire la propria voce per segnalare i pericoli, tuttavia la sua parola non sempre era stata «bene intesa e interpretata [...], quantunque chiara e precisa». «Non pochi», addirittura, si erano permessi di darle «arbitrarie interpretazioni, attribuendole un significato affatto contrario a quello voluto dal papa e ritenendo come sanzione il prudente silenzio».[35] Queste circostanze rendevano indispensabile la collaborazione dei cardinali, tanto nelle varie diocesi quanto all'interno della Curia romana: essi avrebbero dovuto far presente ai cattolici che «figli devoti del papa sono quelli che obbediscono alla sua parola ed in tutto lo seguono, e non coloro, che studiano i mezzi per eluderne gli ordini, o per obbligarlo con insistenze degne di migliore causa ad esenzioni o dispense tanto più dolorose quanto più sono di danno e di scandalo».[36] Il pontefice, infine, ribadì ancora una volta di amare e approvare «le associazioni cattoliche»: le «associazioni miste» erano permesse «a certe determinate condizioni», e tuttavia egli prediligeva quelle schiettamente confessionali.[37] È difficile non scorgere in questo intervento di Pio X una serie di allusioni al cattolicesimo tedesco e al suo episcopato, e soprattutto alla vicenda dell'interpretazione di Essen: eppure «L'Osservatore Romano» si preoccupò di precisare che l'unico passo in cui Sarto aveva voluto riferirsi «in modo particolare alla Germania» (ma non esclusivamente) era stato quello sulle associazioni miste.[38]

L'ultimo sussulto integralista in relazione alle vicende tedesche andò a riallacciarsi proprio al 'discorso delle berrette' – così denominato perché tenuto in occasione della cerimonia d'imposizione delle berrette cardinalizie. In una lettera pastorale promulgata nella seconda metà di giugno, il vescovo di Como Alfonso Archi (1864-1938) lamentò la mancanza di sottomissione all'autorità ecclesiastica ravvisabile nel laicato (e persino nel clero) e scelse di criticare, sulla scorta della recente allocuzione di Pio X, quei cattolici che volevano essere tali ma che rifiutavano con sdegno l'etichetta di 'clericale' o 'integralista'. Egli parlò della tendenza a rifuggire dall'aperto confessionalismo, accostandola al modernismo e facendo esplicito riferimento, al riguardo, alla dichiarazione del *Reichsausschuss* del febbraio 1914. Più in generale Archi si soffermò ampiamente sulla situazione tedesca, menzionando episodi che afferivano allo *Zentrumsstreit* e al *Gewerkschaftsstreit* e prendendo posizione contro l'ostilità di cui erano destinatari i *Quertreiber*.[39] La pastorale del vescovo di Como ottenne

34. Ibid.
35. Ibid., p. 261.
36. Ibid.
37. Ibid.
38. *Esegesi tendenziosa*, in *L'Osservatore Romano*, 30 maggio 1914.
39. Sul contenuto della pastorale del vescovo di Como e sulle reazioni da essa suscitate cfr. Rivinius, *Der Hirtenbrief des Bischofs von Como*.

un plauso incondizionato negli ambienti integralisti, venendo pubblicata in Italia da «L'Unità Cattolica»[40] e in Germania da periodici come la «Klarheit und Wahrheit» e i «Petrus-Blätter» di Treviri.[41] Assieme alla condanna all'Indice di Wacker essa determinò una momentanea recrudescenza dello *Zentrumsstreit*: il 24 giugno, infatti, Pio X indirizzò ad Archi un autografo encomiastico il cui testo sarebbe stato riportato da «L'Unità Cattolica» meno di una settimana più tardi.[42] Gli avversari della 'linea Bachem' interpretarono questo gesto come un segno della disapprovazione del pontefice verso l'orientamento del Zentrum. La collocazione del vescovo di Como all'interno del campo integralista non era del resto in dubbio: era stato proprio Archi, in un'altra lettera dell'estate 1913, ad usare per primo il termine 'episcopalismo' per alludere a coloro che si appoggiavano al vescovo vicino per sottrarsi all'obbedienza al papa lontano.[43]

Cedendo alle richieste del rappresentante diplomatico bavarese presso la Santa Sede, l'8 luglio Merry del Val fece dichiarare a «L'Osservatore Romano» che non era lecito trarre conclusioni a proposito del contesto tedesco (e dunque del Zentrum) dalla lode pontificia accordata alla pastorale di Archi.[44] La risposta data alcuni giorni più tardi al conte Friedrich von Galen (1865-1918), uno dei firmatari della dichiarazione del *Reichsausschuss*, s'informò allo stesso punto di vista: dal momento che il Zentrum si definiva «partito politico non confessionale», la Santa Sede «non p[oteva] certamente identificarsi col medesimo»; tuttavia, per quanto riguardava gli elogi di Pio X alla lettera del vescovo di Como, essi si erano rivolti esclusivamente all'intenzione del prelato d'istruire i suoi diocesani, e quindi non potevano essere messi «in relazione colle questioni presentemente dibattute in Germania».[45] Roma insomma colse l'occasione per manifestare di nuovo la propria preferenza per il principio confessionale, ma in pari tempo cercò di calmare le acque prima che la polemica si amplificasse.

Lo stesso giorno del 'discorso delle berrette' ebbe luogo un evento di grande importanza per il presente, nonché per il futuro della Germania catto-

40. Cfr. *La parola di un illustre vescovo contro un certo sindacalismo e in difesa della dottrina "integrale"*, in *L'Unità Cattolica*, 24 giugno 1914, 25 giugno 1914 e 26 giugno 1914.
41. Cfr. Busemann, *Katholische Laienemanzipation*, p. 351.
42. Così il papa: «Mi congratulo vivamente con Lei per la bella Pastorale che ha pubblicato, e col voto che il Clero ed il Popolo della sua diocesi ossequente alla sua parola corrisponda alle amorevoli sue esortazioni, in segno di particolare benevolenza Le impartisco di cuore l'Apostolica Benedizione». *S.S. Pio X al vescovo di Como*, in *L'Unità Cattolica*, 30 giugno 1914.
43. Cfr. Bedeschi, *L'antimodernismo in Italia*, pp. 181-185; Tagliaferri, *L'Unità Cattolica*, pp. 178-180.
44. Cfr. *La pastorale del vescovo di Como commentata in Baviera*, in *L'Osservatore Romano*, 8 luglio 1914.
45. Merry del Val a Galen, 15 luglio 1914 (minuta), in AAV, Segr. Stato, 1914, rubr. 255, fasc. 19, ff. 123r-v.

lica: il Capitolo del Duomo di Breslavia elesse infatti Adolf Bertram a successore del defunto cardinale Kopp.[46] Con ciò si avverarono i timori dei cattolici 'integrali', che nell'elezione di Breslavia avevano identificato un passaggio chiave per l'esito della lotta contro la *Kölner Richtung*: da sempre infatti la diocesi slesiana costituiva il cuore dell'organizzazione confessionale dei *Berliner*. Questi ultimi, venuti a sapere della probabile elezione del cinquantacinquenne vescovo di Hildesheim, avevano provato a impedirla ricorrendo al papa. Tramite il cardinale francese Louis Billot (1846-1931), incontratosi a Roma con Savigny, essi esternarono a Pio X l'angoscia per una scelta che avrebbe coinciso con «lo strangolamento senz'altro di Berlino, e il trionfo definitivo di Colonia», e quindi addirittura con «la perdita della Germania per la Chiesa cattolica».[47] La sola speranza rimasta coincideva con un diretto intervento della Santa Sede che imponesse un candidato pronto a seguire le orme di Kopp. A dolersi per quanto accadde a fine maggio fu anche Benigni, che in Bertram vedeva nientemeno che uno «strumento dei gladbachisti».[48] Il vescovo di Hildesheim avrebbe preso possesso della nuova diocesi soltanto in autunno, ritardato in ciò dall'inizio della guerra. Se la sua elezione fu vissuta come un dramma dagli integralisti, è perché era chiaro che egli non avrebbe concesso loro il sostegno garantito in precedenza da Kopp. A questo punto allora occorre porsi una domanda fondamentale: come mai Roma acconsentì a tale successione? Per rispondere è necessario dar conto del percorso che portò Bertram a trasferirsi in Slesia.

A partire dal 21 marzo 1914 la Santa Sede fu tenuta al corrente dei passi verso l'elezione del nuovo vescovo da Johannes Steinmann (1870-1940), membro del Capitolo del Duomo di Breslavia.[49] Il suo interlocutore presso la Curia romana fu il polacco Kazimierz Skirmunt (1861-1931), suo vecchio compagno di studi al *Collegium Germanicum* e membro della burocrazia vaticana fin dal 1897.[50] Dopo aver tradotto in italiano il materiale ricevuto dalla Germania, Skirmunt si preoccupò a sua volta di trasmetterlo a Eugenio Pacelli, affinché il futuro Pio XII ne riferisse a Merry del Val o direttamente al

46. Riguardo a questa elezione cfr. Hinkel, *Adolf Kardinal Bertram*, pp. 78-89; Hirschfeld, *Die Bischofswahlen*, pp. 341-364; Leugers-Scherzberg, *Die Wahl Adolf Kardinal Bertrams*.
47. Billot a Pio X, s.d. (ma maggio 1914), in AAV, Arch. part. Pio X, b. 120, f. 904r. Il papa lesse la comunicazione di Billot e dispose che questo venisse ringraziato: cfr. ibid., f. 912r.
48. *Breslavia – Successione di Kopp*, in AAV, Fondo Benigni, b. 1, ff. 92r-v, qui f. 92r.
49. Su Steinmann cfr. Hirschfeld, *Die Bischofswahlen*, p. 343. Finora gli studiosi avevano ipotizzato l'esistenza di un informatore all'interno del Capitolo di Breslavia, ma senza indovinarne l'identità: cfr. ibid., p. 354; Hinkel, *Adolf Kardinal Bertram*, p. 82.
50. Skirmunt era divenuto consultore della Congregazione *de Propaganda Fide* nel 1898 e della Congregazione degli Affari Ecclesiastici Straordinari nel 1904: cfr. Pettinaroli, *La politique russe du Saint-Siège*, pp. 85-86.

pontefice.[51] È da credere che la corrispondenza fra Steinmann e Skirmunt nascesse come un semplice scambio privato fra i due, e non piuttosto da un desiderio esplicito della Santa Sede: tuttavia essa divenne fin da subito uno strumento privilegiato per conoscere 'dall'interno' l'attività del Capitolo di Breslavia.[52] Il governo tedesco era fortemente interessato all'elezione e perciò propenso a sfruttare al massimo la propria capacità di condizionamento: a Berlino si desiderava un prelato che non ostacolasse lo sviluppo dei sindacati cristiani e che assumesse una posizione decisamente diversa da Kopp riguardo alla controversia sindacale. In questo senso il candidato ideale fu individuato in Schulte, la cui elezione apparve subito complicata, però, in quanto avrebbe rappresentato una sorta di affronto alla memoria del defunto cardinale: quale alternativa si pensò allora al nome di Bertram, altro membro della *Soziale Kommission*.

Il primo passo verso l'elezione consisteva nella stesura, da parte del Capitolo del Duomo di Breslavia, di una lista di possibili candidati da sottoporre al governo affinché questo scartasse le eventuali *personae minus gratae*: era prassi consolidata, ad ogni modo, che l'autorità politica risparmiasse almeno tre nomi da cui il Capitolo avrebbe poi scelto il nuovo vescovo. Nell'ambito di questo procedimento, un apposito commissario fungeva da *trait d'union* fra l'organismo ecclesiastico e il governo di Berlino. L'8 aprile Steinmann informò Skirmunt della composizione della lista. «Una cosa nuova» era accaduta: il commissario regio per l'elezione aveva chiesto di poter conoscere confidenzialmente i nomi dei candidati prima della presentazione formale della lista medesima.[53] In questo modo il governo voleva evitare di produrre malumori attraverso la cancellazione ufficiale di qualche nominativo: d'altra parte, tale stratagemma gli assicurava di avere fra gli eleggibili solo candidati a lui graditi. Il Capitolo, dal canto suo, acconsentì alla richiesta. L'elenco inoltrato

51. Si noti quanto comunicato da Skirmunt allo stesso Pacelli nel luglio 1914: «Non ho, naturalmente, bisogno di spingere ancora presso di Lei la questione del segreto, ma tengo a dirle, caro Monsignore, che, da parte mia, ho mantenuto un silenzio assoluto sulle relazioni da Breslavia, e che Ella è l'unica persona che ne fu informata. Anche coll'E.mo Cardinale Segretario di Stato ho parlato pochissimo di quella famosa 'elezione'». Skirmunt a Pacelli, 9 luglio 1914, in AAV, Segr. Stato, 1914, rubr. 283, fasc. 13, ff. 90r-v.
52. Così la conclusione della prima lettera di Steinmann: «Si capisce, che tu dovrai trattare le presenti informazioni come assolutamente confidenziali. Se però crederai di doverle comunicare all'E.mo Card. Merry del Val, oppure al Santo Padre, io ti do volentieri il mio consenso, come sono pure pronto in ogni momento a dar informazioni». Steinmann a Skirmunt, 21 marzo 1914 (traduzione italiana), in AAV, Segr. Stato, 1914, rubr. 283, fasc. 13, ff. 19r-22r, qui f. 22r. A dispetto delle indicazioni dell'interlocutore, Skirmunt scelse di utilizzare Pacelli come tramite nella Segreteria di Stato, forse per l'esperienza da questi maturata nella gestione degli affari tedeschi.
53. Steinmann a Skirmunt, 8 aprile 1914 (traduzione italiana), in AAV, Segr. Stato, 1914, rubr. 283, fasc. 13, ff. 25r-29r, qui f. 25r.

comprendeva sei personalità: il vescovo ausiliare di Breslavia Karl Augustin (1847-1919), i canonici Josef Klose (1841-1916), Anton Bergel (1855-1923) e Augustin Herbig (1846-1915), il parroco e deputato del Zentrum Joseph Glowatzki (1847-1936) e il vescovo di Hildesheim Adolf Bertram, che dunque risultava l'unico candidato esterno alla diocesi di Breslavia (oltre che il più giovane). Steinmann confidò a Skirmunt di poter votare soltanto Bertram, «uomo santo, dotto ed abile, e [...] molto gradito al governo. Disgraziatamente, egli mi ha detto quando si trovava qui nell'occasione del funerale del cardinale [Kopp], che non accetterebbe l'elezione in nessun caso».[54] Forse il contegno del vescovo di Hildesheim nel *Gewerkschaftsstreit* influenzò tale giudizio: la maggioranza del Capitolo di Breslavia, a partire dal *Dompropst* Arthur König (1843-1921), era infatti benevola verso i sindacati cristiani. Skirmunt fu pregato di mantenere «segretissime» le informazioni ricevute, o meglio di farne uso «esclusivamente, ma anche con tutta la franchezza, nella Segreteria di Stato e presso il Santo Padre».[55]

Il 17 aprile il commissario regio comunicò al Capitolo del Duomo che il governo, dei sei candidati individuati, gradiva unicamente Bertram: l'autorità politica cercava d'imporre la propria preferenza, non curandosi delle prerogative dell'autorità ecclesiastica. Ai membri del Capitolo furono suggerite tre possibili strade per andare avanti: a) essi potevano presentare comunque la lista definitiva con i sei candidati, ma in tal caso il governo ne avrebbe cancellati cinque e avrebbe avviato trattative dirette con la Santa Sede per accordarsi sul nome; b) una seconda soluzione contemplava l'invio ufficiale della lista, unita, però, a una chiara esternazione della volontà del Capitolo di eleggere Bertram e a una domanda circa il riconoscimento di quest'ultimo come *persona grata*; c) il Capitolo, infine, poteva inoltrare la lista dei sei candidati aggiungendovi altri due nomi, quelli di Schulte e del vicario apostolico di Sassonia Aloys Schäfer: il governo a quel punto avrebbe lasciato solo i nomi dei tre membri della *Soziale Kommission*, fra i quali si sarebbe potuto eleggere Bertram. La prima opzione privava il Capitolo del diritto di eleggere il nuovo vescovo: le altre due garantivano sì un'elezione, che però era a tutti gli effetti un'elezione non libera. A Breslavia si decise di accogliere la seconda proposta. Steinmann la giudicò come una soluzione che «viola[va] i diritti della nostra S[anta] Chiesa, e per mezzo della quale il Capitolo della Cattedrale si beffa[va] da sé»:[56] egli avrebbe preferito che la Santa Sede si riservasse la nomina del successore di Kopp, ricercando un'intesa con il governo di Berlino e scavalcando dunque il Capitolo medesimo.

54. Ibid., ff. 26r-27r.
55. Ibid., f. 29r.
56. Steinmann a Skirmunt, 19 aprile 1914 (traduzione italiana), in AAV, Segr. Stato, 1914, rubr. 283, fasc. 13, ff. 31r-35r, qui f. 34r.

A inizio maggio l'imperatore Guglielmo II accordò il proprio *placet* all'elezione di Bertram,[57] che fu fissata per il 27 del mese. Dal canto suo, venuto a conoscenza di ciò che lo attendeva, il vescovo di Hildesheim riferì al Capitolo la propria intenzione di non accettare la guida della sede episcopale di Breslavia. Steinmann scrisse a Skirmunt di considerare la prossima elezione come «una grande commedia»:[58] «Di un'elezione non si può, si capisce, parlare, ma al sommo di un accordo conchiuso col governo».[59] A parte questo, egli era arrivato a convincersi di come i dubbi manifestati da Bertram sulla sua idoneità all'incarico che gli si prospettava fossero «assai fondati»:[60] il prelato aveva fatto riferimento, in particolare, a «un difetto molto molesto di favella, che rende le Cresime in massa del tutto impossibili», e alla sua ignoranza del contesto della sterminata diocesi di Breslavia, che all'epoca contava circa tre milioni e mezzo di cattolici.[61] Al cospetto di ciò, Steinmann si sentì di suggerire alla Santa Sede il modo di comportarsi qualora Bertram le avesse esposto le proprie perplessità:

> «Io ritengo, se mi è lecito di esprimere la mia opinione, di dover consigliare, che la Santa Sede non influisca positivamente sul Bertram nel senso di voler indurlo ad accettare l'elezione, ma, al contrario, lo lasci decidere da sé questa questione. Nell'ultimo caso – vale a dire, se la S. Sede non esprimerà il desiderio positivo, che Bertram accetti l'elezione, ovvero, se la S. Sede non dichiarerà espressamente, che i dubbi del Bertram, i quali probabilmente verranno da lui sottomessi direttamente alla S. Sede, siano privi di fondamento – allora Bertram, come mi pare, certamente declinerà l'elezione. Per questa eventualità poi, io ripeto la mia preghiera premurosa, che la S. Sede entri in trattative dirette col governo prussiano, acciocché non ci venga addosso una nuova commedia, come si deve, purtroppo, qualificare l'elezione del Bertram».[62]

Il punto di vista di Steinmann appare chiaro: egli era sicuro del fatto che Bertram, in assenza di un input positivo da parte del papa, non avrebbe accettato l'elezione a vescovo di Breslavia. A quel punto, quindi, la Santa Sede avrebbe potuto relazionarsi direttamente con il governo per individuare un altro candidato e salvaguardare i diritti dell'autorità ecclesiastica evitando una farsa.

Il 27 maggio Frühwirth comunicò alla Santa Sede l'elezione di Bertram.[63] Per il nunzio di Monaco era necessario che il nuovo vescovo, qualora

57. Cfr. Steinmann a Skirmunt, 2 maggio 1914 (traduzione italiana), in AAV, Segr. Stato, 1914, rubr. 283, fasc. 13, ff. 41r-42r.
58. Steinmann a Skirmunt, 11 maggio 1914 (traduzione italiana), in AAV, Segr. Stato, 1914, rubr. 283, fasc. 13, ff. 43r-46r, qui f. 44r.
59. Ibid., f. 43r.
60. Ibid., f. 44r.
61. Ibid.
62. Ibid., ff. 45r-46r.
63. Frühwirth a Merry del Val, 27 maggio 1914 (telegramma cifrato), in AAV, Segr. Stato, 1914, rubr. 283, fasc. 13, f. 13r.

Roma avesse voluto confermare la scelta del Capitolo, prendesse il prima possibile possesso della diocesi di Breslavia, dove l'agitazione prodotta dallo scontro fra il *Verband* berlinese e una parte del clero slesiano proseguiva «con grave scandalo e non minore danno».[64] Come previsto da Steinmann, avvenuta l'elezione Bertram volle esporre a Pio X le ragioni che lo trattenevano dall'accettare il nuovo incarico: da un lato vi era il «regimen [...] difficillimum» della diocesi slesiana, molto diversa da quella di Hildesheim non solo per le dimensioni, ma anche per le problematiche a essa inerenti;[65] dall'altro i motivi di salute che gli impedivano di cresimare migliaia di persone al giorno, come invece era stato solito fare Kopp. Segnalate queste difficoltà, Bertram si rimise completamente al giudizio del pontefice: «Quidquid Sanctitas Vestra decernet, amplectar obedientissime».[66] Quasi in contemporanea Steinmann tornò a scrivere all'amico Skirmunt: dopo l'elezione egli si era recato a Hildesheim assieme a König per parlare di persona con Bertram, che alla fine si era detto disponibile ad accettare il trasferimento a Breslavia qualora il papa non avesse condiviso i suoi dubbi, ma al contrario avesse appoggiato la decisione del Capitolo. L'informatore tedesco era del parere che soprattutto la «singolare debolezza di favella» del vescovo costituisse un impedimento difficilmente superabile;[67] di conseguenza egli rinnovò il consiglio di lasciare alla coscienza del prelato la scelta di accettare o rifiutare l'elezione:

> «Se Bertram riceve una risposta della S. Sede, che sarà somigliante a quella, che io ho qui proposta, egli declinerà l'elezione. In un tal caso, sarebbe bene di non permettere al Capitolo di far una nuova elezione, ma di provocare la nomina del nuovo vescovo in via di dirette trattative fra Roma e Berlino».[68]

Che il papa si astenesse dall'incoraggiare Bertram ad accettare l'elezione era necessario, per Steinmann, anche per un altro motivo: in tal modo, infatti, la Santa Sede non avrebbe sanzionato indirettamente la procedura elettorale avutasi. Il vescovo di Hildesheim era stato informato sull'andamento dell'elezione e sull'ingerenza governativa: d'altra parte, però, egli non sapeva nulla della corrispondenza intrattenuta da Steinmann con la Curia romana, «e non ne deve sapere nulla».[69]

64. Frühwirth a Merry del Val, 28 maggio 1914, in AAV, Segr. Stato, 1914, rubr. 283, fasc. 13, ff. 60r-v, qui f. 60v.
65. Bertram a Pio X, 29 maggio 1914, in AAV, Segr. Stato, 1914, rubr. 283, fasc. 13, ff. 58r-59r, qui f. 58r.
66. Ibid., f. 59r.
67. Steinmann a Skirmunt, 30 maggio 1914 (traduzione italiana), in AAV, Segr. Stato, 1914, rubr. 283, fasc. 13, ff. 48r-53r, qui f. 50r.
68. Ibid., f. 52r.
69. Ibid.

La traduzione italiana di quest'ultima lettera di Steinmann fu approntata da Skirmunt il 1° giugno:[70] senz'altro, quindi, la Santa Sede poté servirsene per la risposta alle perplessità di Bertram, che venne redatta il giorno seguente. Circa l'elezione del 27 maggio, Pio X rimise all'esclusivo giudizio del vescovo di Hildesheim la scelta di accettarla o meno.[71] Di fatto fu accolto il consiglio di Steinmann: alla luce del contenuto della corrispondenza fra lui e Skirmunt, il tipo di risposta formulato da Roma equivaleva indubbiamente alla volontà di ottenere un rifiuto da parte di Bertram. Pio X e Merry del Val erano irritati per il modo in cui il governo tedesco aveva condizionato l'elezione di Breslavia: è dunque probabile che essi arrivassero ad auspicare un'auto-esclusione che avrebbe permesso di procedere a negoziazioni dirette con l'autorità politica per individuare un altro candidato. Oltre a questo, è da credere che la Santa Sede desiderasse di per sé un vescovo più intransigente sul seggio episcopale di Breslavia, ossia più vicino all'orientamento del defunto Kopp: una figura distintasi per l'appoggio convinto ai sindacati cristiani, quale era appunto Bertram, doveva sembrare inadatta a guidare la diocesi che costituiva il quartier generale dei *Berliner*. Non esortando il vescovo di Hildesheim a tirarsi indietro, peraltro, la responsabilità della sua mancata accettazione sarebbe ricaduta su di lui soltanto, evitando alla Santa Sede di apparire a Berlino come colei che aveva vanificato i piani governativi.

Le cose tuttavia andarono diversamente da quanto atteso. Dopo alcuni giorni di riflessione, l'8 giugno Bertram comunicò sia al Capitolo del Duomo di Breslavia che alla Santa Sede la propria intenzione di accettare il trasferimento in Slesia.[72] Lo stesso fu riferito l'indomani al nunzio di Monaco.[73] Ciò spiazzò Merry del Val, che a detta dell'ambasciatore austriaco in Vaticano non fu particolarmente contento della risposta del vescovo: piuttosto, si era sperato in un suo rifiuto.[74] Il 13 giugno Skirmunt trasmise a Pacelli due nuove lettere di Steinmann, redatte a poca distanza l'una dall'altra, in cui questo consigliava ora di spingere il vescovo di Hildesheim a non accettare l'elezione: nel *Domkapitular* era divenuto predominante il timore che la modalità 'inconsueta' con la quale essa si era svolta finisse all'attenzione della stampa, e magari venisse riproposta

70. Al termine della traduzione manoscritta della lettera del 30 maggio si legge appunto «Roma, 1 giugno, 1914» (ibid., f. 53r).
71. «Augustus Pontifex, omnibus rite perpensis, remittit arbitrio et conscientiae Amplitudinis Tuae id inire consilii quod magis in Domino expedire iudicaverit». Merry del Val a Bertram, 2 giugno 1914 (minuta), in AAV, Segr. Stato, 1914, rubr. 283, fasc. 13, ff. 18r-v.
72. Cfr. Bertram a Merry del Val, 8 giugno 1914, in AAV, Segr. Stato, 1914, rubr. 283, fasc. 13, f. 76r.
73. Cfr. Bertram a Frühwirth, 9 giugno 1914, in AAV, ANM, b. 265, fasc. 1, ff. 209r-v.
74. Cfr. Hinkel, *Adolf Kardinal Bertram*, p. 86.

in futuro.[75] Ormai però la Santa Sede aveva le mani legate: vanificare tutto dopo che il vescovo di Hildesheim aveva manifestato la propria volontà di accettare l'elezione e l'aveva comunicata anche al Capitolo di Breslavia significava entrare in rotta di collisione con il governo di Berlino e assumersene la piena responsabilità. Il 19 giugno, perciò, Merry del Val spedì al nunzio di Monaco una lettera da inoltrare al Capitolo, con la quale Pio X confermava l'elezione di fine maggio:[76] il segretario di Stato sottolineò, sulla base di «private notizie pervenute alla Santa Sede» – ossia delle informazioni di Steinmann! –, come la designazione di Bertram potesse a malapena chiamarsi elezione canonica, vista «l'indebita ingerenza governativa»; il pontefice, dunque, aveva ritenuto necessario «sanare, *ad cautelam*, i difetti in essa incorsi».[77]

Nelle stanze vaticane si dovette dare la vicenda per conclusa: lo stesso 19 giugno, tuttavia, Steinmann telegrafò dalla Germania pregando di differire la conferma di Bertram e di attendere nuove informazioni. In assenza di maggiori dettagli, a Frühwirth fu subito intimato di sospendere l'invio della lettera destinata al Capitolo.[78] L'attesa comunicazione di Steinmann fu trasmessa a Pacelli il 26 giugno:[79] ancora una volta il *Domkapitular* evidenziò il pericolo che, in caso di una conferma da parte di Roma, il governo tedesco potesse essere tentato di riproporre la procedura applicata per l'elezione di Breslavia, e che i dettagli di quest'ultima divenissero di dominio pubblico. A Berlino circolava già la voce «che Bertram [fosse stato] spinto per forza dal governo all'ufficio di principe vescovo solamente per il suo contegno nella questione dei sindacati cristiani».[80] Di conseguenza Steinmann auspicava che la Santa Sede dichiarasse di ritenere più opportuna la permanenza di Bertram a Hildesheim. Egli inoltre cercò di giustificarsi per il suggerimento dato in precedenza e rivelatosi errato: più volte Bertram aveva espresso di fronte a lui il fermo proposito di declinare un'eventuale elezione; se ciò non era avvenuto, era perché il prelato aveva «cambiato perfettamente» il proprio parere.[81]

L'arrivo di quest'ultima lettera di Steinmann fu seguita da una fase di riflessione: la Santa Sede prese tempo. Il *Domkapitular*, dal canto suo, ribadì il

75. Cfr. Steinmann a Skirmunt, 8 giugno 1914 e 10 giugno 1914 (traduzione italiana), in AAV, Segr. Stato, 1914, rubr. 283, fasc. 13, ff. 54r-57r.
76. Cfr. Merry del Val a König, 19 giugno 1914, in AAV, ANM, b. 265, fasc. 1, ff. 216r-v.
77. Merry del Val a Frühwirth, 19 giugno 1914, in AAV, ANM, b. 265, fasc. 1, ff. 214r-215r, qui f. 214v.
78. Cfr. Merry del Val a Frühwirth, 20 giugno 1914 (minuta di telegramma cifrato), in AAV, Segr. Stato, 1914, rubr. 283, fasc. 13, f. 103r.
79. Cfr. Skirmunt a Pacelli, 26 giugno 1914, in AAV, Segr. Stato, 1914, rubr. 283, fasc. 13, f. 84r.
80. Steinmann a Skirmunt, 23 giugno 1914 (traduzione italiana), in AAV, Segr. Stato, 1914, rubr. 283, fasc. 13, ff. 86r-89r, qui f. 87r.
81. Ibid., f. 88r.

proprio punto di vista ancora a inizio luglio.[82] Solo alla metà del mese Merry del Val fece sapere al nunzio che Pio X, «dopo matura deliberazione», aveva deciso di confermare l'elezione di Bertram «sanando i difetti in essa occorsi»: lo stesso Frühwirth avrebbe dovuto informare di ciò il Capitolo di Breslavia.[83] Determinante nella decisione curiale fu senza dubbio la volontà di non scontrarsi con il governo tedesco: in questo senso l'elezione di Bertram fu solo l'ultimo di una serie di 'mali minori' accettati per evitare complicazioni sul piano diplomatico. Ma a incidere furono anche altri fattori: da un lato il riconoscimento di come occorresse dare un vescovo a una diocesi in subbuglio, dall'altro la constatazione dell'addensarsi di ombre minacciose sull'Europa. Il 28 giugno si era avuto l'attentato di Sarajevo, che nel giro di un mese avrebbe condotto allo scoppio della Grande Guerra e che senz'altro dovette far apparire ancor meno opportuna una prova di forza nei confronti del governo di Berlino.

Proprio l'avvio del conflitto europeo determinò la fine dell'*Integralismusstreit*, assieme alla morte del pontefice avvenuta il 20 agosto. Con Pio X i cattolici 'integrali' persero il loro scudo e il loro principale punto di riferimento, tanto che Benigni optò per sciogliere il *Sodalitium Pianum*[84] (si trattò ad ogni modo di una dissoluzione solo temporanea, che anticipava quella definitiva del 1921).[85] Il nuovo papa Benedetto XV (1914-1922) si sarebbe dimostrato molto meno benevolo verso il fronte integralista. Già nella sua prima enciclica, pubblicata a inizio novembre, egli rilevò l'importanza di «sopire i dissensi e le discordie tra i cattolici»:[86] nelle discussioni su argomenti sui quali la Santa Sede non aveva ancora espresso il proprio giudizio, occorreva evitare «ogni eccesso di parole», e parimenti non era lecito ad alcuno di «accusare altri di sospetta fede o di mancata disciplina per la semplice ragione che la pensa diversamente da lui». Soprattutto, Benedetto XV mise in guardia i fedeli dall'utilizzare «quegli appellativi, di cui si è cominciato a fare uso recentemente per distinguere cattolici da cattolici», e che erano fonte di grande confusione.[87] Parlare di cattolici 'integrali' non era più ammesso: di fatto si era conclusa un'epoca.[88]

82. Cfr. Steinmann a Skirmunt, 6 luglio 1914 (traduzione italiana), in AAV, Segr. Stato, 1914, rubr. 283, fasc. 13, ff. 93r-97r.
83. Merry del Val a Frühwirth, 15 luglio 1914, in AAV, ANM, b. 265, fasc. 1, ff. 223r-224r, qui ff. 223r-223v. Il nunzio di Monaco adempì alle istruzioni ricevute due giorni più tardi: cfr. Frühwirth a König, 17 luglio 1914 (minuta), ibid., f. 225r.
84. Cfr. Poulat, *Intégrisme*, pp. 154-155.
85. In proposito vedasi Dieguez, *"Una specie di massoneria nella Chiesa"*.
86. Benedetto XV, *Ad beatissimi Apostolorum Principis* (1° novembre 1914), in Lora, Simionati (a cura di), *Enchiridion delle Encicliche*, vol. 4, pp. 464-495, qui p. 485.
87. Ibid., p. 487.
88. Si noti come già nel 1914 Benedetto XV ricevesse dalla Congregazione degli Affari Ecclesiastici Straordinari una relazione riassuntiva sulla situazione della Germania (nonché di altre nazioni) durante il pontificato di Pio X: in essa si accennava fra l'altro ai contenuti

## 3. Dopo il 1914

La prima guerra mondiale, come detto, mise a tacere le polemiche che tanto avevano condizionato il dibattito interno al cattolicesimo tedesco negli anni precedenti. Il conflitto non solo si concluse con la sconfitta della Germania, ma innescò altresì la rivoluzione del novembre 1918 che portò alla fine dell'impero e alla proclamazione di una repubblica democratica in cui la Socialdemocrazia era l'attore politico fondamentale. Nel gennaio del 1919 si tennero le elezioni per la *Nationalversammlung* che qualche mese più tardi avrebbe approvato la Costituzione di Weimar: la Spd ottenne circa il 37% dei voti, formando una coalizione di governo con il Zentrum – che si risolse a questo passo per avere la possibilità di mitigare i provvedimenti socialisti – e con i liberali progressisti.[89] La Chiesa tedesca guardò a tali sviluppi come a un qualcosa di drammatico: dalla Russia, lo spettro della Rivoluzione d'Ottobre pareva estendersi minacciosamente sul suolo tedesco. Pochi giorni prima del voto per l'assemblea costituente i vescovi della *niederrheinische Kirchenprovinz* pubblicarono una pastorale collettiva che sottolineava proprio «la terribile gravità del momento» («der furchtbare Ernst der Stunde»),[90] chiarendo al contempo come la dottrina socialista fosse assolutamente inconciliabile con la professione di fede cattolica. In questo contesto dominato dalla preoccupazione per il pericolo 'rosso', ebbe luogo l'ultimo atto del *Gewerkschaftsstreit*.

Il 10 agosto 1919 il diplomatico prussiano Diego von Bergen (1872-1944) trasmise al cardinale Pietro Gasparri (1852-1934), segretario di Stato di Benedetto XV, un memorandum in italiano concernente la controversia sindacale tedesca.[91] A redigerlo era stato Paul Fleischer, che ora figurava tra i deputati della nuova assemblea costituente e che, soprattutto, era arrivato a convincersi della necessità dei sindacati cristiani. Il documento esordiva notando come «da quasi due decenni la Germania cattolica [fosse] gravemente inquietata dalla lotta sindacalistica»,[92] e quindi si soffermava sul fatto che, a seguito di recenti provvedimenti legislativi, le *Fachabteilungen* avessero perso la possibilità di

del *Gewerkschaftsstreit* e dello *Zentrumsstreit*. Cfr. Regoli, Valvo, *Tra Pio X e Benedetto XV*, pp. 104-122.

89. Sulle vicende rivoluzionarie del 1918-1919 cfr. Gallus (a cura di), *Die vergessene Revolution*; Jones, *Am Anfang der Gewalt*. Sulla collaborazione politica fra Spd e Zentrum vedasi invece Ummenhofer, *Wie Feuer und Wasser?*
90. *Hirtenwort der Bischöfe der niederrheinischen Kirchenprovinz* (8 gennaio 1919), in Hürten (a cura di), *Akten deutscher Bischöfe*, vol. 1, pp. 47-50, qui p. 47. La lettera pastorale recava le firme dei vescovi di Colonia, Treviri, Paderborn, Münster, Osnabrück e Hildesheim.
91. Cfr. Bergen a Gasparri, 10 agosto 1919, in ASRS, AA.EE.SS., *Germania*, pos. 1685, fasc. 881, ff. 35r-v.
92. Memorandum di Paul Fleischer, s.d., in ASRS, AA.EE.SS., *Germania*, pos. 1685, fasc. 881, ff. 36r-38v, qui f. 36r.

rappresentare gli interessi degli operai per via della loro dipendenza dal personale ecclesiastico, vedendo in sostanza annullata la propria importanza nel panorama sindacale postbellico. A detta di Fleischer, perciò, non rimaneva altro che «raccomandare agli operai cattolici della Germania di ascriversi ai sindacati professionali cristiani» e far sapere ai membri delle *Fachabteilungen* che potevano liberamente aderire alle organizzazioni interconfessionali:[93] a indurre l'ex dirigente del *Verband* berlinese a questa conclusione era fondamentalmente la paura del socialismo, o meglio del comunismo bolscevico. Un indebolimento delle *christliche Gewerkschaften*, infatti, avrebbe privato quest'ultime della capacità di collaborare efficacemente con l'ala moderata dei sindacati socialdemocratici, facilitando così l'imporsi dei «tentativi rivoluzionari dell'ala radicale»: «Lo sviluppo vigoroso dei sindacati professionali christiani [sic!]» sarebbe stata insomma una «questione di vitale importanza» nell'ottica di «allontanare definitivamente il pericolo di una rivoluzione bolschevistica [sic!]».[94] Promuovere i sindacati cristiani andava nell'interesse dello Stato, certo, e però avrebbe giovato parimenti alla Chiesa, «poiché il bolschevismo [sic!] non sconvolge e finisce soltanto l'ordine politico dello Stato, ma minaccia anche l'esistenza della Chiesa».[95] Il contesto politico-sociale emerso dalla Grande Guerra portava Fleischer a mettere in secondo piano il vecchio problema delle differenze fra *Kölner* e *Berliner* e a sostenere la necessità di uno sviluppo senza ostacoli dei sindacati cristiani in chiave anti-rivoluzionaria.

Verso la metà di settembre Gasparri inoltrò il memorandum di Fleischer a Eugenio Pacelli, nominato nunzio di Monaco nella primavera del 1917.[96] Il segretario di Stato vaticano era stato invitato da Bergen a esprimersi in merito alle riflessioni del deputato centrista: la «delicatezza dell'argomento», tuttavia, lo induceva a ricorrere alla «ben nota competenza» di Pacelli prima di pronunciarsi in qualche modo.[97] Egli era dell'avviso che la memoria di Fleischer non presentasse valide ragioni per «la richiesta deroga all'enciclica *Singulari quadam*»: se il problema era la direzione delle *Fachabteilungen* da parte di ecclesiastici, si sarebbe potuto affidarla a laici competenti pur conservando il carattere prettamente cattolico di tali organizzazioni.[98] D'altra parte Gasparri non riteneva necessario né opportuno un intervento

93. Ibid., f. 38v.
94. Ibid., f. 38r.
95. Ibid., f. 38v.
96. Sulla nunziatura monacense del futuro Pio XII cfr. Fattorini, *Germania e Santa Sede*; Wolf (a cura di), *Eugenio Pacelli als Nuntius*; Wolf, Unterburger (a cura di), *Eugenio Pacelli*. Nel ruolo di nunzio di Monaco Pacelli succedette a Giuseppe Aversa (1862-1917): Frühwirth, nominato cardinale nel 1915, lasciò la carica nel 1916.
97. Gasparri a Pacelli, 13 settembre 1919 (minuta), in ASRS, AA.EE.SS., *Germania*, pos. 1685, fasc. 881, ff. 39r-40v, qui f. 40v.
98. Ibid., f. 39v.

della Santa Sede, «sia pure con una dichiarazione privata»:[99] anche dopo l'enciclica del 1912 i sindacati cristiani avevano continuato a mietere consensi ai danni del *Verband* berlinese, dunque che cosa impediva ora agli operai delle *Fachabteilungen* di passare ai sodalizi interconfessionali? In Vaticano non si capiva poi l'enfasi posta dal memorandum sugli attacchi portati contro il movimento sindacale cristiano, giacché dopo la morte di Kopp nel 1914 e di Savigny nel 1917 il *Verband katholischer Arbeitervereine (Sitz Berlin)* era generalmente ritenuto privo di «ogni forza combattiva».[100] Alla luce di tutto ciò, il segretario di Stato nutriva il timore che s'intendesse provocare una dichiarazione della Santa Sede non per dare impulso ai sindacati cristiani, ma piuttosto «per altri scopi»; inoltre, vi era la preoccupazione che raccomandando apertamente le *christliche Gewerkschaften*, ossia derogando al testo della «Singulari quadam», la stessa Santa Sede avrebbe potuto attirarsi delle critiche.[101] Quello di un Benedetto XV che desse l'impressione di sconfessare il proprio predecessore era uno scenario che comprensibilmente non si voleva determinare.

Alla lettera di Gasparri il nunzio Pacelli rispose il 20 settembre 1919, con una notizia che tolse Roma da ogni impaccio: circa un mese prima, cioè, la Conferenza di Fulda guidata dal cardinale Hartmann aveva deciso all'unanimità (ma con l'astensione dal voto di Korum) di comunicare a Heinrich Fournelle che i vescovi giudicavano assolutamente desiderabile l'unione fra le associazioni del *Verband* berlinese e i sindacati cristiani, sia in forma di fusione, sia di amichevole accordo; la scelta della modalità per arrivare a tale unione era lasciata alle due organizzazioni; d'altra parte sarebbe stato del tutto superfluo interrogare la Santa Sede sull'argomento.[102] A effettuare concretamente questa comunicazione era stato Hartmann, a inizio settembre.[103] Pacelli osservò come essa avesse voluto rispondere a tre lettere spedite da Fournelle all'arcivescovo di Colonia nell'aprile, maggio e agosto del 1919. Venuto a colloquio con lo stesso Fournelle e con il sacerdote Max Beyer, il futuro Pio XII aveva evidenziato il dovere «di soddisfare l'unanime desiderio dei vescovi della Germania

99. Ibid., f. 40r.
100. Ibid., f. 40v.
101. Ibid.
102. Cfr. Pacelli a Gasparri, 20 settembre 1919, in ASRS, AA.EE.SS., *Germania*, pos. 1685, fasc. 881, ff. 45r-47v, in particolare ff. 45r-v.
103. «Dringend erwünscht im Interesse der Einigkeit unter den deutschen Katholiken und im Interesse der katholischen Arbeiter ist eine Einigung unter den katholischen Arbeitervereinen (Sitz Berlin) und den christlichen Gewerkschaften, sei es in Form einer Einigung beider, sei es in Form freundschaftlichen Zusammengehens. Die Ausführung solcher Einigung ist den beiden Organisationen zu überlassen. Eine erneute Anfrage an den hl. Stuhl in dieser Angelegenheit ist überflüssig». Hartmann a Fournelle, 1° settembre 1919 (copia), in ASRS, AA.EE.SS., *Germania*, pos. 1685, fasc. 881, f. 48r.

e quindi di cercare con animo sincero e spassionato e con verace buon volere il conseguimento della bramata unione»: a suggerire questa strada era in particolare il bisogno «della più stretta concordia fra tutte le forze d'ordine per arginare [...] le tendenze radicali degli indipendenti e dei comunisti».[104] Al segretario di Stato Pacelli scrisse di ritenere opportuno che Roma per il momento non prendesse alcuna iniziativa, lasciando la questione nelle mani dell'episcopato e attendendo «l'ulteriore svolgimento della controversia».[105] Per parte sua la Santa Sede accolse positivamente il consiglio del nunzio e si astenne dal dare indicazioni in merito alle due organizzazioni sindacali.[106]

Con la Curia romana che optava per non intervenire, i vescovi tedeschi che spingevano per un fronte compatto contro la montante marea 'rossa' e i dirigenti dei sindacati cristiani propensi più a una «fusione» che a un «amichevole accordo», il destino delle *Fachabteilungen* era di fatto segnato. Il contegno della stessa autorità ecclesiastica faceva intendere che ogni tentativo di appellarsi alle disposizioni dell'enciclica «Singulari quadam» sarebbe risultato vano. Alla fine perciò le 'sezioni professionali' furono sacrificate al cospetto dello scenario postbellico, e in particolare dello spettro del comunismo. Ostinatamente contrario a una fusione che con ogni evidenza si sarebbe risolta nel passaggio dei membri dei sindacati confessionali alle *christliche Gewerkschaften*, il 28 ottobre Fournelle si dimise dalla carica di segretario generale del *Verband* berlinese. Qualche giorno più tardi venne ufficialmente decretato lo scioglimento delle *Fachabteilungen*[107] e sancita così la conclusione del *Gewerkschaftsstreit*, a quasi due decenni dal suo avvio.

Nel settembre del 1920 l'ex redattore dei «Petrus-Blätter» di Treviri, il sacerdote Carl Buss, provò a riaccendere la controversia chiedendo la messa all'Indice di un opuscolo sui sindacati cristiani che, a suo dire, perorava l'idea di un cristianesimo interconfessionale:[108] tuttavia il benedettino Hildebrand Höpfl (1872-1934),[109] incaricato a Roma di fornire un giudizio sullo scritto incriminato, consigliò caldamente di non dar seguito alla denuncia. Era vero che

104. Pacelli a Gasparri, 20 settembre 1919 (come nota 102), f. 46r.
105. Ibid., f. 47r.
106. Cfr. Gasparri a Bergen, 30 settembre 1919 (minuta), in ASRS, AA.EE.SS., *Germania*, pos. 1685, fasc. 882, ff. 49r-v.
107. Cfr. *An unsere Mitglieder*, in *Der Arbeiter. Organ des Verbandes der katholischen Arbeiter-Vereine* (2 novembre 1919). Una copia del giornale è conservata in AAV, Fondo Benigni, b. 50, f. 287r.
108. Cfr. Buss a «Ew. Excellenz», 21 settembre 1920, in ACDF, Archivum Sancti Officii Romani, *Censurae Librorum*, 427/1920, ff. 6r-v. L'opuscolo in questione è: Generalsekretariat des Gesamtverbandes der christlichen Gewerkschaften (a cura di), *Die christlichen Gewerkschaften*. Si ricordi come la Congregazione dell'Indice venisse soppressa nel 1917 da Benedetto XV, e come da allora le sue competenze spettassero al Sant'Uffizio.
109. Su di lui cfr. Wolf (a cura di), *Prosopographie*, vol. A-K, pp. 774-776.

l'opuscolo conteneva una frase che non poteva approvarsi dal punto di vista cattolico: d'altra parte, però, una sua condanna avrebbe rischiato di rianimare «gli antichi seguaci del partito di Berlino» e di riaprire vecchie ferite nel cattolicesimo tedesco.[110]

> «La povera Germania travagliata e calpestata ha bisogno della pace interna: siccome adesso i socialisti hanno fatto la rivoluzione e messo tutto sotto sopra [...], è necessario che tutti i buoni, i quali hanno ancora fede positiva e amano l'ordine, cattolici e protestanti, si uniscano contro il nemico della religione e dell'ordine».[111]

Con queste parole Höpfl dava prova di condividere il punto di vista dell'episcopato tedesco, al quale la stessa Santa Sede si era rimessa. Il pericolo rappresentato dalla rivoluzione sociale suggeriva di chiudere un occhio: «Dunque per carità non toccare questa quistione [sic!] e non fare un passo, il quale potrebbe avere le più deplorevoli conseguenze».[112] Le considerazioni del benedettino furono accolte: l'opuscolo non incorse in alcun provvedimento.[113]

Arrivati a questo punto è opportuno porsi il problema degli effetti avuti dall'*Integralismusstreit* sul cattolicesimo di Germania: quelli immediati (ossia ravvisabili già alla vigilia della Grande Guerra) e quelli di medio-lungo periodo. Le polemiche del *Literaturstreit*, dello *Zentrumsstreit* e del *Gewerkschaftsstreit* condizionarono lo sviluppo delle organizzazioni cattoliche? E più in generale, il clima antimodernista tipico del pontificato di Pio X lasciò tracce nella mentalità dei cattolici tedeschi? Senza dubbio la controversia sindacale si riflesse negativamente sulla crescita delle *christliche Gewerkschaften*: dopo anni di aumento costante del loro numero di iscritti, a partire dal 1912 esse entrarono in una fase di stagnazione.[114] Tale dato è da riferire ovviamente al territorio tedesco nel suo complesso, a prescindere dalle particolarità locali. Il conflitto fra *Kölner* e *Berliner Richtung* finì per avvantaggiare il movimento socialista con i suoi sindacati, le *freie Gewerkschaften*, la cui propaganda si rivolgeva abitualmente anche agli operai di fede cattolica.[115] Ciò diede ai dirigenti dei sindacati cristiani, impegnati in prima linea nel confronto con le organizzazioni 'rosse', un ulteriore motivo per avercela con l'attività degli integralisti in Germania. Ripercussioni si ebbero pure sul terreno politico, con il Zentrum che ottenne il 16,4% dei consensi alle elezioni nazionali del 1912 dopo essersi attestato sul 19,4% nel 1907 e sul 19,7%

110. Voto di Höpfl, 18 novembre 1920, in ACDF, Archivum Sancti Officii Romani, *Censurae Librorum*, 427/1920, ff. 2r-4v, qui f. 4r.
111. Ibid.
112. Ibid., f. 4v.
113. Su questa vicenda cfr. Busemann, *Katholische Laienemanzipation*, pp. 283-285.
114. Cfr. Bachem, *Vorgeschichte*, vol. 7, p. 210 (nota 1). Inoltre Heitzer, *Georg Kardinal Kopp*, p. 2 (nota 9).
115. Cfr. Jostock, *Deutschland*, pp. 123-124; Loth, *Katholiken im Kaiserreich*, pp. 273-274.

nel 1903.[116] Si trattò di un evidente regresso, ben esemplificato dal trionfo della Socialdemocrazia nelle cattoliche Colonia e Düsseldorf.[117] Parecchi anni fa Rudolf Morsey ha posto proprio l'*Integralismusstreit* all'origine di tale sconfitta:[118] è opportuno notare, però, come su di essa abbia potuto incidere un processo di erosione dell'elettorato cattolico del Zentrum che andava avanti già da decenni.[119]

Quanto all'epoca successiva al 1914, il malcontento provocato dai ripetuti attacchi contro personalità e organizzazioni che godevano del sostegno della grande maggioranza dei cattolici tedeschi – si potrebbe parlare, in proposito, di un cattolicesimo *mainstream* – si tradusse in una diffusa ripulsa nei confronti dell'integralismo, ancora viva all'avvento del regime nazionalsocialista. A ciò contribuì peraltro la propaganda francese durante la prima guerra mondiale: servendosi di stereotipi antimodernisti in chiave antitedesca, tale propaganda compattò i cattolici di Germania proprio attorno al sentimento anti-integralista. Recentemente Claus Arnold ha dimostrato questo sviluppo analizzando il caso dell'opera «La Guerre Allemande et le Catholicisme» (1915),[120] che conteneva motivi polemici presenti già nell'*Integralismusstreit* (ad esempio quello dell'infiltrazione di principi protestanti fra i cattolici tedeschi). In relazione agli anni bellici si può parlare, secondo Arnold, di una «general anti-integralist unification of German mainstream Catholicism, which had gradually formed during the second half of Pius X's pontificate». Guardando più in là, inoltre, «it may even be said that this anti-integralist consensus became the hallmark of mainstream inter-war German Catholicism».[121] Una testimonianza del perdurante anti-integralismo nel cattolicesimo tedesco è data dalla storia del Zentrum in nove volumi pubblicata da Karl Bachem fra 1927 e 1932, e più volte menzionata nel corso di questo lavoro. Per certi versi essa rappresenta un esempio di storiografia scritta 'dai vincitori', vista la sua risolutezza nel condannare a posteriori gli eccessi degli integralisti e nel difendere quanti erano stati bersaglio dell'accusa di 'modernismo' durante l'*Integralismusstreit* – categoria, questa, che tuttavia Bachem non impiega. Fra anni Venti e Trenta, d'altronde, l'avversione all'integralismo caratterizzò lo stesso episcopato tedesco, i cui porporati si erano tutti distinti per l'appoggio garantito ai sindacati interconfessionali nell'ambito della controversia sindacale: è il caso non solo di Adolf Bertram, nominato cardinale nel 1919 (*in pectore* già nel 1916), ma anche di Karl Jo-

116. Cfr. Ross, *Beleaguered Tower*, pp. 134-135.
117. Cfr. Tacchi, *Antisocialismo cattolico*, p. 142.
118. Cfr. Morsey, *Die deutsche Zentrumspartei*, p. 42.
119. Al riguardo cfr. Schauff, *Das Wahlverhalten.*
120. Cfr. Arnold, *La Guerre Allemande.*
121. Ibid., p. 209. Su questo punto vedasi pure Unterburger, *Anti-Integralismus.*

seph Schulte e Michael von Faulhaber (1869-1952), il primo arcivescovo di Colonia dal 1920, il secondo arcivescovo di Monaco e Frisinga dal 1917,[122] entrambi cardinali dal marzo 1921. Le esperienze maturate negli anni della crisi modernista poterono così fungere da riferimento per la Chiesa tedesca in un'epoca storica dominata da preoccupazioni di tutt'altro genere.

122. Fra il 1911 e il 1917 Faulhaber era stato vescovo di Spira: in proposito cfr. Schindler, *Der Kairos im Chronos*.

# Conclusione

L'*Integralismusstreit* tedesco, nelle sue tre articolazioni, deve essere ricompreso all'interno della crisi modernista che segnò gli anni del pontificato di Pio X. Per i cattolici 'integrali' *Literaturstreit*, *Gewerkschaftsstreit* e *Zentrumsstreit* erano ognuno terreno d'espressione dell'eresia modernista, che si manifestava in forme differenti da quelle assunte in ambito speculativo e attingeva direttamente ai contenuti del *Reformkatholizismus*. Tale modernismo 'pratico' non concerneva cioè l'interpretazione delle Sacre Scritture o la valutazione dei dogmi, bensì l'attività dei cattolici nella vita pubblica: il pericolo in esso ravvisato era fondamentalmente quello dell'*Entklerikalisierung*, ossia dell'emancipazione della società civile dalla guida ecclesiastica, del completo scollamento fra sacro e profano. Ad essere avversata nell'*Integralismusstreit*, in altre parole, fu la logica del processo di secolarizzazione seguìto al 1789. Ciò non vuol dire comunque che gli integralisti non nutrissero preoccupazioni riguardo alla dimensione religiosa: l'essenza dell'interconfessionalismo da loro respinto era identificata nel soggettivismo di matrice protestante, che applicandosi alla religione rivelata da Dio – e tramandata dalla Chiesa – avrebbe potuto condurre l'individuo a emanciparsi anche nella propria esperienza di credente. Appunto questo interconfessionalismo 'modernista' fu inteso come una minaccia esiziale per la fede e come un veicolo utile alla 'protestantizzazione' del cattolicesimo tedesco, alla dissoluzione della minoranza cattolica nel corpo della maggioranza luterana. Si capisce quindi perché agli occhi dei cattolici 'integrali' la posta in gioco nell'*Integralismusstreit* non fosse solo l'autonomizzazione del singolo e della società: le controversie legate all'indirizzo culturale di «Hochland», al carattere del Zentrum e alla natura dei sindacati cristiani vennero lette come estrinsecazioni di un unico fenomeno più generale che minacciava, in definitiva, la stessa sopravvivenza della Chiesa cattolica in Germania.

A suo tempo Thomas Michael Loome ha rilevato come la crisi modernista assumesse in area tedesca una fisionomia ben diversa rispetto a quanto avvenne in Francia, in Italia o in Gran Bretagna, e come in proposito non si debba parlare di «one controversy», ma di «a long and unbroken series of ostensibly disparate controversies».[1] Il plurale si spiega anche, e direi anzi soprattutto, con le diverse diramazioni dell'*Integralismusstreit*, la cui rilevanza, almeno a partire dal 1909-1910, sopravanzò di molto quella del modernismo teologico-filosofico. Umberto Benigni e i membri del *Sodalitium Pianum*, nonché altri integralisti come Andreas Müller a Colonia e Paul Nieborowski in Slesia, accostarono esplicitamente l'ala 'progressista' del cattolicesimo tedesco – la cosiddetta *Kölner Richtung* – al modernismo condannato dalla «Pascendi». E la Curia romana? Si è visto come Pio X, intervenendo sulle polemiche del *Literaturstreit*, additasse l'esistenza di un 'modernismo letterario' nel settembre del 1910: d'altra parte, nelle esternazioni del papa e del suo segretario di Stato a proposito della Germania, non si rinviene mai l'espressione 'modernismo politico' o 'modernismo sociale'. È indubbio tuttavia che i resoconti provenienti da oltralpe e le narrazioni prodotte dagli ambienti integralisti – si pensi allo pseudo-Bayard dell'autunno 1911 – mettessero in allarme la Santa Sede anche in relazione a queste due dimensioni così importanti per il cattolicesimo tedesco, facendola parlare ad esempio di «alcune dottrine ed alcune tendenze contrarie agli insegnamenti della Chiesa, specialmente in materie sociali e politico-religiose»,[2] e di «tendenze che si sono venute manifestando in non pochi dei capi più influenti delle grandi organizzazioni politiche e sociali».[3] Nel clima delineatosi a seguito della promulgazione della «Pascendi» è difficile credere che queste 'tendenze' non fossero in qualche modo assimilate al modernismo anche all'interno delle stanze vaticane. Eppure contro di esse la Santa Sede non arrivò a prendere misure drastiche, come accadde invece nel caso del *Sillon* francese.

Se il papa optò per denunciare apertamente il 'modernismo letterario', ma non per condannare la linea di Julius Bachem nello *Zentrumsstreit* e le *christliche Gewerkschaften* nella controversia sindacale, né per assecondare le accuse integraliste riguardo al *Volksverein*, fu per la consapevolezza delle diverse implicazioni di un intervento pontificio. Il *Literaturstreit* aveva al centro singole personalità ed esperienze editoriali, non organizzazioni che godevano di un seguito di massa e che interessavano dunque le stesse autorità politiche del *Kaiserreich*. Questa differenza rimanda a una questione più generale: nel corso dell'*Integralismusstreit* la Curia romana fu costretta a tener conto delle caratteristiche del contesto tedesco, e soprattutto della predominante presenza protestante, dell'egemonia del movimento socialista nella classe operaia e dei rapporti tradizionalmente non semplici con il governo di Berlino. L'intenzione di non scontrarsi con quest'ultimo, come visto in più occasioni, incise significativamente sul contegno assunto da Pio X in merito alla Germania: verrebbe

1. Loome, *Liberal Catholicism*, p. 105.
2. Cfr. *supra*, p. 109.
3. Cfr. *supra*, p. 167.

da credere che il precedente confronto con la Francia anticlericale insegnasse qualcosa al pontefice veneto.

Proprio nell'ottica di evitare possibili reazioni di parte governativa, la Santa Sede fu restia a esprimersi pubblicamente sul *Gewerkschaftsstreit* e sullo *Zentrumsstreit*, preferendo lasciare la gestione delle due controversie all'episcopato tedesco. Se nel primo caso essa si decise infine a intervenire direttamente, lo fece per la piega presa dagli eventi e per l'incapacità dei vescovi di elaborare in forma autonoma una soluzione soddisfacente. L'enciclica «Singulari quadam» fu a conti fatti una misura 'emergenziale' che arrivò tardi rispetto al bisogno e che per giunta non accontentò fino in fondo nessuno, neppure la stessa Santa Sede. Pio X dovette rassegnarsi a tollerare i sindacati cristiani, anche alla luce delle insistenze della grande maggioranza dell'episcopato: perché la Chiesa cattolica concedesse quindi un pieno riconoscimento alle organizzazioni di tipo interconfessionale si sarebbe dovuto attendere Pio XI (1922-1939) con l'enciclica «Quadragesimo anno» (1931).

A condizionare la Santa Sede furono inoltre le agitazioni suscitate dai suoi provvedimenti contro il modernismo: iniziative quali la «Editae saepe» e il «Sacrorum antistitum» resero evidente, una volta di più, come il contesto tedesco presentasse caratteristiche che non potevano essere ignorate. Forse Roma risentì di una scarsa familiarità con i rapporti interni alla Germania, cosa che peraltro potrebbe spiegare – almeno parzialmente – la sua complessiva passività circa l'*Integralismusstreit*. Per lo più, infatti, essa si relazionò alla situazione tedesca sulla base delle sollecitazioni di cui fu resa oggetto, di input esterni provenienti soprattutto dal nunzio di Monaco e dai diversi ordinari diocesani. A tal proposito occorre sottolineare il ruolo svolto da Andreas Frühwirth come assiduo informatore della Segreteria di Stato e abile mediatore fra centro e periferia: egli si adoperò in vario modo a favore di una ricomposizione delle singole controversie, o quantomeno di una loro significativa limitazione, e a partire dalla sua 'svolta' del 1910 mise ripetutamente in guardia la Santa Sede circa gli eccessi degli integralisti. Sul finire del pontificato di Pio X fu anche Merry del Val a prendere le distanze da tali eccessi, avvertiti come dannosi per la reputazione del vertice della Chiesa cattolica: di qui il raffreddamento dei suoi rapporti con monsignor Benigni, insofferente alla circospezione del cardinale di origine spagnola.

Un altro elemento ravvisabile nell'*Integralismusstreit* che merita di essere evidenziato è il confronto della Santa Sede con l'opinione pubblica: quella liberale e protestante – molto aggressiva nei confronti delle ingerenze romane –, ma anche quella cattolica. La stampa, che in area tedesca vantava uno straordinario sviluppo potendo contare su un alto tasso di alfabetizzazione, fu una protagonista delle controversie anteriori al 1914. Non di rado Roma fu irritata dal contegno di giornali come la «Kölnische Volkszeitung», i quali non esitavano a vagliare criticamente le scelte del papa e a fare in proposito precisazioni e distinguo. Tali scelte attirarono interesse e produssero reazioni come in Germania non accadeva dai tempi del Concilio Vaticano I (1869-1870): Pio X si aspettava un'obbedienza incondizionata da parte dei cattolici tedeschi, e tuttavia questa non sempre si ebbe. Lo stesso episcopato non si rivelò meramente passivo di fronte alla Santa Sede, ma al contrario cercò d'incidere sul punto di vista del pontefice e di adattare i provvedimenti curiali alla particolare fisionomia del *Kaiserreich*: ciò è chiaramente riscontrabile sia nel caso delle misure contro il modernismo che nell'ambito della controversia sindacale. L'*Integralismusstreit* mise sotto stress i rapporti fra la Curia romana e la Conferenza episcopale di Fulda, specie dopo l'interpretazione di Essen del novembre 1912: ciononostante, il papa non arrivò mai a disapprovare pubblicamente l'operato dei vescovi. Governo, opinione pubblica (protestante e cattolica), episcopato: tutti questi attori contribuirono a far sì che la Santa Sede finisse per ammettere dei compromessi in merito alla Germania, ossia per tollerare una significativa divaricazione fra 'tesi' e 'ipotesi', tra dimensione dei principi e prassi concreta. Occorre notare perciò come l'*Integralismusstreit* tedesco fosse rivelatorio di una certa debolezza della stessa Santa Sede: o, da un'altra prospettiva, della sua saggezza nel tollerare alcuni 'mali minori' (ad esempio i sindacati cristiani) al fine di scongiurarne di maggiori.

Sullo sfondo delle controversie intra-cattoliche d'inizio Novecento vi fu il problema della tensione fra identità nazionale e identità religiosa, in altre parole della piena integrazione della minoranza cattolica nella società guglielmina. Il grande sostegno di cui godette la *Kölner Richtung* può essere visto proprio come una conseguenza del desiderio di giungere a una parità di condizione fra cattolici e protestanti attraverso la collaborazione interconfessionale in campo politico, sociale e culturale. L'apertura in tal senso fu strenuamente combattuta dagli integralisti, che vi scorgevano un sinonimo di contaminazione e di perdita d'identità. Si potrebbe dire che per i cattolici 'integrali' attivi in Germania il *Kulturkampf* non fosse mai finito, ma anzi costituisse ancora a inizio secolo un punto di riferimento idealizzato, l'epoca in cui il cattolicesimo tedesco aveva offerto la miglior prova di sé per compattezza, ortodossia e attaccamento all'autorità ecclesiastica. A loro avviso i confini del *milieu* cattolico dovevano restare rigidamente serrati.[4] Ma in realtà lo stesso dualismo presente nell'*Integralismusstreit* era un segno dell'avvenuta erosione di tale *milieu*:[5] se la confessione religiosa

4. «Soziale Einheiten, die durch eine Koinzidenz mehrerer Strukturdimensionen wie Religion, regionale Tradition, wirtschaftliche Lage, kulturelle Orientierung und schichtspezifische Zusammensetzung der intermediären Gruppen, gebildet werden»: questa la nota definizione di *milieu* data dal sociologo Mario Rainer Lepsius negli anni Sessanta del secolo scorso. Cfr. Lepsius, *Parteiensystem*, p. 383.

5. Sul concetto di *milieu* cattolico, ampiamente utilizzato in Germania nella riflessione storica e sociologica, vedasi almeno Arbeitskreis für kirchliche Zeitgeschichte, *Katholiken zwischen Tradition und Moderne*; Klöcker, *Das katholische Milieu*; Loth, *Integration und Erosion*.

costituiva ancora un elemento fondamentale nell'auto-rappresentazione del singolo, essa però veniva sempre meno intesa come una barriera rispetto ai non cattolici, almeno in determinati ambiti.

L'*Integralismusstreit*, del resto, minò alla base quell'unità (*Einheit*) della Germania cattolica che fin dai tempi del *Kulturkampf* era stata un generale motivo di vanto. I vescovi tedeschi richiamarono incessantemente i propri fedeli alla concordia e alla comprensione reciproca, ravvisando nelle divisioni interne un danno alla causa cattolica. Ormai tuttavia la tradizionale unità si configurava in pratica come un 'mito': negli anni a ridosso della Grande Guerra non si poté essere semplici 'cattolici', ma si era 'cattolici di Berlino' o 'cattolici di Colonia'. Viene da chiedersi quanto le fratture provocate da questa contrapposizione lungo l'asse est-ovest del *Kaiserreich* incidessero effettivamente sulla percezione che i cattolici tedeschi avevano di sé e della loro Chiesa. Rispondere a un tale interrogativo, ad ogni modo, va oltre i limiti del presente lavoro, il quale ha voluto illustrare dalla prospettiva romana una vicenda che senz'altro merita di essere considerata come una pagina di primaria importanza nella storia del cattolicesimo tedesco del secolo scorso, e che al contempo non può essere tralasciata ai fini di una ricostruzione a tutto tondo del pontificato di Pio X e della crisi modernista.

# Geografia ecclesiastica della Germania (1900-1914)*

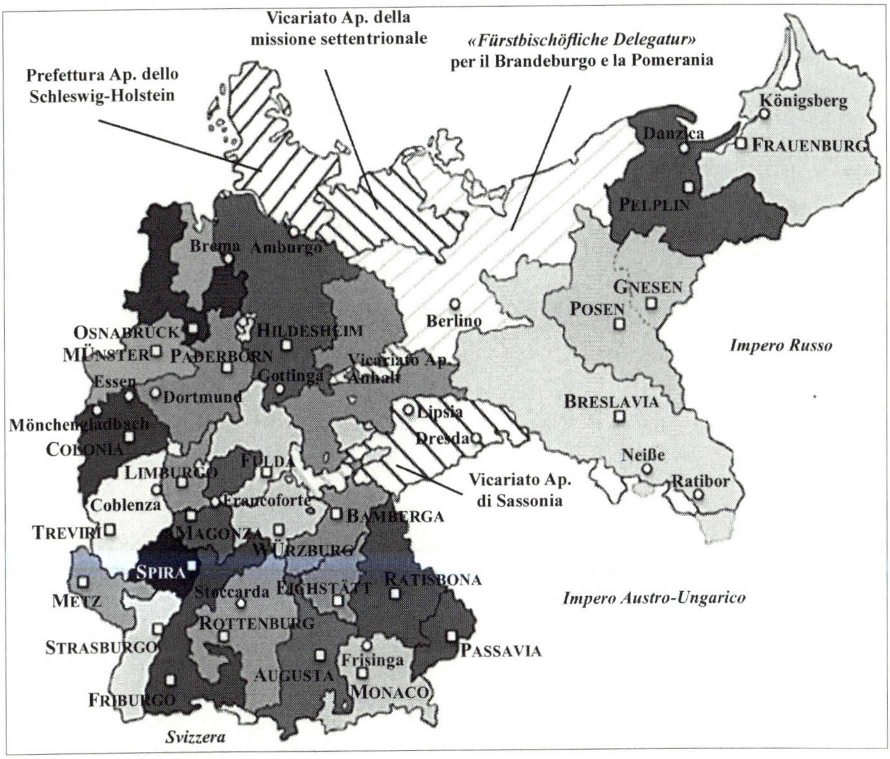


* Elaborazione dell'autore sulla base di Erwin Gatz (a cura di), *Atlas zur Kirche in Geschichte und Gegenwart. Heiliges Römisches Reich – Deutschsprachige Länder*, Regensburg 2009, pp. 266-269.

# Abstract
# The Roman Curia and Germany during the Modernist Crisis: the German *Integralismusstreit* (1900-1914)

In the early years of the 20th century, German Catholicism experienced deep internal divisions. Three different controversies saw the sharp contrast between a 'progressive' wing, open to dialogue with modern culture and to collaboration with the Protestant majority of the *Kaiserreich*, and an 'integralist' wing opposed to any compromise with modernity and to any softening of the confessional character of Catholic organizations. In the *Literaturstreit* («literary controversy»), integralist Catholics primarily fought Carl Muth's magazine «Hochland», which sought to modernize Catholic literature in form and content so as to make it attractive even to a non-Catholic audience. The *Zentrumsstreit* («controversy about the Centre Party») concerned the character of Zentrum, that is the political reference point for German Catholics: according to the integralists, the party had to act in full conformity with Catholic principles; for those who embraced the line of Julius Bachem, the editor-in-chief of the «Kölnische Volkszeitung» who triggered the discussion on the nature of Zentrum in 1906, it had to avoid appearing as a confessional party and be open to a greater contribution from Protestants. The controversy that most profoundly influenced German Catholicism was, however, the *Gewerkschaftsstreit* («trade union controversy»). The problem here was whether Catholic workers could legitimately join interdenominational trade unions which were independent of the ecclesiastical authority, the *christliche Gewerkschaften* («Christian trade unions»). The tendency in favor of this possibility took the name *Kölner Richtung* or *Köln-Gladbacher Richtung*, as it had its main promoters in the «Kölnische Volkszeitung» and in the *Volksverein* – the mass organization of German Catholicism based in Mönchengladbach. It was opposed by the *Berliner Richtung*, which rejected the collaboration between Catholics and Protestants in common organizations and sought to protect the economic interests of the former in specific professional sections (*Fachabteilungen*) set up within the Catholic *Arbeitervereine*. Each of the three intra-Catholic controversies essentially concerned a different field of action of German Catholics on the public scene: however, they all had in common the attempt to question the traditional 'tutelage' exercised by the ecclesiastical authority over the activities of the laity, and therefore to grant the latter more autonomy.

Those who contested the dialogue with modern culture and the search for common action with Protestants drew courage from the orientation of the Roman

Curia of Pius X (1903-1914), and especially from the measures taken by the Holy See to combat the Modernist 'heresy'. In the context of the anti-Modernist repression, integralist Catholics, starting with Monsignor Umberto Benigni and the other members of *Sodalitium Pianum*, insistently denounced the existence of a 'practical' modernism in Germany: they pointed out the danger of interdenominationalism and 'declericalization' (*Entklerikalisierung*), trying to influence the Pope's decisions and so provoked lively reactions from the accused. Thus, for Pre-War Germany it is possible to speak of an *Integralismusstreit* («controversy on integralism») that encompasses *Literaturstreit*, *Zentrumsstreit* and *Gewerkschaftsstreit*. The term is in fact a 'historiographical neologism', which this volume uses systematically for the first time. The *Integralismusstreit*, in its three branches, deserves to be rightly included within the Modernist crisis that characterized the pontificate of Pius X. The fundamental problem at its heart was the Catholic Church's relationship with secularization, with a modernity that generated anxieties and concerns.

On the basis of abundant and largely unexplored Vatican documents, this book reconstructs in detail for the first time the Holy See's attitude towards the German *Integralismusstreit*. In other words, it analyzes the way in which the Roman Curia dealt with German affairs, clarifying its point of view, giving an account of the genesis of its decisions, identifying the figures who took part in them and depicting the network of relations between Rome and the *Kaiserreich*. Concerning this last point, it is obvious that the Curia's contacts with the Apostolic Nunciature in Munich and the German episcopate must receive special attention. The Vatican documents, together with German archival sources, newspapers, magazines and other printed publications, also make it possible to look inside the galaxy of integralist Catholicism and to highlight the transnational character of its activities.

Unlike in the existing scientific literature, *Literaturstreit*, *Zentrumsstreit* and *Gewerkschaftsstreit* are considered here jointly, as sides of a single, more general issue. The account is chronologically structured: after a few hints at the final years of Pope Leo XIII, the volume examines the pontificate of Pius X and above all the period between 1907 and 1914, which coincided with the climax of the Modernist crisis. A crucial year was 1912. In early autumn, Pius X directly intervened in the *Gewerkschaftsstreit* with the encyclical «Singulari quadam» and tolerated the interdenominational Christian trade unions. This choice went against the pontiff's deepest convictions, but on the other hand took into account the peculiarity of the German context and the bishops' point of view. However, the encyclical did not fix the intra-Catholic divisions, which lasted until the beginning of the First World War. Together with the Pope's death in August 1914, it was precisely the European conflict that brought an end to the German *Integralismusstreit*.

# Fonti e bibliografia

## 1. *Fonti archivistiche*

CITTÀ DEL VATICANO

Archivio Apostolico Vaticano (AAV)

Archivio della Nunziatura Apostolica in Monaco di Baviera
196, 197, 200, 202, 206, 207, 209, 258, 259, 260, 261, 262, 265, 266, 267, 274, 277, 278, 279, 280, 299, 300, 301

Archivio particolare di Pio X (Segretariola)
9, 27, 37, 55, 77, 90, 95, 101, 102, 120, 143

Congregazione Concistoriale
Positiones
Köln 1
Trier 1
Relationes Dioecesium
386 (Hildesheim)
519 (Monaco)
595 (Paderborn)
872 (Treviri)
951 (Breslavia)

Congregazione del Concilio
Relationes Dioecesium
242B (Colonia)

Epistolae ad Principes
Positiones et Minutae
159

Epistolae Latinae
Positiones et Minutae
153

Fondo Benigni
  1, 2, 3, 4, 5, 6, 7, 8, 9, 10, 11, 13, 15, 17, 18, 19, 20, 21, 22, 24, 26, 27, 28, 29, 31, 33, 35, 36, 37, 38, 42, 43, 49, 50, 56, 58

Segreteria di Stato
  Parte Moderna
    1900, rubr. 283, fasc. 3
    1901, rubr. 255, fascc. 1-2
    1902, rubr. 255, fasc. 2
    1902, rubr. 255, fasc. 6
    1903, rubr. 255, fascc. 1-2
    1903, rubr. 280, fasc. 3
    1904, rubr. 255, fasc. unico
    1904, rubr. 284, fasc. 1
    1906, rubr. 12, fasc. 4
    1906, rubr. 12, fasc. 10
    1907, rubr. 255, fascc. 1-2
    1907, rubr. 283, fasc. 4
    1908, rubr. 12, fasc. 1
    1908, rubr. 12, fasc. 5
    1908, rubr. 82, fasc. 2
    1908, rubr. 162, fasc. 1
    1908, rubr. 229, fasc. unico
    1908, rubr. 255, fascc. 1-2
    1908, rubr. 283, fasc. 3
    1909, rubr. 12, fasc. 1
    1909, rubr. 12, fasc. 3
    1909, rubr. 12, fasc. 9
    1909, rubr. 160, fasc. 1
    1909, rubr. 255, fascc. 1-2
    1909, rubr. 283, fasc. 7
    1909, rubr. 283, fasc. 13
    1910, rubr. 2, fasc. 1
    1910, rubr. 12, fascc. 8-10
    1910, rubr. 255, fascc. 1-4
    1910, rubr. 283, fasc. 3
    1910, rubr. 283, fasc. 17
    1911, rubr. 1, fasc. 31
    1911, rubr. 12, fasc. 9
    1911, rubr. 12, fasc. 15
    1911, rubr. 12, fasc. 17
    1911, rubr. 48, fasc. 1
    1911, rubr. 48, fasc. 3
    1911, rubr. 66, fascc. 1-2
    1911, rubr. 165, fasc. 1
    1911, rubr. 255, fasc. 1

1911, rubr. 255, fascc. 3-6
1912, rubr. 4, fasc. 1
1912, rubr. 12, fasc. 8
1912, rubr. 12, fasc. 11
1912, rubr. 162, fascc. 5-7
1912, rubr. 221, fasc. 1
1912, rubr. 255, fascc. 1-3
1912, rubr. 255, fascc. 6-7
1912, rubr. 283, fasc. 3
1912, rubr. 283, fasc. 8
1912, rubr. 283, fasc. 14
1913, rubr. 12, fasc. 15
1913, rubr. 12, fasc. 18
1913, rubr. 18, fasc. 6
1913, rubr. 255, fascc. 1-4
1913, rubr. 283, fascc. 11-12
1913, rubr. 283, fasc. 17
1913, rubr. 286, fasc. 1
1914, rubr. 12, fasc. 13
1914, rubr. 18, fasc. 5
1914, rubr. 162, fasc. 2
1914, rubr. 221, fasc. 4
1914, rubr. 255, fascc. 1-2
1914, rubr. 255, fascc. 4-5
1914, rubr. 255, fascc. 9-21
1914, rubr. 283, fasc. 5
1914, rubr. 283, fasc. 13
Spoglio Pio X
1, 2, 3, 4, 5, 6, 7

Archivio della Congregazione per la Dottrina della Fede (ACDF)
Archivum Sancti Officii Romani
Censurae Librorum 1917-1938
427/1920
217/1922

Archivio Storico della Segreteria di Stato – Sezione per i rapporti con gli Stati (ASRS)
Affari Ecclesiastici Straordinari (AA.EE.SS.)
Baviera, 1903-1922, pos. 5, fascc. 13-14
Baviera, 1903-1922, pos. 8, fasc. 16
Baviera, 1903-1922, pos. 10, fasc. 16
Germania, 1878-1903, pos. 1510, fasc. 797
Germania, 1903-1922, pos. 1559, fascc. 825-826
Germania, 1903-1922, pos. 1567, fasc. 833
Germania, 1903-1922, pos. 1570, fasc. 833
Germania, 1903-1922, pos. 1574, fasc. 834

Germania, 1903-1922, pos. 1576, fasc. 834
Germania, 1903-1922, pos. 1577, fasc. 835
Germania, 1903-1922, pos. 1580, fasc. 835
Germania, 1903-1922, pos. 1594, fasc. 840
Germania, 1903-1922, pos. 1685, fascc. 881-882

Biblioteca Apostolica Vaticana (BAV)
Carteggi Toniolo
4270, 4516, 4518, 4530, 4533, 4600, 4879, 5385, 5402, 5636, 5637, 5639, 5643

MONACO DI BAVIERA

Archiv der deutschen Provinz der Gesellschaft Jesu (ADPSJ)
Abt. 47, Nr. 508
Abt. 221, Nr. 16-17

ROMA

Archivum Romanum Societatis Iesu (ARSI)
Civiltà Cattolica
1003
Prov. Germaniae
1013, 1014
Registri Lettere
Prov. Germaniae, voll. 7-9

## 2. *Fonti a stampa**

*Acta Apostolicae Sedis* 1 (1909) - 6 (1914).
*Acta Sanctae Sedis* 39 (1906) - 41 (1908).

Bachem, Julius, *Wir müssen aus dem Turm heraus!*, in *Historisch-politische Blätter* 137 (1906), pp. 376-386.
Bachem, Julius, *Nochmals: Wir müssen aus dem Turm heraus!*, in *Historisch-politische Blätter* 137 (1906), pp. 503-513.
Bachem, Julius, *Das Zentrum, wie es war, ist und bleibt*, Köln [2]1913.
Baumgartner, Alexander, *Die katholische Belletristik und die Moderne (Zur Beurteilung der drei Veremundus-Schriften)*, in *Stimmen aus Maria Laach* 77 (1909), pp. 121-141.
Baumgartner, Alexander, *Literarische Gegensätze unter den deutschen Katholiken*, in *Stimmen aus Maria Laach* 77 (1909), pp. 357-372.

* Nell'elenco non sono riportati gli articoli di giornale.

Baumgartner, Alexander, *Die katholische Kirche und die neuere Literatur*, in *Stimmen aus Maria Laach* 78 (1910), pp. 18-39, 185-203.

Bayard, Raymund [pseudonimo di Heinrich Fournelle], *Die Wahrheit über den Gewerkschaftsstreit der deutschen Katholiken. I – Die Frage der Zuständigkeit der kirchlichen Autorität für gewerkschaftliche Organisationen als solche*, Trier 1911 (traduzione italiana: *La verità sulla controversia tra i cattolici tedeschi intorno ai sindacati cristiani. I – La questione sulla competenza dell'autorità ecclesiastica rispetto alle organizzazioni professionali*, Roma 1911).

Decurtins, Caspar, *Zweiter Brief an einen jungen Freund – Der Modernismus in der Literatur*, Basel 1909.

Les Études, *Critiques négatives et tâches nécessaires*, in *Études* 138 (1914), pp. 5-25.

*Für die Enzyklika*, in *Klarheit und Wahrheit* 3,4 (1914), pp. 33-34.

Gatz, Erwin (a cura di), *Akten der Fuldaer Bischofskonferenz*, vol. 3, Mainz 1985.

*Gegen die Quertreiber. Kundgebung der deutschen Zentrumspartei im städt. Saalbau zu Essen am 15. Februar 1914*, Essen 1914.

Generalsekretariat des Gesamtverbandes der christlichen Gewerkschaften (a cura di), *Die christlichen Gewerkschaften*, Köln 1919.

[Giesberts, Johann, Müller, Otto, Pieper, August], *Christliche Gewerkvereine. Ihre Notwendigkeit, Aufgabe und Thätigkeit*, Krefeld 1898.

*Hirtenbrief Sr. Eminenz des Hochwürdigsten Herrn Antonius Kardinalpriester der Heiligen Römischen Kirche, Erzbischof von Cöln, erlassen an die hochwürdige Geistlichkeit und die Gläubigen des Erzbistums Cöln am Oktavtage des Festes der Erscheinung des Herrn am 13. Januar 1910*, Köln 1910.

KAB [Bundesverband der Katholischen Arbeitnehmer-Bewegung Deutschlands] (a cura di), *Texte zur katholischen Soziallehre. Die sozialen Rundschreiben der Päpste und andere kirchliche Dokumente*, Kevelaer [5]1982.

Kralik, Richard von, *Die katholische Literaturbewegung der Gegenwart. Ein Beitrag zu ihrer Geschichte*, Regensburg 1909.

Kreiten, Wilhelm, *Die katholische Kritik und ihr Kritiker Veremundus*, in *Stimmen aus Maria Laach* 55 (1898), pp. 506-530.

Krueckemeyer, Heinrich, *Müssen wir aus dem Turm heraus?*, in *Historisch-politische Blätter* 137 (1906), pp. 676-695.

Krueckemeyer, Heinrich, *Zentrum und Katholizismus*, Amsterdam 1913.

[Liberatore, Matteo], *Il modernismo ossia la Rivoluzione*, in *La Civiltà Cattolica* 34,3 (1883), pp. 537-551.

[Liberatore, Matteo], *Il modernismo a rispetto della libertà*, in *La Civiltà Cattolica* 34,4 (1883), pp. 42-50.

[Liberatore, Matteo], *Il modernismo rispetto alla Chiesa*, in *La Civiltà Cattolica* 34,4 (1883), pp. 539-548.

Lora, Erminio, Simionati, Rita (a cura di), *Enchiridion delle Encicliche*, voll. 2-4, Bologna 1996-1998.

Mausbach, Joseph, *Die katholische Moral und ihre Gegner. Grundsätzliche und zeitgeschichtliche Betrachtungen*, Köln 1911.

[Monetti, Giulio], *Sindacalismo cristiano?*, in *La Civiltà Cattolica* 65,1 (1914), pp. 385-399, 546-559.

Muth, Carl, *Die Wiedergeburt der Dichtung aus dem religiösen Erlebnis. Gedanken zur Psychologie des katholischen Literaturschaffens*, Kempten-München 1909.

*Die neue Erklärung des Herrn Erzbischof von Cöln*, in *Klarheit und Wahrheit* 3,2 (1914), p. 13.

Pastor, Ludwig Freiherr von, *Tagebücher – Briefe – Erinnerungen*, a cura di Wilhelm Wühr, Heidelberg 1950.

Périn, Charles, *Le modernisme dans l'église d'après des lettres inédites de La Mennais*, Paris-Lyon 1881.

Die Redaktion, *Der «integrale» Katholizismus*, in *Stimmen aus Maria Laach* 87 (1914), pp. 249-258.

Die Redaktion, *Päpstliche Bestätigung der „Kundgebung der Oberhirten der Niederrheinischen Kirchenprovinz betreffend gewerkschaftliche Organisationen vom 3. Februar 1914"*, in *Stimmen aus Maria Laach* 87 (1914), pp. 354-357.

Roeren, Hermann, *Zentrum und Kölner Richtung*, Trier 1913.

[Rosa, Enrico], *Il modernismo letterario*, in *La Civiltà Cattolica* 61,4 (1910), pp. 129-145.

[Savigny, Franz von], *Arbeitervereine und Gewerkschaftsorganisationen im Lichte der Encyclica „Rerum novarum"*, Berlin 1899.

Schell, Herman, *Der Katholicismus als Princip des Fortschritts*, Würzburg 1897.

[Schopen, Edmund], *Köln, eine innere Gefahr für den Katholizismus*, Berlin 1910.

Spahn, Martin, *Glossen zur katholischen Literaturbewegung*, in *Hochland* 6,2 (1909), pp. 600-605.

Veremundus [pseudonimo di Carl Muth], *Steht die katholische Belletristik auf der Höhe der Zeit? Eine litterarische Gewissensfrage*, Mainz [2]1898.

*Wahre und falsche Reform. Rede des hochwürdigsten Herrn Dr. Paul Wilhelm v. Keppler, Bischofs von Rottenburg, gehalten auf der freien Konferenz des Kapitels Rottenburg am 1. Dezember 1902*, Stuttgart 1902.

Weiss, Albert Maria, *Lebens- und Gewissensfragen der Gegenwart*, 2 voll., Freiburg i. Br. 1911.

## 3. *Bibliografia*

Anderson, Margaret Lavinia, *Interdenominationalism, Clericalism, Pluralism: The Zentrumsstreit and the Dilemma of Catholicism in Wilhelmine Germany*, in *Central European History* 21 (1988), pp. 350-378.

Anderson, Margaret Lavinia, *Windthorsts Erben: Konfessionalität und Interkonfessionalismus im politischen Katholizismus 1890-1918*, in Becker, Winfried, Morsey, Rudolf (a cura di), *Christliche Demokratie in Europa. Grundlagen und Entwicklungen seit dem 19. Jahrhundert*, Köln-Wien 1988, pp. 69-90.

Arbeitskreis für kirchliche Zeitgeschichte [AKKZG], *Katholiken zwischen Tradition und Moderne. Das katholische Milieu als Forschungsaufgabe*, in *Westfälische Forschungen* 43 (1993), pp. 588-654.

Arnold, Claus, *Katholizismus als Kulturmacht. Der Freiburger Theologe Joseph Sauer (1872-1949) und das Erbe des Franz Xaver Kraus*, Paderborn 1999.

Arnold, Claus, *„Lamentabili sane exitu“ (1907). Das römische Lehramt und die Exegese Alfred Loisys*, in *Zeitschrift für Neuere Theologiegeschichte* 11 (2004), pp. 24-51.

Arnold, Claus, *Absage an die Moderne? Pius X. und die Entstehung der Enzyklika Pascendi (1907)*, in *Theologie und Philosophie* 80,2 (2005), pp. 201-224.

Arnold, Claus, *Kleine Geschichte des Modernismus*, Freiburg i. Br. 2007.

Arnold, Claus, *Antimodernismo e magistero romano: la redazione della Pascendi*, in *Rivista di storia del cristianesimo* 5,2 (2008), pp. 345-364.

Arnold, Claus, *Apokalyptische Semantiken des Kampfes in der Modernismuskrise im römischen Katholizismus (1893-1914)*, in *Schweizerische Zeitschrift für Religions- und Kulturgeschichte* 110 (2016), pp. 111-123.

Arnold, Claus, *La Guerre Allemande et le Catholicisme (1915). Catholic Theological War Propaganda and the Modernist Crisis*, in *Modernism* 3 (2017), pp. 192-211.

Arnold, Claus, *The Reception of the Encyclical Pascendi in Germany*, in Arnold, Vian (a cura di), *The Reception and Application*, pp. 75-91.

Arnold, Claus, Losito, Giacomo, *La censure d'Alfred Loisy (1903). Les documents des Congrégations de l'Index et du Saint Office*, Città del Vaticano 2009.

Arnold, Claus, Losito, Giacomo, *"Lamentabili sane exitu" (1907). Les documents préparatoires du Saint Office*, Città del Vaticano 2011.

Arnold, Claus, Vian, Giovanni, *Introduzione*, in Arnold, Vian (a cura di), *La condanna del modernismo*, pp. 7-12.

Arnold, Claus, Vian, Giovanni (a cura di), *La condanna del modernismo. Documenti, interpretazioni, conseguenze*, Roma 2010.

Arnold, Claus, Vian, Giovanni (a cura di), *The Reception and Application of the Encyclical Pascendi. The Reports of the Diocesan Bishops and the Superiors of the Religious Orders until 1914*, Venezia 2017.

Arnold, Claus, Vian, Giovanni, *La redazione dell'enciclica Pascendi. Studi e documenti sull'antimodernismo di Papa Pio X*, Stuttgart 2020.

Arnold, Markus, *Georg von Hertling: „Für Wahrheit, Freiheit und Recht“. Sein Beitrag zur Entstehung und bleibenden Gestalt der katholischen Soziallehre*, Bonn 2009.

Aschoff, Hans-Georg, *Kirchenfürst im Kaiserreich – Georg Kardinal Kopp*, Hildesheim 1987.

Aubert, Roger, *Aspects divers du néo-thomisme sous le pontificat de Léon XIII*, in Rossini, Giuseppe (a cura di), *Aspetti della cultura cattolica nell'età di Leone XIII*, Roma 1961, pp. 133-277.

Aubert, Roger, *La crisi modernista*, in Jedin, Hubert (a cura di), *Storia della Chiesa*, vol. 9, Milano [2]1993, pp. 505-577.

Bachem, Karl, *Vorgeschichte, Geschichte und Politik der deutschen Zentrumspartei*, 9 voll., Aalen 1967-1968 [ed. or. 1927-1932].

Barthélemy-Madaule, Madeleine, *Marc Sangnier 1873-1950*, Paris 1973.

Baumeister, Martin, *Parität und katholische Inferiorität. Untersuchungen zur Stellung des Katholizismus im Deutschen Kaiserreich*, Paderborn 1987.

Becker, Winfried, *Modernismus und Modernisierung. Ein Versuch zur Abgrenzung der Positionen von Franz Xaver Kraus, Herman Schell, Georg von Hertling und Ludwig Windthorst in der Auseinandersetzung um den Katholizismus im Kaiserreich*, in *Zeitschrift für bayerische Landesgeschichte* 57 (1994), pp. 119-141.

Becker, Winfried, *Karl Muth und das „Hochland". Kulturelle und politische Impulse für einen Katholizismus „auf der Höhe der Zeit"*, in Schwab (a cura di), *Eigensinn und Bindung*, pp. 29-45.

Bedeschi, Lorenzo, *I pionieri della D.C.: modernismo cattolico 1896-1906*, Milano 1966.

Bedeschi, Lorenzo, *L'antimodernismo in Italia. Accusatori, polemisti, fanatici*, Cinisello Balsamo 2000.

Blaschke, Olaf, *Der „Dämon des Konfessionalismus". Einführende Überlegungen*, in Id. (a cura di), *Konfessionen im Konflikt. Deutschland zwischen 1800 und 1970: Ein zweites konfessionelles Zeitalter*, Göttingen 2012, pp. 13-69.

Borutta, Manuel, *Antikatholizismus. Deutschland und Italien im Zeitalter der europäischen Kulturkämpfe*, Göttingen 2010.

Botti, Alfonso, Cerrato, Rocco (a cura di), *Il modernismo tra cristianità e secolarizzazione. Atti del Convegno Internazionale di Urbino 1-4 ottobre 1997*, Urbino 2000.

Brack, Rudolf, *Deutscher Episkopat und Gewerkschaftsstreit 1900-1914*, Köln-Wien 1976.

Breuer, Gisela, *Frauenbewegung im Katholizismus. Der Katholische Frauenbund 1903-1918*, Frankfurt a. M. 1998.

Busemann, Jan Dirk, *Adolf ten Hompel. Vom „Modernisten" zum Nationalsozialisten*, in Schwab (a cura di), *Eigensinn und Bindung*, pp. 87-98.

Busemann, Jan Dirk, *„Diese Laien aus Münster!". Adolf ten Hompels Index-Liga und Kulturgesellschaft*, in *Rottenburger Jahrbuch für Kirchengeschichte* 28 (2009), pp. 165-184.

Busemann, Jan Dirk *„Haec pugna verum ipsam religionem tangit". Römische Indexkongregation und deutscher Literaturstreit*, in Wolf, Schepers (a cura di), *„In wilder zügelloser Jagd nach Neuem"*, pp. 289-310.

Busemann, Jan Dirk, *Katholische Laienemanzipation und römische Reaktion. Die Indexkongregation im Literatur-, Gewerkschafts- und Zentrumsstreit*, Paderborn 2017.

Camaiani, Pier Giorgio, *Il diavolo, Roma e la rivoluzione*, in *Rivista di storia e letteratura religiosa* 8,3 (1972), pp. 485-516.

Cárcel Ortí, Vicente, *Negociaciones hispano-vaticanas sobre la "Ley del Candado". Documentación diplomática esencial de 1911 a 1913*, in *Analecta sacra tarraconensia* 77 (2004), pp. 309-480.

Caron, Jeanne, *Le Sillon et la démocratie chrétienne*, Paris 1967.

Cecchini, Francesco Maria, *La prima democrazia cristiana*, in Malgeri, Francesco (a cura di), *Storia del movimento cattolico in Italia*, vol. 2, Roma 1980, pp. 3-117.

Cenci, Pio, *Il cardinale Raffaele Merry del Val*, Roma-Torino 1933.

Clark, Christopher, Kaiser, Wolfram (a cura di), *Culture Wars. Secular-Catholic Conflict in Nineteenth-Century Europe*, Cambridge 2003.

Clemens, Gabriele, *Martin Spahn und der Rechtskatholizismus in der Weimarer Republik*, Mainz 1983.

Confessore, Ornella, *Transigenti e intransigenti*, in *Dizionario storico del movimento cattolico in Italia*, vol. I/1, Casale Monferrato 1981, pp. 20-28.

Dahmen, Thomas, *August Pieper. Ein katholischer Sozialpolitiker im Kaiserreich*, Lauf an der Pegnitz 2000.

Daly, Gabriel, *Transcendence and Immanence. A Study in Catholic Modernism and Integralism*, Oxford 1980.

Dante, Francesco, *Storia della "Civiltà Cattolica" (1850-1891). Il laboratorio del papa*, Roma 1990.

Delgado, Mariano, *Die Borromäus-Enzyklika Editae saepe Pius' X. vom 26. Mai 1910 und die Folgen*, in Delgado, Mariano, Ries, Markus (a cura di), *Karl Borromäus und die katholische Reform. Akten des Freiburger Symposiums zur 400. Wiederkehr der Heiligsprechung des Schutzpatrons der katholischen Schweiz*, Fribourg 2010, pp. 340-362.

De Rosa, Gabriele (a cura di), *Civiltà Cattolica 1850-1945*, 4 voll., Firenze 1973.

Deuerlein, Ernst, *Verlauf und Ergebnis des „Zentrumsstreites" (1906-1909)*, in *Stimmen der Zeit* 156 (1954-1955), pp. 103-126.

Deuerlein, Ernst, *Der Gewerkschaftsstreit*, in *Theologische Quartalschrift* 139 (1959), pp. 40-81.

Dieguez, Alejandro Mario, *"Una specie di massoneria nella Chiesa". Lo scioglimento del Sodalitium Pianum*, in Cavagnini, Giovanni, Grossi, Giulia (a cura di), *Benedetto XV. Papa Giacomo Della Chiesa nel mondo dell'"inutile strage"*, Bologna 2017, pp. 437-449.

Dirsch, Felix, *Das „Hochland" – Eine katholisch-konservative Zeitschrift zwischen Literatur und Politik 1903-1941*, in Kraus, Hans-Christof (a cura di), *Konservative Zeitschriften zwischen Kaiser und Diktatur. Fünf Fallstudien*, Berlin 2003, pp. 45-96.

Doppler, Bernard, *Katholische Literatur und Literaturpolitik. Enrica von Handel-Mazzetti. Eine Fallstudie*, Hain 1980.

Evans, Ellen Lovell, *The German Center Party 1870-1933. A Study in Political Catholicism*, Carbondale 1981.

Fattorini, Emma, *Germania e Santa Sede. Le nunziature di Pacellli fra la Grande Guerra e la Repubblica di Weimar*, Bologna 1992.

Filthaut, Ephrem, *Deutsche Katholikentage 1848-1958 und soziale Frage*, Essen 1960.

Fleischmann-Bisten, Walter, Grote, Heiner, *Protestanten auf dem Wege. Geschichte des Evangelischen Bundes*, Göttingen 1986.

Forster, Bernhard, *Adam Stegerwald (1874-1945). Christlich-nationaler Gewerkschaftler, Zentrumspolitiker, Mitbegründer der Unionsparteien*, Düsseldorf 2003.

Forstner, Thomas, *Priester in Zeiten des Umbruchs: Identität und Lebenswelt des katholischen Pfarrklerus in Oberbayern 1918 bis 1945*, Göttingen 2014.

Gallin, Benjamin, *Katholische Arbeiter im Mutterland der Reformation. Konfession und Arbeitsmigration in Sachsen 1871-1914*, Paderborn 2019.

Gallus, Alexander (a cura di), *Die vergessene Revolution von 1918/1919*, Göttingen 2010.

Gambasin, Angelo, *Il movimento sociale dell'Opera dei Congressi (1874-1904). Contributo per la storia del cattolicesimo sociale in Italia*, Roma 1958.

Gatz, Erwin, *Die katholische Kirche in Deutschland im 20. Jahrhundert*, Freiburg i. Br. 2009.

Giacomin, Maria Cristina, *Zwischen katholischen Milieu und Nation. Literatur und Literaturkritik im Hochland (1903-1918)*, Paderborn 2009.

Giacomin, Maria Cristina, *Katholische Schriftstellerinnen im Literaturstreit. Möglichkeiten und Grenzen literarischer Emanzipation – am Beispiel Enrica von Handel-Mazzetti (1871-1955)*, in Seiler, Jörg (a cura di), *Literatur – Gender – Konfession. Katholische Schriftstellerinnen*, vol. 1, Regensburg 2018, pp. 104-135.

Götz, Roland, *„Charlotte im Tannenwald". Monsignore Umberto Benigni (1862-1934) und das antimodernistische „Sodalitium Pianum"*, in Weitlauff, Neuner (a cura di), *Für euch Bischof*, pp. 389-438.

Gross, Michael B., *The War against Catholicism. Liberalism and the Anti-Catholic Imagination in Nineteenth-Century Germany*, Ann Arbor 2004.

Guasco, Maurilio, *Modernismo. I fatti, le idee, i personaggi*, Cinisello Balsamo 1995.

Hanisch, Ernst, *Der katholische Literaturstreit*, in Weinzierl (a cura di), *Der Modernismus*, pp. 125-160.

Hardick, Lothar, *Bischof Bernhard Döbbing. Ein deutscher Bischof in Italien. Seine innerkirchliche Reformtätigkeit und seine Intervention zu Gunsten der christlichen Gewerkschaften*, in *Westfälische Zeitschrift* 109 (1959), pp. 143-195.

Hausberger, Karl, *„Dolorosissimamente agitata nel mio cuore cattolico". Vatikanische Quellen zum „Fall" Handel-Mazzetti (1910) und zur Indizierung der Kulturzeitschrift „Hochland" (1911)*, in Zinnhobler, Rudolf, Binder, Dieter-Anton, Höfer, Rudolf, Kronthaler, Michaela (a cura di), *Kirche in bewegter Zeit. Beiträge zur Geschichte der Kirche in der Zeit der Reformation und des 20. Jahrhunderts. Festschrift für Maximilian Liebmann zum 60. Geburtstag*, Graz 1994, pp. 189-220.

Hausberger, Karl, *„Reformistae quoad intellectum confusi sunt, quoad mores mendaces". Zur antimodernistischen Protagonistenrolle des Rottenburger Bischofs Paul Wilhelm von Keppler (1898-1926)*, in Wolf (a cura di), *Antimodernismus und Modernismus*, pp. 217-239.

Hausberger, Karl, *Herman Schell (1850-1906). Ein Theologenschicksal im Bannkreis der Modernismuskrise*, Regensburg 1999.

Haustein, Jorg, *Liberal-katholische Publizistik im späten Kaiserreich. „Das Neue Jahrhundert" und die Krausgesellschaft*, Göttingen 2001.

Heitzer, Horstwalter, *Der Volksverein für das katholische Deutschland im Kaiserreich 1890-1918*, Mainz 1979.

Heitzer, Horstwalter, *Georg Kardinal Kopp und der Gewerkschaftsstreit 1900-1914*, Köln-Wien 1983.

Hinkel, Sascha, *Adolf Kardinal Bertram. Kirchenpolitik in Kaiserreich und Weimarer Republik*, Paderborn 2010.

Hirschfeld, Michael, *Die Bischofswahlen im Deutschen Reich 1887 bis 1914*, Münster 2012.

Horstmann, Johannes, *Katholizismus und moderne Welt. Katholikentage, Wirtschaft, Wissenschaft – 1848 bis 1914*, Paderborn 1976.

Hürten, Heinz, *Karl Muths „Hochland" in der Vorkriegszeit – oder der Preis der Integration*, in Huber, Martin, Lauer, Gerhard (a cura di), *Bildung und Konfession. Politik, Religion und literarische Identitätsbildung 1850-1918*, Tübingen 1996, pp. 133-146.

Hürten, Heinz (a cura di), *Akten deutscher Bischöfe über die Lage der Kirche (1918-1933)*, 2 voll., Paderborn 2007.

Jodock, Darrell (a cura di), *Catholicism Contending with Modernity. Roman Catholic Modernism and Anti-Modernism in Historical Context*, Cambridge 2000.

Jones, Mark, *Am Anfang der Gewalt. Die deutsche Revolution 1918/1919 und der Beginn der Weimarer Republik*, Berlin 2017.

Jostock, Paul, *Deutschland*, in Scholl, Herman (a cura di), *Katholische Arbeiterbewegung in Westeuropa*, Bonn 1966.

Kiefer, Rolf, *Karl Bachem 1858-1945. Politiker und Historiker des Zentrums*, Mainz 1989.

Kissling, Johannes Baptist, *Geschichte der deutschen Katholikentage. Im Auftrage des Zentralkomitees für die Generalversammlung der Katholiken Deutschlands*, 2 voll., Münster 1920-1923.

Klein, Gotthard, *Der Volksverein für das katholische Deutschland 1890-1933. Geschichte, Bedeutung, Untergang*, Paderborn 1996.

Klöcker, Michael, *Das katholische Milieu. Grundüberlegungen – in besonderer Hinsicht auf das deutsche Kaiserreich von 1871*, in *Zeitschrift für Religions- und Geistesgeschichte* 44 (1992), pp. 241-262.

Knopp, Gisbert *Die „Borromäusenzyklika" Pius X. als Ursache einer kirchenpolitischen Auseinandersetzung in Preußen*, in Schwaiger (a cura di), *Aufbruch ins 20. Jahrhundert*, pp. 56-89.

Lalouette, Jacqueline, *La République anticléricale. XIX$^e$-XX$^e$ siècles*, Paris 2002.

Lalouette, Jacqueline, *La séparation des églises et de l'état. Genèse et développement d'une idée 1789-1905*, Paris 2005.

Landersdorfer, Anton, *Albert Maria Weiss OP (1844-1925). Ein leidenschaftlicher Kämpfer wider den Modernismus*, in Wolf (a cura di), *Antimodernismus und Modernismus*, pp. 195-216.

Larkin, Maurice, *Church and State after the Dreyfus Affair. The Separation Issue in France*, London 1974.

Lepsius, Mario Rainer, *Parteiensystem und Sozialstruktur: Zum Problem der Demokratisierung der deutschen Gesellschaft*, in Abel, Wilhelm *et al.* (a cura di), *Wirtschaft, Geschichte und Wirtschaftsgeschichte. Festschrift zum 65. Geburtstag von Friedrich Lütge*, Stuttgart 1966, pp. 371-393.

Leugers-Scherzberg, August Hermann, *Die Wahl Adolf Kardinal Bertrams zum Fürstbischof von Breslau im Jahr 1914. Ein Schritt zur Entpolitisierung des Bischofsamtes in Preußen*, in *Archiv für schlesische Kirchengeschichte* 47-48 (1989-1990), pp. 117-129.

Leugers-Scherzberg, August Hermann, *Felix Porsch (1853-1930). Politik für katholische Interessen in Kaiserreich und Republik*, Mainz 1990.

Leugers-Scherzberg, August Hermann, *Die Modernisierung des Katholizismus im Kaiserreich. Überlegungen am Beispiel von Felix Porsch*, in Loth (a cura di), *Deutscher Katholizismus*, pp. 219-235.

Lill, Rudolf, *Die ersten deutschen Bischofskonferenzen*, Freiburg i. Br. 1964.

Lill, Rudolf, Traniello, Francesco (a cura di), *Il "Kulturkampf" in Italia e nei paesi di lingua tedesca*, Bologna 1992.

Loome, Thomas Michael, *Liberal Catholicism, Reform Catholicism, Modernism. A contribution to a new orientation in modernist research*, Mainz 1979.

Loth, Wilfried, *Katholiken im Kaiserreich. Der politische Katholizismus in der Krise des wilhelminischen Deutschlands*, Düsseldorf 1984.

Loth, Wilfried (a cura di), *Deutscher Katholizismus im Umbruch zur Moderne*, Stuttgart 1991.

Loth, Wilfried, *Integration und Erosion: Wandlungen des katholischen Milieus in Deutschland*, in Id. (a cura di), *Deutscher Katholizismus*, pp. 266-281.

Loth, Wilfried, *Bischof Karl Joseph Schulte von Paderborn (1910-1920) und der Streit um die christlichen Gewerkschaften*, in *Westfälische Zeitschrift* 142 (1992), pp. 345-360.

Männer, Andrea, *Stimmen aus Maria Laach / Stimmen der Zeit. Die Jesuitenzeitschrift und ihre Redaktion vom Ersten Vatikanischen Konzil bis zum Zweiten Weltkrieg*, Sankt Ottilien 2019.

Martina, Giacomo, *Storia della Compagnia di Gesù in Italia 1814-1983*, Brescia 2003.

Mayeur, Jean-Marie, *La séparation de l'église et de l'état, 1905*, Paris 1966.

McAvoy, Thomas, *The Americanist Heresy in Roman Catholicism 1895-1900*, Notre Dame 1963.

Menozzi, Daniele, *L'utilizzazione delle "relationes ad limina" nella storiografia*, in *Storia e problemi contemporanei* 9 (1992), pp. 135-156.

Menozzi, Daniele, *La Chiesa cattolica e la secolarizzazione*, Torino 1993.

Menozzi, Daniele, *Antimodernismo, secolarizzazione e cristianità*, in Botti, Cerrato (a cura di), *Il modernismo tra cristianità e secolarizzazione*, pp. 53-82.

Merlio, Gilbert, *Carl Muth et la revue Hochland. Entre catholicisme culturel et catholicisme politique*, in Grunewald, Michel, Puschner, Uwe (a cura di), *Le milieu intellectuel catholique en Allemagne, sa presse et ses réseaux (1871-1963)*, Bern 2006, pp. 191-208.

Metzger, Franziska, *Die „Schildwache". Eine integralistisch-rechtskatholische Zeitung 1912-1945*, Freiburg (Schweiz) 2000.

Miccoli, Giovanni, *Fra mito della cristianità e secolarizzazione. Studi sul rapporto chiesa-società nell'età contemporanea*, Casale Monferrato 1985.

Morsey, Rudolf, *Die deutsche Zentrumspartei 1917-1923*, Düsseldorf 1966.

Morsey, Rudolf, *Die deutschen Katholiken und der Nationalstaat zwischen Kulturkampf und Erstem Weltkrieg*, in *Historisches Jahrbuch* 90 (1970), pp. 31-64.

Morsey, Rudolf, *Georg Kardinal Kopp (1837-1914)*, in Id. (a cura di), *Zeitgeschichte in Lebensbildern. Aus dem deutschen Katholizismus des 19. und 20. Jahrhunderts*, vol. 1, Mainz 1973, pp. 13-28.

Müller-Dreier, Armin, *Konfession in Politik, Gesellschaft und Kultur des Kaiserreichs. Der Evangelische Bund 1886-1914*, Gütersloh 1998.

Nell-Breuning, Oswald von, *Der deutsche Gewerkschaftsstreit um die Jahrhundertwende*, in Oertzen, Peter von (a cura di), *Festschrift für Otto Brenner zum 60. Geburtstag*, Frankfurt a. M. 1967, pp. 19-32.

Nesner, Hans-Jörg, *Das Erzbistum München und Freising zur Zeit des Erzbischofs und Kardinals Franziskus von Bettinger (1909-1917)*, Sankt Ottilien 1987.

Neuner, Peter, *Der Streit um den katholischen Modernismus*, Frankfurt a. M. 2009.

Nicoletti, Michele, Weiss, Otto (a cura di), *Il modernismo in Italia e in Germania nel contesto europeo*, Bologna 2010.

Pagano, Sergio, *Documenti sul modernismo romano dal Fondo Benigni*, in *Ricerche per la storia religiosa di Roma* 8 (1990), pp. 223-300.

Pagano, Sergio, *Introduzione*, in Dieguez, Alejandro Mario, Pagano, Sergio, *Le carte del «Sacro Tavolo». Aspetti del pontificato di Pio X dai documenti del suo archivio privato*, Città del Vaticano 2006, pp. VII-LXXV.

Peitz, Detlef, *Die Anfänge der Neuscholastik in Deutschland und Italien (1818-1870)*, Bonn 2006.

Petit, Hugues, *L'église, le sillon et l'action française*, Paris 1998.

Pettinaroli, Laura, *La politique russe du Saint-Siège (1905-1939)*, Roma 2015.

Portier, William L., *Divided Friends. Portraits of the Roman Catholic Modernist Crisis in the United States*, Washington 2013.

Poulat, Émile, *Histoire, dogme et critique dans la crise moderniste*, Tournai 1962.

Poulat, Émile, *Intégrisme et catholicisme intégral. Un réseau secret international antimoderniste: La "Sapinière" (1909-1921)*, Tournai 1969.

Poulat, Émile, *La dernière bataille du pontificat de Pie X*, in *Rivista di storia della chiesa in Italia* 25 (1971), pp. 83-107.

Poulat, Émile, *Catholicisme, démocratie et socialisme. Le mouvement catholique et Mgr. Benigni de la naissance du socialisme à la victoire du fascisme*, Tournai 1977.

Poulat, Émile, *L'integrismo*, in *Dizionario storico del movimento cattolico in Italia*, vol. I/1, Casale Monferrato 1981, pp. 48-55.

Raurell, Frederic, *L'antimodernisme i el Cardenal Vives i Tutó*, Barcelona 2000.

Regoli, Roberto, Valvo, Paolo, *Tra Pio X e Benedetto XV. La diplomazia pontificia in Europa e America Latina nel 1914*, Roma 2018.

Ritter, Emil, *Il movimento cattolico-sociale in Germania nel XIX secolo e il Volksverein*, Roma 1967.

Rivinius, Karl Josef, *Der Streit um die christlichen Gewerkschaften im Briefwechsel zwischen Carl Bachem, P. Pankratius Rathscheck und Bischof Döbbing vom Erscheinen der Enzyklika Singulari quadam bis zum Tod Kardinals Kopp (1912-1914)*, in *Jahrbuch für christliche Sozialwissenschaften* 23 (1982), pp. 129-216.

Rivinius, Karl Josef, *Die Indizierung Theodor Wackers: Streit um den Charakter der Zentrumspartei im Kontext der Auseinandersetzungen um die christlichen Gewerkschaften*, in *Jahrbuch für christliche Sozialwissenschaften* 24 (1983), pp. 211-235.

Rivinius, Karl Josef, *Der Hirtenbrief des Bischofs von Como aus dem Jahr 1914. Eine Episode im Gewerkschafts- und Zentrumsstreit*, in *Jahrbuch für christliche Sozialwissenschaften* 28 (1987), pp. 269-296.

Rivinius, Karl Josef, *Integralismus und Reformkatholizismus. Die Kontroverse um Herman Schell*, in Loth (a cura di), *Deutscher Katholizismus*, pp. 199-218.

Rivinius, Karl Josef, *Kontroverse um das zweibändige Werk von Albert Maria Weiss OP „Lebens- und Gewissensfragen der Gegenwart"*, in Finger, Heinz, Haas, Reimund, Scheidgen, Hermann-Josef (a cura di), *Ortskirche und Weltkirche in der Geschichte. Kölnische Kirchengeschichte zwischen Mittelalter und Zweitem Vatikanum. Festgabe für Norbert Trippen zum 75. Geburtstag*, Köln-Wien 2011, pp. 785-810.

Ross, Ronald J., *Beleaguered Tower: The Dilemma of Political Catholicism in Wilhelmine Germany*, Notre Dame-London 1976.

Sander, Michael, *Katholische Arbeitervereine Berliner Richtung*, in *Archiv für mittelrheinische Kirchengeschichte* 37 (1985), pp. 115-135.

Sandoni, Luca (a cura di), *Il Sillabo di Pio IX*, Bologna 2012.

Scharf-Wrede, Thomas (a cura di), *Adolf Kardinal Bertram (1859-1945). Sein Leben und Wirken*, Regensburg 2015.

Schatz, Klaus, *Zwischen Säkularisation und Zweitem Vatikanum. Der Weg des deutschen Katholizismus im 19. und 20. Jahrhundert*, Frankfurt a. M. 1986.

Schatz, Klaus, *Die Modernismus-Krise als historisches Phänomen*, in Reifenberg, Peter, Hooff, Anton von (a cura di), *Tradition – Dynamik von Bewegtheit und ständiger Bewegung. 100 Jahre Maurice Blondels „Histoire et Dogme" (1904-2004)*, Würzburg 2005, pp. 11-31.

Schatz, Klaus, *Geschichte der deutschen Jesuiten (1814-1983)*, 5 voll., Münster 2013.

Schauff, Johannes, *Das Wahlverhalten der deutschen Katholiken im Kaiserreich und in der Weimarer Republik*, a cura di Rudolf Morsey, Mainz 1975.

Schepers, Judith, *Tra fede e obbedienza. Osservazioni sull'interpretazione curiale del giuramento antimodernista*, in Arnold, Vian (a cura di), *La condanna del modernismo*, pp. 175-206.

Schindler, Dominik, *Der Kairos im Chronos der Geschichtlichkeit. Michael Faulhaber als Bischof von Speyer (1911-1917)*, Stuttgart 2018.

Schlossmacher, Norbert, *Edmund Schopen (1882-1961). Ein klerikaler Publizist und Wanderprediger in integralistischer und national-chauvinistischer Mission*, in Fleckenstein, Gisela, Klöcker, Michael, Schlossmacher, Norbert (a cura di), *Alte und neue Wege. Festschrift für Christoph Weber*, vol. 2, Frankfurt a. M. 2008, pp. 677-727.

Schneider, Michael, *Die christlichen Gewerkschaften 1894-1933*, Bonn 1982.

Schneider, Michael, *Evangelische Christen und christliche Gewerkschaften im Kaiserreich*, in Auer, Frank von, Segbers, Franz (a cura di), *Sozialer Protestantismus und Gewerkschaftsbewegung. Kaiserreich – Weimarer Republik – Bundesrepublik Deutschland*, Köln 1994, pp. 78-91.

Schultenover, David G., *A View from Rome. On the Eve of the Modernist Crisis*, New York 1993.

Schultenover, David G., *Luis Martín Garcia, the Jesuit General of the Modernist Crisis (1892-1906): On Historical Criticism*, in *The Catholic Historical Review* 89 (2003), pp. 434-463.

Schwab, Hans-Rüdiger (a cura di), *Eigensinn und Bindung. Katholische deutsche Intellektuelle im 20. Jahrhundert. 39 Porträts*, Kevelaer 2009.

Schwaiger, Georg (a cura di), *Aufbruch ins 20. Jahrhundert. Zum Streit um Reformkatholizismus und Modernismus*, Göttingen 1976.

Scoppola, Pietro, *Dal neoguelfismo alla democrazia cristiana*, Roma [3]1979.

Spiertz, Willi, *Kardinal Antonius Fischer. Gymnasiallehrer, Journalist, Weihbischof und Erzbischof von Köln (1840-1912)*, Berlin 2015.

Stegmann, Franz Josef, *Integralismus*, in *Lexikon für Theologie und Kirche*, vol. 5, Freiburg i. Br. [3]1996, coll. 549-550.

Tacchi, Francesco, *Curia romana e Gewerkschaftsstreit. Prime considerazioni sull'origine dell'enciclica "Singulari quadam"*, in *Rivista di storia e letteratura religiosa* 54,2 (2018), pp. 351-388.

Tacchi, Francesco, *La censura romana contro l'emancipazione del laicato. Il caso tedesco all'epoca della crisi modernista*, in *Modernism* 4 (2018), pp. 369-373 [recensione].

Tacchi, Francesco, *Antisocialismo cattolico. Un confronto tra Italia e Germania all'epoca del pontificato di Pio X (1903-1914)*, Venezia 2019 (traduzione tedesca: *Katholischer Antisozialismus. Ein Vergleich zwischen Deutschland und Italien zur Zeit Pius' X. 1903-1914*, Paderborn 2021).

Tacchi, Francesco, *Contributo alla storia del cattolicesimo 'integrale' nella Germania guglielmina: Andreas Müller e l'interconfessionalismo 'modernista'*, in *Quellen und Forschungen aus italienischen Archiven und Bibliotheken* 100 (2020), pp. 446-470.

Tacchi, Francesco, *The Modernist Crisis and Religious Orders. The Society of Jesus in the Face of Catholic Integralism (1911-1914)*, in *Revue d'histoire ecclésiastique* 115,1-2 (2020), pp. 235-280.

Tacchi, Francesco, *Vannutelli, Vincenzo*, in *Dizionario Biografico degli Italiani*, vol. 98, Roma 2020, pp. 425-427.

Tacchi, Francesco, *Vatikanische Quellen zum deutschen Gewerkschaftsstreit. Die bischöflichen Gutachten und die Entstehung der Enzyklika „Singulari quadam" (1912)*, Paderborn 2022 [in corso di pubblicazione].

Tagliaferri, Maurizio, *L'Unità Cattolica. Studio di una mentalità*, Roma 1993.

Trippen, Norbert, *Theologie und Lehramt im Konflikt. Die kirchlichen Maßnahmen gegen den Modernismus im Jahre 1907 und ihre Auswirkungen in Deutschland*, Freiburg i. Br. 1977.

Ummenhofer, Stefan, *Wie Feuer und Wasser? Katholizismus und Sozialdemokratie in der Weimarer Republik*, Berlin 2003.

Unterburger, Klaus, *Das Verhältnis der Zeitschrift „Hochland" zum theologischen Modernismus während der ersten Jahre ihres Bestehens*, in Weitlauff, Neuner (a cura di), *Für euch Bischof*, pp. 347-387.

Unterburger, Klaus, *Für Familie, Staat und Religion. Der Antimodernismus Umberto Benignis (1862-1934) zwischen Papst Pius X. und Benito Mussolini*, in Wolf, Schepers (a cura di), *„In wilder zügelloser Jagd nach Neuem"*, pp. 377-406.

Unterburger, Klaus, *Anti-Integralismus. Eine Neubewertung des Verhältnisses Kardinal Bertrams zur deutschen Tradition der Universitätstheologie, des politischen Katholizismus und der Eigenverantwortlichkeit der Laien*, in Scharf-Wrede (a cura di), *Adolf Kardinal Bertram*, pp. 95-116.

Valbousquet, Nina, *Catholique et antisémite: Le réseau de Mgr Benigni (1918-1934)*, Paris 2020.

Verucci, Guido, *L'eresia del Novecento. La Chiesa e la repressione del modernismo in Italia*, Torino 2010.

Vian, Giovanni, *La riforma della Chiesa per la restaurazione cristiana della società. Le visite apostoliche delle diocesi e dei seminari d'Italia promosse durante il pontificato di Pio X (1903-1914)*, 2 voll., Roma 1998.

Vian, Giovanni, *Convergenze e divergenze nella Curia romana di Pio X*, in La Bella, Gianni (a cura di), *Pio X e il suo tempo*, Bologna 2003, pp. 481-519.

Vian, Giovanni, *Gaetano De Lai, zelante collaboratore di Pio X nella repressione antimodernista*, in Wolf, Schepers (a cura di), *„In wilder zügelloser Jagd nach Neuem"*, pp. 451-472.

Vian, Giovanni, *Il modernismo. La chiesa cattolica in conflitto con la modernità*, Roma 2012.

Vian, Giovanni, *Il modernismo. Un itinerario tra fonti e documenti*, in *Rivista di storia del cristianesimo* 14,1 (2017), pp. 191-212.

Walz, Angelus, *Andreas Kardinal Frühwirth (1845-1933). Ein Zeit- und Lebensbild*, Wien 1950.

Weber, Christoph, *Kardinal Kopp's Brief von der „Verseuchung des Westens"*, in *Archiv für schlesische Kirchengeschichte* 26 (1968), pp. 327-334.

Weinzierl, Erika (a cura di), *Der Modernismus. Beiträge zu seiner Erforschung*, Graz 1974.

Weiss, Otto, *Der Modernismus in Deutschland. Ein Beitrag zur Theologiegeschichte*, Regensburg 1995.

Weiss, Otto, *Modernismus und Antimodernismus im Dominikanerorden. Zugleich ein Beitrag zum „Sodalitium Pianum“*, Regensburg 1998.

Weiss, Otto, *Il modernismo in Germania: temi, personaggi e giudizio storiografico*, in Botti, Cerrato (a cura di), *Il modernismo tra cristianità e secolarizzazione*, pp. 311-342.

Weiss, Otto, *Pater Thomas Esser, Sekretär der Indexkongregation*, in Wolf, Schepers (a cura di), *„In wilder zügelloser Jagd nach Neuem“*, pp. 407-450.

Weiss, Otto, *Der Glaubenswächter van Rossum. Willem Marinus van Rossum im Heiligen Offizium und in der Indexkongregation*, in *Spicilegium Historicum CSSR* 58 (2010), pp. 85-138.

Weiss, Otto, *Kulturkatholizismus. Katholiken auf dem Weg in die deutsche Kultur 1900-1933*, Regensburg 2014.

Weitlauff, Manfred, *„Modernismus litterarius“. Der „katholische Literaturstreit“, die Zeitschrift „Hochland“ und die Enzyklika „Pascendi dominici gregis“ Pius' X. vom 8. September 1907*, in Id., *Kirche zwischen Aufbruch und Verweigerung. Ausgewählte Beiträge zur Kirchen- und Theologiegeschichte des 19. und frühen 20. Jahrhunderts*, hrsg. von F.X. Bischof und M. Ries als Festgabe für Manfred Weitlauff zum 65. Geburtstag, Stuttgart 2001, pp. 388-460.

Weitlauff, Manfred, Neuner, Peter (a cura di), *Für euch Bischof – mit euch Christ. Festschrift für Friedrich Kardinal Wetter zum siebzigsten Geburtstag*, Sankt Ottilien 1998.

Wheeler, Douglas L., *Republican Portugal. A Political History 1910-1926*, Madison 1978.

Wolf, Hubert (a cura di), *Antimodernismus und Modernismus in der katholischen Kirche. Beiträge zum theologiegeschichtlichen Vorfeld des II. Vatikanums*, Paderborn 1998.

Wolf, Hubert (a cura di), *Prosopographie von römischer Inquisition und Indexkongregation 1814-1917* (von Herman H. Schwedt unter Mitarbeit von Tobias Lagatz), 2 voll., Paderborn 2005.

Wolf, Hubert (a cura di), *Eugenio Pacelli als Nuntius in Deutschland. Forschungsperspektiven und Ansätze zu einem internationalen Vergleich*, Paderborn 2012.

Wolf, Hubert, Schepers, Judith (a cura di), *„In wilder zügelloser Jagd nach Neuem“. 100 Jahre Modernismus und Antimodernismus in der katholischen Kirche*, Paderborn 2009.

Wolf, Hubert, Unterburger, Klaus (a cura di), *Eugenio Pacelli. Die Lage der Kirche in Deutschland 1929*, Paderborn 2006.

Zambarbieri, Annibale, *La prima dc e il modernismo*, in *Dizionario storico del movimento cattolico in Italia*, vol. I/1, Casale Monferrato 1981, pp. 35-47.

Zeender, John K., *The German Center Party 1890-1906*, Philadelphia 1976.

Zoppi, Sergio, *Romolo Murri e la prima democrazia cristiana*, Firenze 1968.

Zussini, Alessandro, *Luigi Caissotti di Chiusano e il movimento cattolico dal 1896 al 1915*, Torino 1965.

# Indice dei nomi

Finito di stampare
nel mese di luglio 2022
da The Factory s.r.l.
Roma